Christine M. Bradler

Feng Shui

Ein Lexikon von A bis Z

Stb

Erstmals erschienen 2004 im Schirner Verlag

ISBN 978-3-89767-483-7

2. Auflage 2007

Umschlaggestaltung: Murat Karaçay
Satz: Elke Truckses
Herstellung: Reyhani Druck und Verlag, Darmstadt

www.schirner.com

Inhalt

Danksagung 7
Alles ist uns ein Spiegel 8

Einleitung 9
Die universelle Lebensenergie 11
Bevor Sie Feng Shui anwenden 14
Das BaGua 17

Lexikon von A bis Z 37

Affirmation 38
Altar 39
Amulett 41
Ankh 42
Ankleide (-zimmer) 43
Aquarium 44
Arbeitszimmer oder Arbeitsplatz 46
Bach 47
Badezimmer 48
BaGua 49
BaGua-Spiegel 52
Baldachin 53
Balken 54
Balkon 55
Bambus 56
Berg 57
Bett 58
Bilder 60
Blumen 61
Blumenampel 63
Briefbeschwerer 65
Brücke 66
Brunnen 67
Buch 68
Buchsbaum 69
Buddha 70
Chi 72
Chrysantheme 73
Dachschrägen 74
Delphin 75
Dickbauch-Buddha 77
Diele 78
DNS-Doppelspirale 78
Donner 81
Drache 82
Dreieck 83
Düfte 85
Edelsteine/Mineralien 86
Ehe-Bereich 90
Ei 91
Eiche 92

Eingang 93
Einhorn 94
Elefant..........................95
Elementarwesen............97
Elemente, die fünf 98
Energiebilder 102
Engel 103
Ente 105
Entrümpeln.................106
Eule............................107
Fächer 108
Fahne 109
Farben 110
Fensterbilder................121
Feuerwerk 122
Firmenlogo.................123
Fisch...........................125
Flasche 127
Flöten.........................128
Flur 129
Fotografien.................130
Frosch........................132
Früchte, goldene 133
Füllhorn.....................134
Fußabstreifer 134
Ganesha.....................135
Garten 136
Gartenbank 136
Gartenlaube................137
Gartenlicht.................138
Gartenpflanzen 139
Girlanden...................140
Glasbilder...................140
Glasobjekte.................141
Glocke 142
Gold 143
Hausgötter 144
Hecke 146
Herd 146
Hilfreiche-Freunde-
Bereich 147
Himmelsrichtungen 147
Hirsch.........................149
Hufeisen 150
Kamin.........................150
Kalligraphie 151
Karriere-Bereich 152
Kasse 153
Katze 153
Keller 155
Kerze 155
Kiefer..........................156
Kinder-Bereich 158
Kinderzimmer.............158
Klangschalen 159
Klangspiel...................160
Kletterpflanzen 161
Knoten, der endlose.....162
Körper........................163
Kompost 165
Korb 165
Kräuter 166
Kranich.......................167
Kreis 168
Kreuz 170
Kristallprismen 171
Kröte 174
Kua-Zahl....................175

Kuan Yin 179
Küche 180
Kugel 181
Labyrinth 181
Langes Leben 183
Licht 184
Lilie 186
Löwe 187
Lorbeer 189
Lotus 190
Mäander 191
Magisches Quadrat 193
Mandala 194
Maske 195
Maße 196
Mistel 198
Mobile 200
Mülltonne 202
Münzen 202
Namensschild 204
Neun-Sterne-Ki 205
Om 209
Orchidee 210
Papierkorb 211
Paravent 212
Partnerschafts-Bereich 213
Pergola 213
Pferd 214
Pfirsich 215
Pflanzen 216
Pflanzgefäße 223
Pflaume 224
Phönix 225
Poster 227
Quadrat 228
Quelle 230
Räuchern 231
Regenbogen 235
Reichtums-Bereich 236
Rose 236
Rosenbogen 237
Rosenkugel 238
Ruhm-Bereich 239
Runen 239
Salzkristallampe 242
Säulen 243
Schale 245
Schildkröte 246
Schirm 248
Schlafzimmer 249
Schlange 250
Schmetterling 251
Schrank 252
Schreibtisch 253
Sha 255
Shiva 255
Skulptur 256
Sonne 257
Speicher 259
Spiegel 260
Spirale 264
Spruchtafel 266
Steine 267
T'ai Chi 269
Taube 270
Teich 271
Telefon 273
Terrasse 275

Tiere, die vier Himmlischen 275
Tierkreis, chinesischer ..278
Tiger 281
Toilette 282
Tor 284
Traumfänger 285
Treppenhaus 287
Trigramme 288
Trockenblumen 290
Türkranz 291
Türwächter 292
Unendlichkeitszeichen ..293
Vase 294
Vogelhäuschen 295
Vogeltränke 295
Wandmalerei 295
Wasser 296
Die drei glückverheißenden Wasser 297
Wasserfallposter 299
Windrad/Windsack 301
Wintergarten 302
Wissens-Bereich 303
Wohnzimmer 303
Yin und Yang 304
Zahlen 306
Zen-Garten 314
Zimmerbrunnen 315
Zwerge 318

Anhang 319

Stichwortverzeichnis 320
Quellen 342
Weiterführende Literatur 343
Bildnachweis 344
Kontaktadressen 345
Feng-Shui-Artikel 346

Danksagung

»Beginne zu handeln, und alles andere wird sich fügen!«

Die Wahrheit dieser Aussage durfte ich während der Ausarbeitung dieses Buches erfahren, was mich immer wieder in Erstaunen versetzte. In wiederkehrenden Situationen, in denen ich zweifelte, verzweifelte, mein Kopf ohne Worte war, in denen ich völlig unmotiviert aufgeben wollte, der innere Druck zu übermächtig wurde oder mein technisches Können versagte, standen mir helfende und unterstützende Freunde mit viel Geduld, neuen Vorschlägen und hilfreichen Tips zur Seite.

Somit geht mein besonderer Dank an mein »Universum« mit seinen geistigen Helfern, das mir zur rechten Zeit, am rechten Ort die entsprechenden Energien anbot, wodurch ich lernen konnte, achtsamer zu werden: Mein besonderer Dank gilt meinen Kindern Carmen, Martin und Magdalena, die nicht nur dieses Projekt mitgetragen haben, sondern mir, seit sie auf der Erde weilen, stets das zukommen ließen: Liebe, was mein Leben bereichert hat, Ablenkung und konstruktive Kritik.

Außerdem möchte ich mich in diesem Rahmen ebenfalls bei meinem ehemaligen langjährigen Geschäftspartner bedanken, der mir mit telefonischer »SOS-Hilfe« zur Seite stand, und allen anderen Personen, die mir halfen, dieses Projekt umzusetzen.

Alles ist uns ein Spiegel

Wir leben nicht nur in einer Welt von Symbolen,
sondern eine Welt von Symbolen lebt in uns und durch uns.

Jeder, ob er sich dieser Tatsache bewußt ist oder nicht,
bedient sich der *Symbole:*
bei Tag und Nacht, in der Sprache, in Handlungen und Träumen.

Es gehört zum Wesen des Symbols,
daß es sich nicht auf einen festen Rahmen einengen läßt,
da es ja gerade die Extreme, Unvereinbares, Konkretes und
Abstraktes vereint und dazu dient, als ein mit den Sinnen
wahrnehmbares Zeichen etwas anzudeuten,
das mit den Sinnen nicht wahrnehmbar ist.

Das Symbol trennt und vereint.
Es dient als Mittel zur Erkenntnis und zum Bekenntnis,
zeigt Trennung und zugleich Verbindung des Getrennten auf.

So vermittelt es eine Totalerfahrung,
ist ein Zeichen der Verknüpfung des Sichtbaren
mit dem Unsichtbaren, der Sehnsucht nach Wiederherstellung.
So zeigt uns alles durch seinen unsichtbaren Hintergrund auf,
was uns im jeweiligen Moment trennt und ergänzt.
Dabei spielt es keine Rolle, ob es eine Situation, ein Gegenstand,
ein Mensch oder »nur« ein Gedanke,
ob es ein freudiges oder trauriges Ereignis ist.

Alles ist uns ein Spiegel.

Das Wissen von Feng Shui bietet uns nun die Möglichkeit,
Symbole bewußter und gezielter einzusetzen,
so daß dadurch das gesamte Umfeld harmonischer
und für jeden einzelnen als Ganzheit erfahrbar wird.

Christine M. Bradler

Einleitung

Erinnern Sie sich noch an die schöne Zeit Ihrer Kindheit, als Ihre Mutter oder Großmutter Ihnen aus einem großen geheimnisvollen Buch Märchen vorlas? Jedes Kind liebt die Geschichten von Prinzen und Prinzessinnen, vom Froschkönig, von verzauberten Spiegeln und von Öfen, die sprechen können. Später, in der Schule, hörten wir dann von Helden, die in wundersamen Welten Aufgaben erfüllen mußten, die sie mit Hilfe von Amuletten und Zaubergegenständen bestehen konnten. Und heute halten immer mehr Fantasy- und Science-fiction-Filme Einzug in die Kinos. Die Besucherzahlen dort steigen, und die Filmindustrie wird immer erfinderischer in der Ausschmückung symbolhafter Inhalte. Alle diese mystischen Geschichten werden nie ihren Zauber verlieren, da sie uns ein Tor öffnen zu den Hintergründen aller Dinge, die uns im Alltag umgeben und begegnen.

So ist es auch nicht verwunderlich, daß Feng Shui immer beliebter wird und sich auch in Deutschland immer mehr ausbreitet. Denn Feng Shui ist eine Sprache in Bildern und Symbolen, ausgerichtet auf die harmonische Gestaltung unseres Lebensraumes. Es schlüsselt die universelle Wirkung auf, die aus der Natur abgeleitete Formen auf den Menschen haben.

China ist das Ursprungsland des uralten, ökologischen Konzeptes, dessen Anfänge in der Beobachtung der Himmelskörper und deren Einflüsse auf die Natur wurzeln. Vermischt mit Volksglauben, Religion und Philosophie sollte es helfen, Kontrolle über äußere und innere Umwelt-

einflüsse zu erlangen. Heute nennen wir es Feng Shui, was wörtlich übersetzt Wind und Wasser heißt und somit in Kurzform die fließende und niemals endende Bewegung des Tao – das ist das Absolute, die Einheit, der Ursprung aller Dinge – wiedergibt.
Ausgehend von der Erkenntnis, daß alles mit allem verbunden ist und das kosmische Gesetz »wie innen so außen«, »wie oben so unten« wirkt, beruht Feng Shui auf der Überzeugung, daß alles mit Leben durchdrungen ist: der Baum, der Berg, der Mensch, die Erde und der Himmel. Daher stehen alle Dinge in unmittelbarer Beziehung zueinander. Alle Maßnahmen des Feng Shui haben deshalb das Ziel, das Gleichgewicht dieser Beziehungen entweder zu sichern oder wiederherzustellen. Das bedeutet, daß wir unsere Umwelt nicht mit Gewalt verändern und nicht willkürlich gestalten sollten, sondern daß es sinnvoll ist, die persönlichen Bedürfnisse mit den bestehenden Gegebenheiten abzustimmen und diese achtsam mit den individuellen Zielen in Einklang zu bringen. – Nicht nur unsere äußere Welt, sondern auch unsere unmittelbare Umgebung beeinflußt unser körperliches und seelisches Gleichgewicht, so wirkt ein harmonischer Lebensraum positiv und unterstützend auf unser Wohlbefinden.

Die universelle Lebensenergie

Chi, die Urenergie des Tao, verbindet und belebt alles. Sie bringt alles hervor, und zu ihr kehrt alles wieder zurück. Sie gibt allem, was lebt, die Kraft, sich zu entfalten, und hält alles in Bewegung. Sie läßt Universen entstehen, schenkt den Pflanzen Form und Farbe, den Tieren das spezifische Aussehen und dem Menschen Wohlergehen und Gesundheit. Diese Energie möchte frei fließen – wie eine Schlange, die sich vorwärts schlängelt, oder wie ein natürlich fließender Bach, der klares und gesundes Wasser mit sich führt. Wie dieser Bach sollte das Chi frei durch den Wohnraum fließen, und zwar ausgehend von der Eingangstür. Unser Haus oder unsere Wohnung verkörpert einen lebenden Organismus. Deshalb ist es unsere Aufgabe, dafür zu sorgen, daß er gleichmäßig mit dieser kosmischen Lebensenergie durchflutet wird. Das Chi ist für Haus und Wohnung das, was für uns Menschen die Luft ist, die wir atmen.

Sha nennt man die Energie, die nicht frei fließen kann. Hier werden zwei Formen unterschieden:

- Ist der Chi-Fluß blockiert, so staut sich die Energie, und es entsteht *stagnierendes Sha*, das, wie der Name sagt, zum Stillstand führt. Es entsteht in Räumen, die von den Bewohnern wenig begangen, gemieden oder vernachlässigt werden, z.B. Räume ohne Fenster, Kellerräume, der Speicher, Abstellkammern, dunkle Ecken und Winkel. Außerdem bildet es sich, wenn in einem Zimmer »dicke« Luft ist.

- Fließt das Chi zu schnell, so verwandelt es sich in *tötendes Sha* oder *Pfeil-Sha*, wodurch es zu Unruhe, Nervosität und innerer Zerrissenheit oder Gefühlen des Getrenntseins kommt. Im Wohnraum entsteht es in einem langen Flur oder im Raum zwischen Tür und Fenster, wenn diese einander gegenüberliegen, auf langen Treppen, bei in einer Linie aufgestellten und spitzen Möbelstücken. Außerdem fördern offenliegende Leitungen, Kabel und Rohre, Kanäle, Brücken, Geleise und Säulen sein Auftauchen.

Das Chi bewegt sich nach einem bestimmten Grundprinzip, das Ihnen als Richtlinie bei Feng-Shui-Maßnahmen dienen soll:

Energie fließt grundsätzlich in Wellenlinien vorwärts und nimmt den schnellsten und direkten Weg. Deshalb sollten Sie darauf achten, daß die Energie den Raum wieder verlassen kann, z.B. durch eine zweite Tür oder ein Fenster. Bei Räumen ohne Fenster kann ein visueller Ausgleich geschaffen werden, indem Sie anstelle des fehlenden Fensters Spiegel oder Bilder einsetzen.

Das Chi sollte alle Bereiche eines Raumes leicht durchströmen können. Dies erreicht man durch Lenkung oder Umlenkung des Energieflusses. Bedenken Sie, daß das Chi auf keinen Fall in seinem Fluß behindert werden darf; stellen Sie ihm also keine Möbelstücke, Pflanzen, Sitzplätze, Betten oder sonstiges in den Weg. Hingegen sollten Sie den Chi-Fluß auf jeden Fall bremsen, wenn in einem Raum Tür und Fenster einander gegenüber oder wenn mehrere Türen in einer Linie liegen. Maßnahmen zur Verlangsamung sollten immer am Anfang der Fließstrecke erfolgen, d.h. in der Nähe der Tür bzw. ersten Tür und nicht erst am Fenster, da sonst die Geschwindigkeit zu schnell wird, als daß sie noch abgebremst werden könnte.

Bevor Sie Feng Shui anwenden

Ich habe in diesem Buch viele Hinweise aus der Praxis zusammengetragen, andere wurden mir von Kunden übermittelt, und einige habe ich übernommen. Da keine (Wohn-)Situation einer anderen völlig gleicht, kann ich Ihnen keine Patentrezepte empfehlen. Deshalb dienen die Interpretationen und Zuordnungen vor allem als Anregungen und sollen Ihnen Mut geben, Ihre eigene Kreativität mit einzubeziehen und Vertrauen in Ihr eigenes Empfinden zu bekommen.
Besonders zu erwähnen ist, daß viele Symboldeutungen in China aufgrund des Gleichlautes von Wörtern zustande kommen. Dabei wird davon ausgegangen, daß zwei Wörter, die ähnlich klingen, auch denselben Sinn vermitteln. So zum Beispiel bei der Zahl »vier«, sie wird gleich ausgesprochen wie »Tod« (si). In China wird deshalb die »Vier« als todbringend gedeutet, weil sie mit der Symbolik von »Tod« in Zusammenhang gebracht wird. Es gibt zahlreiche solcher Beispiele, und dies zeigt uns, daß wir bei vielen Symbolen sehr vorsichtig mit der direkten Übernahme der traditionellen chinesischen Deutung sein sollen, ja müssen! Damit Sie gegen böse Überraschungen gefeit sind, überprüfen Sie stets genau, inwieweit Sie mit der Interpretation eines Symbols übereinstimmen. Denn was für den einen unterstützend wirkt, kann für einen anderen behindernd oder sogar blockierend sein.

Nachfolgend nun noch einige Ratschläge:

- Ahmen Sie Feng Shui nicht einfach nach, sondern finden Sie Ihren eigenständigen Weg, der zu Ihrer Umwelt, zu Ihrer Einstellung, zu Ihren Bedürfnissen und zu Ihrer Umgebung paßt. Nur so kann Ihnen Feng Shui alle seine Möglichkeiten eröffnen und seiner Vielfalt gerecht werden.

- Feng Shui ist in seiner Umsetzung eine Kunst, die sich nach dem Menschen und dessen Bedürfnissen ausrichtet und nicht umgekehrt. Entsprechend sollten Sie immer individuell vorgehen, denn das körpereigene Chi soll durch Richtlinien nicht noch stärker blockiert, sondern ins Fließen gebracht werden.
- Beschäftigen Sie sich mit den einzelnen Gesichtspunkten, bauen Sie einen inneren Kontakt auf, damit sich Ihnen der Inhalt offenbaren kann. Denn erst der beseelte Inhalt macht eine Form nützlich.
- Decken Sie die Hintergründe der Lebens- und Wohnsituationen auf, und lassen Sie sich Zeit, sie zu verstehen. Danach gehen Sie in kleinen Schritten auf die Veränderung zu, und machen Sie nicht zuviel auf einmal – weniger ist mehr.
- Suchen Sie zuerst einfache Lösungen, und achten Sie darauf, daß diese in einem angemessenen Verhältnis zu dem Problem stehen – Sie müssen nicht unbedingt etwas Großes tun, um eine Wirkung zu erzielen.
- Setzen Sie zuerst die einfachen Erkenntnisse spielerisch und ohne Angst in die Tat um. Warten Sie danach ab, ob es einer Korrektur bedarf. Es gibt keine Fehler, Sie sammeln nur Erfahrungen! Jede neue Energie muß sich erst etablieren und stabilisieren.
- Halten Sie nicht starr an einer vorgegebenen Interpretation fest, wenn Sie sich nicht entscheiden können,

sondern lassen Sie sich vom Symbol leiten. Sie sollten im Einklang mit der angewandten Maßnahme sein. Im Zweifel schlafen Sie lieber noch eine Nacht darüber. Auf keinen Fall eine Lösung erzwingen!

Das BaGua

Das »BaGua«, ein sehr effektives und einfaches Feng-Shui-Werkzeug. Es ist ein Raster, das bei Grundrißanalysen zur Anwendung kommt. Es zeigt die acht Lebensbereiche und basiert auf den acht → *Trigrammen* des I Ging (Buch der Wandlungen). Nach Meinung der alten Chinesen birgt dieses System die Grundbausteine des Universums, auf denen alles Leben aufbaut. Alle energetischen Qualitäten, Gegenstände und Elemente lassen sich über die acht Trigramme beschreiben und analysieren.

Die Anordnung der BaGua-Bereiche entspricht der postnatalen Himmelssequenz (Späthimmel) der acht Trigramme, womit eine direkte Verbindung zwischen den Trigrammen und den Lebensbereichen (= BaGua-Bereiche) besteht. Somit können mit Hilfe des BaGua einzelne Räume genau analysiert und über die gewonnenen Erkenntnisse Rückschlüsse über die Lebensgewohnheiten und die Lebensqualität gewonnen werden. Das Ziel von Feng Shui ist es, zwischen den einzelnen BaGua-Bereichen ein Gleichgewicht zu erzeugen, um so Harmonie, Frieden und Gesundheit in unser Leben zu bringen.

Ein weitverbreitetes BaGua-System ist das tibetische »Drei-Türen-BaGua«. Wie es der Name schon andeutet, ist hier der Ausgangspunkt die Tür, sei es Gartentür, Haustür oder Zimmertür. Die Eingangstür ist die Öffnung, durch die Energie in die Räumlichkeiten strömt. Sie wird deshalb auch als die »Pforte des Chi« bezeichnet. Deshalb muß, falls das Haus oder Zimmer mehrere Eingänge besitzt, klar festgelegt werden, welche Tür als Haupteingang benutzt wird.

BaGua-Schablone (tibetisches Drei-Türen-System)

Übertragung des BaGua auf einen Raum

Soll nun das BaGua räumlich auf einen Grundriß übertragen werden, so ist es notwendig, diesen in Länge und Breite jeweils zu dritteln. Das heißt, Sie teilen die Länge und Breite des Raumes in drei gleiche Teile und ziehen, ähnlich einem Koordinatensystem, waagerechte und senkrechte Linien.

Sie erhalten neun gleich große Flächen. Jedes der einzelnen Rechtecke oder Quadrate entspricht genau einem Neuntel des Gesamtgrundrisses. Die mittlere Fläche wird keinem der acht Lebensbereiche zugeordnet, denn sie ist das → »*T'ai Chi*« – das Zentrum, das alles und nichts enthält.

Wird nun das BaGua auf den aufgeteilten Raum übertragen, so erkennen wir, daß sich die Eingangstür entweder im Bereich »Wissen«, »Karriere« oder »hilfreiche Freunde« befindet. Die Wand, in der die Tür ist, wird als Grundlinie oder Basislinie bezeichnet, von der aus die weiteren BaGua-Bereiche abzulesen sind. Sie erhalten somit eine BaGua-Schablone, die Sie auf alle Flächen, sei es Grundstück, Haus, Wohnung, Zimmer oder Schreibtisch, übertragen können.

Ein kleiner Tip, wie Sie die BaGua-Schablone ganz einfach anwenden können:

Halten Sie die Schablone vor sich, und stellen Sie sich in die Tür des Zimmers, das Sie betrachten möchten. Übertragen Sie das Koordinatensystem gedanklich auf den Raum. Demzufolge befindet sich der Bereich »Reichtum« immer im linken oberen Bereich, der Bereich »Partnerschaft« immer im rechten oberen Bereich usw., und es spielt keine Rolle, ob Sie rechts, mittig oder links in das Zimmer eintreten.

Interpretation der BaGua-Bereiche

Jeder Bereich des BaGua schwingt energetisch gesehen mit einer symbolischen Ladung, die wiederum im jeweiligen Trigramm Ausdruck findet.

Karriere

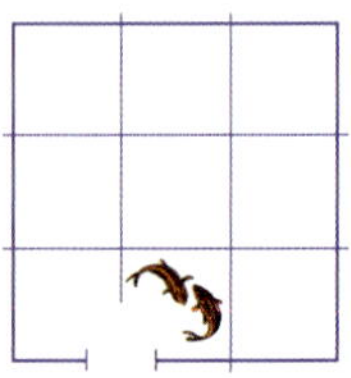

Trigramm:	☵	Wasser (K'an)
Element:		Wasser
Farben:		Schwarz, Blau
Zahl:		1
Himmelsrichtung:		Norden
Qualität:		Yin
Jahreszeit:		Winter
Tageszeit:		Nacht
Organe:		Niere und Blase

Dieser Bereich ist mit dem Element Wasser verbunden und trägt damit eine starke Kraft in sich, nämlich die des Meeres, der Urenergie, aus der alles Leben entstand. Er spiegelt unseren Lebensweg – das Auf und Ab im Leben, ähnlich einem natürlichen Bachlauf, der sich durch eine Landschaft schlängelt.

Die Karriere zeigt uns das, was wir erreichen wollen – sei es im privaten oder im Berufsleben –, und sollte deshalb angenehm erscheinen und ordentlich sein, damit die Energie frei fließen kann. Unordnung durch herumstehende Schuhe, Taschen oder Kartons, gerade im Eingangsbereich, hindern am »Weiterkommen«. Die Gestaltung dieses Bereiches sollte gleichmäßige, sich wiederholende und beruhigende Bewegung vermitteln. Fehlt dieser Bereich im Grundriß, so haben die Bewohner Mühe, ihren richtigen Lebensweg zu finden. Berufliche Ziele werden nur schwer erreicht.

Hilfsmittel:

• Aquarium • Fisch • blauer Fußabstreifer • Quelle • Schale mit Wasser • Spiegel • Teich • Vase • Wasserfallposter • Wellenmuster in der Wand- oder Bodengestaltung • Zimmerbrunnen

Wissen

Trigramm:	☶	Berg (Ken)
Element:		Erde
Farben:		Gelb, Braun, Beige
Zahl:		8
Himmelsrichtung:		Nordosten
Qualität:		Yin
Jahreszeit:		Vorfrühling
Tageszeit:		früher Morgen
Organe:		Milz und Magen

Ähnlich der Formulierung »wie ein Fels in der Brandung« symbolisiert dieser Bereich Stabilität und Sicherheit, da er mit dem Element Erde verbunden ist. Kontemplation, Lernen und Weisheit sind das Thema. Hier spiegelt sich unser inneres Wissen – unsere Weisheit – um das eigene Ich wider, das Wissen, das wir uns selbst erarbeitet haben. Es ist eine starke, aber passive Energie.

Innerhalb eines Hauses eignet sich dieser Bereich sehr gut für einen Meditationsplatz oder die private Bibliothek – ein Ort, wo man in sich hineinhören, studieren und sich sammeln kann. Gestalten Sie deshalb diesen Bereich nicht zu dynamisch. Fehlt dieser Bereich im Grundriß, so besteht die Gefahr, daß immer wieder die gleichen Fehler gemacht werden und der innere Zugang »versperrt« bleibt.

Hilfsmittel:

• Bild mit Bergmotiv • Bücher • Buddha-Statue • Einhorn • Elefant • Kerze • Kranich • Kuan Yin • Mandala • Mineralien und Edelsteine • Salzkristallampe • Schirm • Steine • Vase • Yin/Yang-Emblem

Eltern (Familie)

Trigramm:	☳	Donner (Chen)
Element:		Holz
Farbe:		Hellgrün
Zahl:		3
Himmelsrichtung:		Osten
Qualität:		Yang
Jahreszeit:		Frühling
Tageszeit:		Morgen
Organe:		Leber und Gallenblase

Dieser Bereich hat nicht nur mit unseren leiblichen Eltern zu tun, sondern auch mit dem, was uns geprägt hat oder immer noch prägt, wie z.B. unsere Vorbilder, Lehrer, Mentoren oder auch unsere beruflichen Vorgesetzten oder Personen in einer höheren Position. Hier wird die Ordnung der Natur, symbolisiert durch den Donner, aufgerufen. Die hier wirkende Energie macht offen und empfänglich, ist allerdings von der Vergangenheit beeinflußt. Es ist wichtig, immer wieder auf die Wurzeln zurückzublicken, um darauf aufzubauen.

Da diesem Bereich die Gesundheit zugeordnet wird, sollten Sie auf eine harmonische und vitale Raumgestaltung achten. Fehlt dieser Bereich im Grundriß, so können familiäre Spannungen oder Gesundheitsprobleme die Folge sein.

Hilfsmittel:

• Aquarium • Bambus • Blumen • Delphinskulptur • DNS-Doppelspirale • Donner • Drache • Elefant • Ente • Hirsch • Klangspiel • Kranich • kräftige Pflanzen • Pfirsich • Sonnenrad • Trigramme • Wasser • Zimmerbrunnen

Reichtum

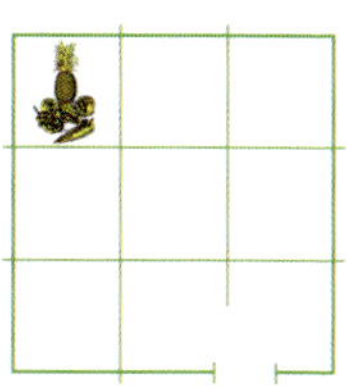

Trigramm:	Wind (Sun)
Element:	Holz
Farbe:	Grün
Zahl:	4
Himmelsrichtung:	Südosten
Qualität:	Yang
Jahreszeit:	Frühsommer
Tageszeit:	Vormittag
Organe:	Leber und Gallenblase

Diese Energie ist stark wie der Wind. Sie ist dem Holz zugeordnet und hat viel Einfluß auf uns, denn sie bringt unseren Energiefluß in Bewegung. In dem entsprechenden Bereich spiegeln sich unser Wohlstand und Reichtum, unsere finanzielle Situation, aber auch das Glück und der Segen, die über unserem Leben liegen. Hier finden sich die glücklichen Umstände, die einen im Leben weiterbringen – die sogenannten »Zufälle«.

Reichtum wird oft nur auf das Materielle (Geld) beschränkt, doch der »innere Reichtum« (Lebensfreude, Optimismus, Zufriedenheit) ist oft viel wertvoller. Eine harmonisierende, jedoch lebendige Gestaltung unterstützt die entsprechenden Energien. Fehlt dieser Bereich im Grundriß, so können finanzielle Schwierigkeiten die Folge sein, die durch unüberlegte Handlungen entstehen.

Hilfsmittel:

• Aquarium • Bambus (kräftige Pflanzen) • Dickbauch-Buddha • DNS-Doppelspirale • Drache • Fischskulpturen • goldene Früchte • Glücksmünzen • Hirsch • Quelle • Teich • Vase • Wasser • Zimmerbrunnen

Ruhm

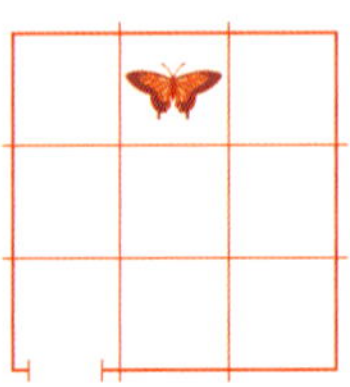

Trigramm:	☲	Feuer (Li)
Element:		Feuer
Farben:		Rot, Orange, Violett
Zahl:		9
Himmelsrichtung:		Süden

Qualität:	Yang
Jahreszeit:	Sommer
Tageszeit:	Mittag
Organe:	Herz und Dünndarm

Die Bezeichnung Ruhm wird oft mißverstanden, denn dieser Bereich spiegelt nicht nur unsere Erscheinung nach außen wider – die Anerkennung und Würdigung, die wir durch unsere Umwelt erhalten – (»Wie werde ich angesehen?«), sondern bezieht sich auch auf das innere Licht, das Bewußtsein sowie Selbstachtung und Selbsterkenntnis. Das zugeordnete Element »Feuer« ist eine Energie, die unsere Leidenschaft, unser Talent und unsere mentalen Fähigkeiten unterstützt.

Der Bereich »Ruhm« liegt der »Karriere« gegenüber, denn unser Lebensweg hat schließlich ein Ziel. Deshalb wird mit diesem Bereich auch der »Sinn des Lebens« in Verbindung gesetzt. Verwenden Sie für diesen Bereich Gegenstände und Hilfsmittel mit lebendigen Farben, die Dynamik und kraftvolle Bewegung vermitteln, und haben Sie Mut zu Kontrasten. Fehlt dieser Bereich im Grundriß, so neigen die Bewohner dazu, zu sehr auf das Urteil anderer zu achten. Sie besitzen wenig Selbstvertrauen und haben das Gefühl, zu wenig Anerkennung zu bekommen.

Hilfsmittel:

• Buddha-Skulptur • DNS-Doppelspirale • Kerzen • Kristallprismen • helles Licht • Pfirsich • Schmetterlingsmobile • Salzkristallampe • Urkunden oder Pokale

Partnerschaft/Ehe (Beziehungen)

Trigramm:	☷	Erde (K'un)
Element:		Erde
Farben:		Gelb, Braun, Beige
Zahl:		2
Himmelsrichtungen:		Südwesten
Qualität:		Yang
Jahreszeit:		Spätsommer
Tageszeit:		Nachmittag
Organe:		Milz und Magen

Wie die Mutter Erde ist dieser Bereich mit den stärksten weiblichen Prinzipien aufgeladen: Wahrhaftigkeit, Empfänglichkeit, aber auch Gebefreudigkeit. Hier wirkt eine stark nährende und empfangende Energie, nachgebend bis zur bedingungslosen Hingabe. In diesem Bereich spiegeln sich unsere Beziehungen, sei es eine Partnerschaft, eine Ehe, eine platonische Beziehung, eine engere Freundschaft oder die berufliche Beziehung zu Geschäftspartnern.

Bei der Gestaltung dieses Bereiches sollten Sie darauf achten, Symbole der Gemeinsamkeit, Liebe und Empfänglichkeit zu verwenden. Meiden Sie Gegenstände, die Trennung und Einsamkeit ausdrücken. Fehlt dieser Bereich im Grundriß, so haben es besonders Frauen schwer, eine erfüllte Beziehung zu einem Lebenspartner aufzubauen. Die Beziehungen zu Nachbarn oder Arbeitskollegen sind oft problematisch.

Hilfsmittel:

• DNS-Doppelspirale • Entenpaar • Delphinpaar (paarige Gegenstände) • Mandala • Mineralien und Edelsteine • Orchidee • rote Rosen • Salzkristallampe • Steine

Kinder (Kreativität)

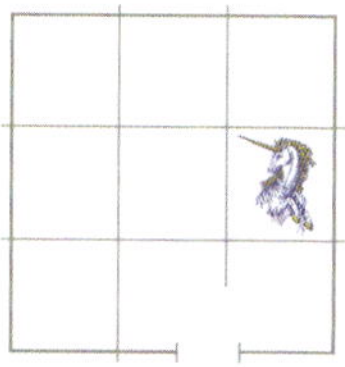

Trigramm:	☱	See (Tui)
Element:		Metall
Farben:		Weiß, Silber, Grau
Zahl:		7
Himmelsrichtung:		Westen
Qualität:		Yin
Jahreszeit:		Herbst
Tageszeit:		Spätnachmittag
Organe:		Lunge und Dickdarm

Ähnlich wie ein tiefer See zeigt uns diese Energie unsere eigene Tiefe – unsere Gefühle. Wenn wir uns dieser Kraft bewußt werden, können wir sie voll ausschöpfen und unsere Kreativität für die Zukunft nutzen. Dieser Bereich spiegelt uns, ähnlich wie der Bereich »Eltern«, nicht nur unsere leiblichen Kinder wider, vielmehr finden hier unsere Zukunft und Entwicklung Ausdruck. Alle Ideen, die wir in die Tat umsetzen möchten, haben hier ihren Ursprung. Im Beruflichen ist dieser Bereich gerade bei einer Firmenneugründung nicht zu unterschätzen, denn in ihm entspringt die Quelle der Freude und des Lebens.

Bei der Raumgestaltung können Sie hier Ihrer Phantasie freien Lauf lassen. Lebendigkeit und Kreativität in Form und Farbe können hier verwirklicht werden, um diesen Bereich zu unterstützen. Fehlt dieser Bereich im Grundriß, so leiden die Bewohner oft unter Schwermut und Lebensfrust. Das vorhandene Geld wird eher für Nützliches ausgegeben als für Hobbys. Die Beziehung zwischen Eltern und Kindern kann sich schwierig gestalten.

Hilfsmittel:

• Bilder • blühende Blumen • Skulptur mit spielenden Delphinen • Ei • Energiebilder • Kristallprismen • Metallklangspiel • Mobile • Poster

Hilfreiche Freunde

Trigramm:	☰	Himmel (Chien)
Element:		Metall
Farben:		Weiß, Silber, Grau
Zahl:		6
Himmelsrichtung:		Nordwesten
Qualität:		Yin
Jahreszeit:		Spätherbst
Tageszeit:		Abend
Organe:		Lunge und Dickdarm

Energetisch symbolisiert dieser Bereich das Trigramm Himmel, das männliche Prinzip, also Kraft, Autorität und

Führung. Er spiegelt uns die Menschen, die uns hilfreich zur Seite stehen, wie Nachbarn, Freunde oder Hilfsorganisationen sowie unsere Schutzengel – alle, die mit ihren selbstlosen Taten und Diensten eine große Segnung unseres Lebens sind. Auch ältere Menschen können eine große Hilfe sein, wenn diese ihre Erfahrungen an jüngere weitergeben.

Gestalten Sie diesen Bereich mit Accessoires, die beruhigend und ausgleichend wirken, jedoch zu Kontakt und Kommunikation einladen. Fehlt dieser Bereich im Grundriß, so haben die Menschen das Gefühl, auf sich allein gestellt zu sein. Die Position und die Gesundheit des Mannes sind eher schwach.

Hilfsmittel:

• Skulptur einer Delphingruppe • DNS-Doppelspirale • Engelbilder oder -figuren • Glocken • Schirm • Kristallprismen • Kuan Yin

Anwendung des BaGua

Zunächst sollten Sie sich bewußt machen, daß gemäß dem Feng Shui Formen stets harmonisch und vollständig sein sollten, wie dies beim Rechteck oder Quadrat der Fall ist. Unregelmäßige und spitze Grundrißformen gelten als ungünstig.

- *L- oder U-förmige Grundrisse*
  Um bei disharmonischen Grundrißformen wie L- oder U-Formen das BaGua anwenden zu können, werden die Grundrisse zuerst zu einem Rechteck oder Quadrat ergänzt. Die ergänzten Bereiche werden als »Fehlbereiche« bezeichnet. Übertragen bedeutet dies, je nachdem, welcher Lebensbereich fehlt, daß für die Bewohner diese Energie nur schwer zugänglich ist und sich dies über einen längeren Zeitraum belastend auswirken kann, weshalb es sich empfiehlt, hier unbedingt ein Gleichgewicht herzustellen.
  Doch nicht immer entsteht ein Fehlbereich durch einen unregelmäßigen Grundriß. Ist die Länge oder Breite vom Vorbau eines Hauses kleiner als die Hälfte der restlichen Hauslänge oder -breite, so gilt dieser Vorbau als »Zusatz« oder Verstärkung. Hier erfahren die Bewohner eine spürbare Unterstützung im jeweiligen Lebensbereich (siehe auch → *Balkon*, → *Terrasse*).
  Nachdem der Grundriß zeichnerisch ergänzt wurde, werden die Länge und die Breite der harmonischen Fläche in drei gleiche Teile aufgeteilt und die acht Lebensbereiche, entsprechend der Türanordnung, in die entstandenen Flächen übertragen.

L-förmiger Grundriß

U-förmiger Grundriß

- *Schräge Eingangsbereiche*
  Als schwierig könnte sich die Einteilung des BaGua auf Grundrisse mit Eingängen in schrägen Wänden erweisen. Doch auch hier sind die Anwendungsregeln einfach: Liegt der Winkel der Wand, in der sich die Eingangstür befindet, unter 45°, so wird diese Wand einfach in die Gerade geklappt. Ist die Schräge jedoch genau im Winkel von 45°, so ist ausschlaggebend, aus welcher Richtung man auf die Tür zugeht. Hier wird die Wand in die jeweilige Gerade geklappt, aus welcher der Zugang erfolgt. – Vergessen Sie bitte nicht, daß durch schräge Wände Fehlbereiche entstehen!

- *Balkon und Terrasse*
  Oft findet man Grundrisse vor, bei denen ein sogenannter Fehlbereich mit einem → *Balkon* oder einer → *Terrasse* belegt ist. Wir dürfen jedoch nicht den Fehler machen, diese Bereiche zum Hauptgebäude dazuzuzählen, denn sie liegen außerhalb der uns umgebenden vier Wände, also auch außerhalb unseres »Körpers«.

- *Mehrere Stockwerke*
  Sollten Sie in einem Haus wohnen, dessen Wohnfläche sich über mehrere Etagen erstreckt, so gilt hier, daß für jedes neue Stockwerk ein eigenes BaGua anzulegen ist. Ausgangspunkt ist hier die Blickrichtung, mit der Sie das jeweilige Stockwerk betreten. In der Regel ist die »Eingangstür« die letzte Stufe der Treppe.
  Bei Mehrfamilienhäusern bleibt das öffentliche Treppenhaus in der Wohnungsanalyse unberücksichtigt. Das BaGua wird ab der Wohnungstür angelegt.

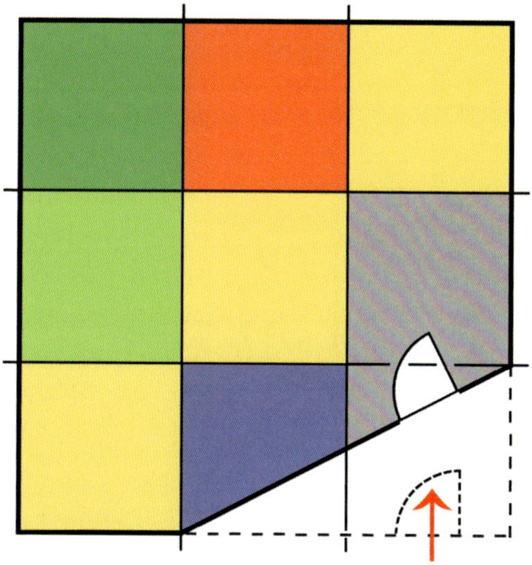

Schräger Eingangsbereich kleiner 45°

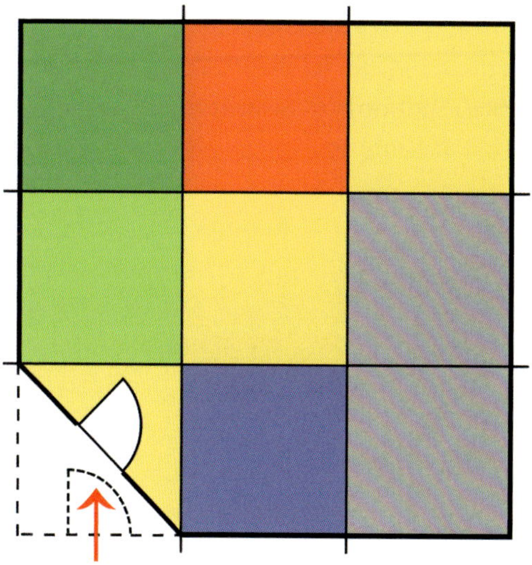

Schräger Eingangsbereich gleich 45°

Das Zentrum

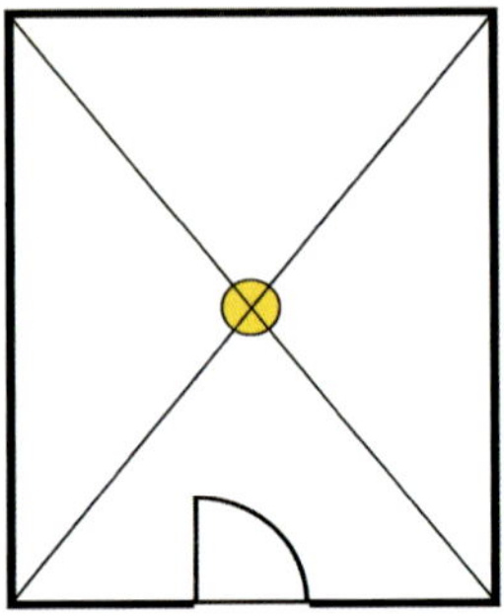

Im Zentrum liegt das → *»T'ai Chi«*, die große Quelle, aus der wir »schöpfen« und wo wir Kraft sammeln. Wenn Körper und Geist sich in der »Mitte« befinden, befinden Yin und Yang sich in Harmonie, und wir verfügen über die größte Energie.

So, wie unser Körper eine Mitte hat, besitzt auch jedes Haus, jede Wohnung oder jeder Raum ein Zentrum. Wie wir beim BaGua bereits gesehen haben, entsteht durch die Neuner-Teilung der Fläche ein mittlerer Bereich, den wir als »T'ai Chi« oder Zentrum bezeichnen. Auch das Haus oder der Raum »schöpft« seine Kraft aus dieser Mitte. Ist dieses Zentrum gestört, so fehlt es oft an Stabilität und Sicherheit.

Zunächst möchte ich Ihnen erklären, wie Sie das absolute Zentrum, den Mittelpunkt, bestimmen können: Wie Sie sicher noch aus Ihrer Schulzeit wissen, ist der Mittelpunkt gleichzeitig der Schwerpunkt einer Fläche. Bei harmonischen Grundrissen, wie dies beim Rechteck oder Quadrat der Fall ist, ist die Bestimmung recht einfach: Zeichnen Sie die beiden Diagonalen ein, und der Schnittpunkt beider Linien ist das Zentrum. Bei L- oder U-förmigen Flächen verfahren Sie ähnlich, wobei Sie vorher diese Fläche zur harmonischen Form ergänzen. Bei unregelmäßigen Grundrissen wird es etwas schwieriger, den genauen Mittelpunkt zu bestimmen. Hier können wir uns aber einer einfachen Hilfe bedienen: Übertragen Sie den Grundriß von Ihrem Bauplan auf einen Karton. Nehmen Sie dann eine größere Nadel oder einen Nagel, und balancieren Sie die Fläche aus. Befindet sich die Fläche in der Waage, so zeigt die Spitze auf den Schwerpunkt – unser gesuchtes Zentrum.

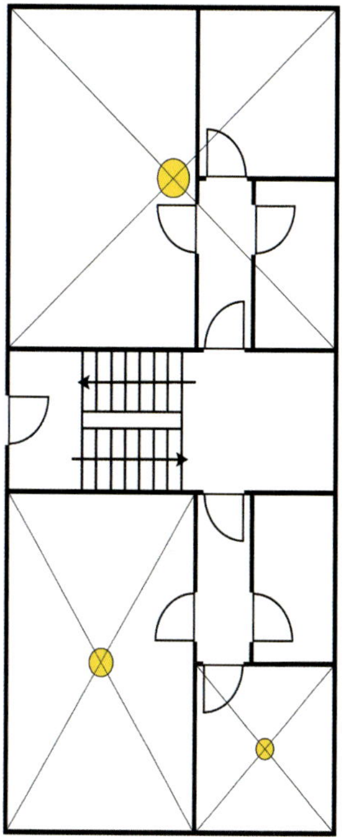

Das Zentrum sollte frei und unbelastet sein, damit die Energie, das Chi, frei zirkulieren kann. Bei alten Gebäuden finden wir sehr häufig eine kunstvolle Betonung der Hausmitte, sei es durch ein rundes oder sternförmiges Bodenmosaik, eine prächtig bemalte Stuckstruktur an der Decke oder einen herrlichen Kristallüster. Befindet sich das Treppenhaus oder der Lift in der Gebäudemitte, so entstehen Unruhe und Zerrissenheit. Ist das Zentrum durch eine stärkere Mauer, einen Kamin oder Abstellraum blockiert, dann ist dies oft ein Hinweis auf Energiemangel und ein anstrengendes Leben. Zum Ausgleich können Sie als Ersatz in zwei Räumen (z.B. Wohnzimmer, Schlafzimmer) das Raumzentrum aktivieren. Entsprechende Möglichkeiten finden Sie im Lexikon aufgeführt.

Lexikon von A bis Z

Affirmation

Übersetzt bedeutet Affirmation (lat.) Bejahung, Bekräftigung. Es ist ein alter und guter Brauch des Menschen, sich selbst und seine Umgebung durch positive Aussagen zu motivieren oder zu schützen. Noch heute können wir die kleinen Holztafeln auf den Bauernmärkten erwerben, auf denen in verschnörkelter Schrift die unterschiedlichsten Sprüche eingebrannt oder aufgemalt sind. Besonders auf den Weihnachtsmärkten werden bestickte Bänder und Kissen angeboten. Die Auswahl ist sehr vielseitig und oft auch auf bestimmte Festlichkeiten abgestimmt: selbstgebastelt aus Ton oder Salzteig, emailliert oder gemalt – der Kreativität sind keine Grenzen gesetzt.

Welcher Spruch oder welche Affirmation verwendet wird, sollte individuell entschieden werden. Wichtig ist, daß jeder Spruch persönlich »beseelt« und die Aussage stets in der Gegenwart ausgedrückt wird.

Anwendung

- Als Schutz oder Segnung über jeder Tür, besonders der → *Eingang*stür.
- Als Motivationshilfe oder Erinnerung im Badezimmer oder am Küchenschrank.
- Als Danksagung in einem Blumenarrangement.

- Als Unterstützung nach Krankheiten in der Nähe des Bettes.
- Als Energieträger für unterversorgte Wohnbereiche.

BaGua-Bereich

Jeder Bereich! Dabei sollte der Spruch oder die Affirmation an einer Stelle angebracht werden, die immer wieder im Blickfeld liegt.

»Affirmationen sind kein Leugnen der Gegenwart, sondern eine Hoffnung für die Zukunft. Während Sie ihnen erlauben, Ihr Bewußtsein zu durchdringen, werden sie immer glaubhafter, bis sie schließlich für Sie Wirklichkeit werden können.«

Dr. Bernie Siegel

Altar

Es ist kein großer Aufwand und auch keine Zugehörigkeit zu einer bestimmten Glaubensrichtung oder Religion notwendig, um sich einen Ruhepol zur Hektik des Alltags zu gestalten. Ein Altar ist eine konkrete Darstellung einer heiligen Stätte. Er kann auch als spirituelles Zentrum in unserer eigenen Welt gelten und sollte deshalb eine Atmosphäre der inneren Freude, Ruhe, Konzentration und Meditation schaffen.

Die Gestaltung eines Altars ist mit den unterschiedlichsten Materialien, Figuren und Accessoires möglich. Dabei spielt es keine Rolle, ob er aus Holz, Stein oder Metall gefertigt ist, ob er auf einer Fensterbank, einem Tischchen oder in einem Regal seinen Platz findet. Zur Gestaltung verwendet werden können:

Farbige Tücher, → *Kerzen*, Statuen, Figuren von Heiligen, Symbole für Schutz (→ *Amulett*), → Bilder, frische → *Blumen* – die regelmäßig erneuert werden sollten! Eine → *Schale*, die z.B. mit Früchten der verschiedenen Jahreszeiten gefüllt ist oder mit frischem Obst, → *Edelsteine*, → *Räucherwerk*, eine → *Glocke* oder ganz persönliche, wichtige Gegenstände.

Anwendung

- Zum Ausgleich für die im Alltag verbrauchten Energien.
- Zur Erinnerung an die schützende Nähe spiritueller Energien (z.B. → *Engel*, Gott, → *Buddha*, Christus).
- Als Gebet oder Meditation: »In der Stille liegt die Kraft«.
- Zur Harmonisierung innerer Spannungen.

BaGua-Bereich

- Wissen
- Hilfreiche Freunde
- Eltern

Amulett

Das Amulett ist ein kleiner Gegenstand, dem eine magische und glückbringende Eigenschaft zugeschriebenwird oder der Schutz gegen Zauber (wie Geister, den bösen Blick, Unglück oder Krankheit) gewährleisten soll. Dazu werden entweder natürliche Materialien verwendet, wie → *Edelsteine*, Federn, Perlen, Leder, → *Steine*, oder es werden Schmuckstücke aus verschiedensten Metallen, wie Kupfer, Messing, Silber oder → *Gold*, angefertigt, in die magische Symbole eingraviert sind. Diese Symbole sind durch den ständigen sakralen Gebrauch auf besondere Weise beseelt.

Anwendung

- Als Schutz oder Glücksbringer am Körper getragen.
- Als Schutz oder Glücksbringer an einer bestimmten Stelle aufgehängt.
- Zum Reinigen alter Energien an die entsprechende Stelle gelegt (→ *Altar*).

BaGua-Bereich

Jeder Bereich, dem diese besondere Energie zufließen soll.

Ankh

Traditionell wurde das Ankh als Zeichen der Unsterblichkeit, als Symbol des ewigen Lebens von ägyptischen Göttern getragen. Heute ist das Lebenskreuz ein Symbol für die Vereinigung der beiden Pole »Weiblich« (die Schlaufe) und »Männlich« (unterer gerader Teil), die zur Einheit zusammenfließen (Mitte).

In den verschiedensten Größen hergestellt, wird das Ankh als Schmuckgegenstand in Silber, → *Gold* oder als → *Edelstein*, außerdem aus Messing und Kupfer zum Aufhängen verwendet.

Anwendung

- Als Symbol für Frieden, Glück und Gesundheit in den gewünschten Bereich aufgehängt oder aufgestellt.
- Als Schutz am eigenen Körper getragen, zum → *Altar* gestellt oder dort aufgehängt.

BaGua-Bereich

Alle Bereiche

Ankleide (-zimmer)

Diesen Raum müssen wir mit der Symbolik der Kleidung in Zusammenhang bringen. Auch heute noch ist Kleidung Ausdruck der gesellschaftlichen Stellung und der inneren Geisteshaltung. Mit der Kleidung zeigen wir der Welt unsere Einstellung, unsere Persönlichkeit. Da das Ankleidezimmer vorwiegend am Morgen und am Abend betreten wird, kann es unsere Stimmung für den Tag oder die Nacht entscheidend beeinflussen. Deshalb ist es angebracht, den Raum hell und freundlich einzurichten und öfter zu → *räuchern*, da mit der Kleidung auch Energie nach draußen und nach drinnen getragen wird. Außerdem sollte ganz besonders auf Ordnung geachtet werden, damit dieser Raum nicht allmählich zu einem Abstellraum umfunktioniert wird.

Anwendung

Tips zur Gestaltung

- In den Bereichen Reichtum und Eltern den Raum mit einer großen Pflanze beleben.
- Im Bereich Ruhm den Raum mit einem besonderen → *Spiegel* oder ausgefallenen Lampen versehen.
- Im Bereich Karriere fließende Vorhänge oder Stoffe in Blautönen anbringen, um die Wasserenergie einzubringen.

- In den Bereichen Partnerschaft und Wissen ruhige, erdige → *Farben* verwenden, um dem Raum eine Ausstrahlung von Geborgenheit zu geben, in der wir uns wohlfühlen.
- In den Bereichen Kinder und Hilfreiche Freunde eine fröhliche, lebendige Atmosphäre schaffen.

Für die Gestaltung im einzelnen sind auch noch die Hinweise unter → *BaGua* hilfreich.

Aquarium

Ein Aquarium, mit seinen → *Fischen*, seiner Pflanzenwelt und dem bewegten → *Wasser* stellt den Mikrokosmos des Meeres dar. Es beinhaltet die ganze Kraft und die Schöpfung der Natur, ihre Vielfältigkeit und Entwicklungsmöglichkeiten. Goldfische in einem Bassin gelten auch heute wieder als Symbol für »Gold und Edelsteine mögen dein Haus füllen« oder »Gold im Überfluß«. Ein Bild mit einem Goldfischpaar wird auch mit Fruchtbarkeit in Verbindung gebracht.

Das Aquarium ist ein klassisches Feng-Shui-Hilfsmittel und wird vor allem in Büros, Firmengebäuden oder Restaurants im entsprechenden Bereich aufgestellt. In China findet man acht rote oder goldene und einen schwarzen Goldfisch in einem Aquarium, wobei der schwarze das Unglück der anderen acht Fische aufnehmen und ableiten soll. Stirbt einer der Fische, so wird er sofort ersetzt, um das Gleichgewicht und vor allem den Wohlstand zu erhalten. In europäischen Ländern ist dies nicht üblich und wird individuell gehandhabt.

Anwendung

- Zur Steigerung und Belebung der Raumenergie.
- Zur Entspannung und zum Ausgleich gestreßter Menschen.
- Um das Wasserelement eines Raumes oder eines Menschen zu stärken.
- Um (inneren) Reichtum und Glück (Zufriedenheit) anzuziehen.

BaGua-Bereich

- Reichtum
- Karriere

Wichtig: • Das Aquarium nicht neben WC oder Bad plazieren und nicht in der Nähe eines Ofens oder Kamins. • Ein Aquarium muß regelmäßig gepflegt werden, damit das Wasser stets sauber, klar und frisch bleibt.

Arbeitszimmer oder Arbeitsplatz

Kreativität bedeutet schöpferische Kraft. Sie ist unter anderem die Antriebsfeder für jegliche Art von Arbeit. Schöpferisch zu sein bedeutet, daß ein Gedanke oder eine Idee in die Materie umgesetzt, gestaltet und erhalten wird.
Wir sollten unser Arbeitszimmer so einrichten, daß es einen inspirierenden und unterstützenden Einfluß auf die jeweilige Tätigkeit hat, die wir im speziellen ausüben. Von Vorteil ist auch die Trennung des Arbeitszimmers vom Privatgeschehen und die klare Abgrenzung des Arbeitsplatzes innerhalb eines Raumes, wenn es nicht möglich sein sollte, zwei getrennte Zimmer einzurichten. Dazu können Raumteiler, → *Paravent*, → *Klangspiel* oder → *Pflanzen* verwendet werden.

Unentbehrlich ist eine gute ausreichende Beleuchtung. Außerdem ist es wichtig, in diesem Zimmer Ordnung zu halten, damit wir den Überblick bewahren und nicht im Chaos versinken, was jegliches Arbeiten behindert. Zur Gestaltung des jeweiligen BaGua-Bereiches sind die entsprechenden Grundlagentips im Kapitel → *BaGua* sehr hilfreich.

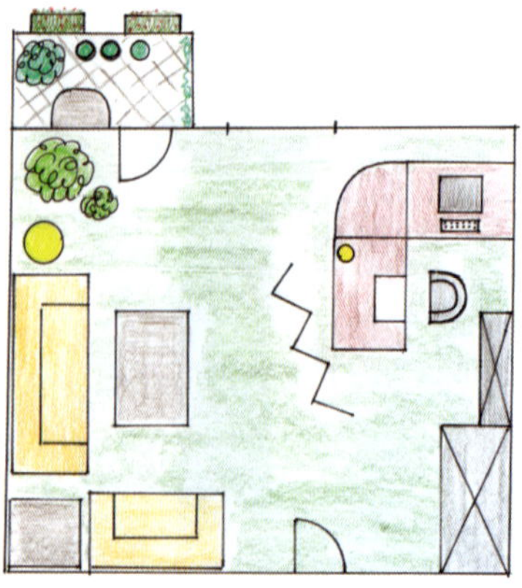

Bach

Der Bach symbolisiert, ebenso wie der Fluß, den Lauf des Lebens. Er unterstützt die Vorwärtsbewegung des Lebens im allgemeinen. Daher sollte ein Bach vorwiegend im Bereich Karriere angelegt werden, da er nicht nur die Karriere im Leben spiegelt und anregt, sondern auch den ganz persönlichen Lebensweg.

Anwendung

Tips für die Gestaltung:
Der individuellen Gestaltung sind keine Grenzen gesetzt. Verwenden Sie jedoch vorwiegend natürliche Materialien, wie Kiesel, passende → *Pflanzen*, und nützen Sie die vorhandenen Gegebenheiten Ihres → *Gartens*. Akzente setzen können Sie z.B. mit → *Skulpturen* aus Metall.

- Ein natürliches Gefälle eignet sich am besten für die Anlegung eines Baches, der z.B. über kleine Terrassen oder Schalen nach unten fließen kann.
- Ein künstlich angelegter Bach kann in einen kleinen → *Teich* münden.

BaGua-Bereich

- Karriere
- Eltern
- Reichtum

Badezimmer

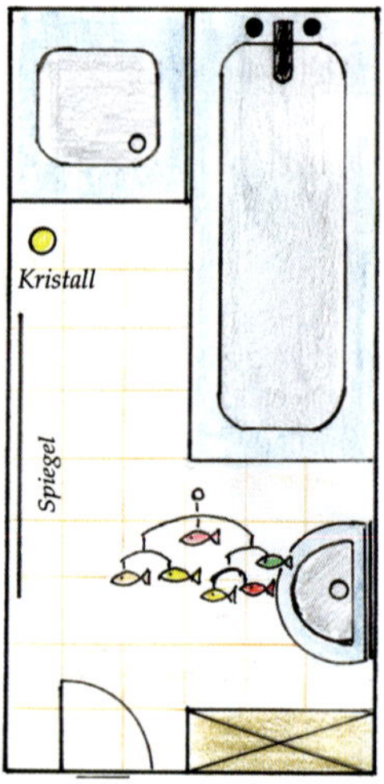

→ *Wasser,* wichtigster Energielieferant, versorgt nicht nur unseren Körper mit lebensnotwendiger Energie, sondern auch unser Haus oder unsere Wohnung. Symbolisch ist das Badezimmer ein Ort der Wiederherstellung unserer Lebensenergie durch den Vorgang der Reinigung unseres Körpers und damit auch der Reinigung unseres Geistes.
Die Atmosphäre des Badezimmers kann uns, ebenso wie beim → *Ankleidezimmer,* schon am Morgen günstig für den neuen Tag und beruhigend für die Nacht beeinflussen. Deshalb sollte man bei der Ausstattung dieses Bereiches besonders auf die persönlichen Bedürfnisse aller Bewohner achten.

Um dem Entweichen der wichtigen Lebensenergie entgegenzuwirken, ist es ratsam, an der Badezimmertür einen kleinen Spiegel anzubringen. Befindet sich kein Fenster im Badezimmer, so ist darauf zu achten, daß die Energie im Fluß bleibt. Dazu können → *Spiegel,* → *Mobiles,* Bänder, → *Klangspiele,* → *Wandmalereien* (Trompe l'oeuil) und vieles mehr eingesetzt werden. Zur Gestaltung des jeweiligen BaGua-Bereiches sind die entsprechenden Grundlagentips im Kapitel → *BaGua* nachzulesen.

Wichtig: Die Badezimmertür immer geschlossen halten!

BaGua,

ein geschlossenes System

Das BaGua ist ein in sich perfektes, harmonisches, abgeschlossenes System, das unbedingt als Einheit betrachtet werden muß. Das hat zur Folge, daß die geringste Veränderung in einem Bereich alle anderen ebenfalls in Bewegung bringt, ähnlich einem Stein, der ins Wasser fällt und seine Kreise zieht. Dies geschieht immer mit dem Ziel, innerhalb des Systems das Gleichgewicht der Energien aufrechtzuerhalten. Letztlich will das → *Chi,* die universelle Lebensenergie, gleichmäßig durch alle BaGua-Bereiche fließen und diese harmonisch miteinander verbinden, damit durch Mensch und Natur, Persönlichkeit und Umfeld göttliches Bewußtsein in seiner individuellen Form zum Ausdruck kommen kann.

Ich möchte bei der Beschreibung eines förderlichen Kreislaufes bei dem BaGua-Bereich »Eltern« beginnen, der die Wurzeln, die Grundlage im Leben eines Menschen, symbolisiert.

Ein Mensch wächst im Idealfall in einer Familie behütet und beschützt auf und kann sich frei und seinen Anlagen entsprechend entfalten. Er wird selbständig, erkennt seine Vielfalt und hat Spaß an der Fülle des Lebens (BaGua-Bereich: Reichtum), die ihn noch wachsen läßt. Durch Lob und Anerkennung (BaGua-Bereich: Ruhm) wird er zu einer verantwortungsvollen Persönlichkeit. Freundschaften und Beziehungen (BaGua-Bereich: Partnerschaft) stabilisieren sein Selbstbild. Das verleiht ihm

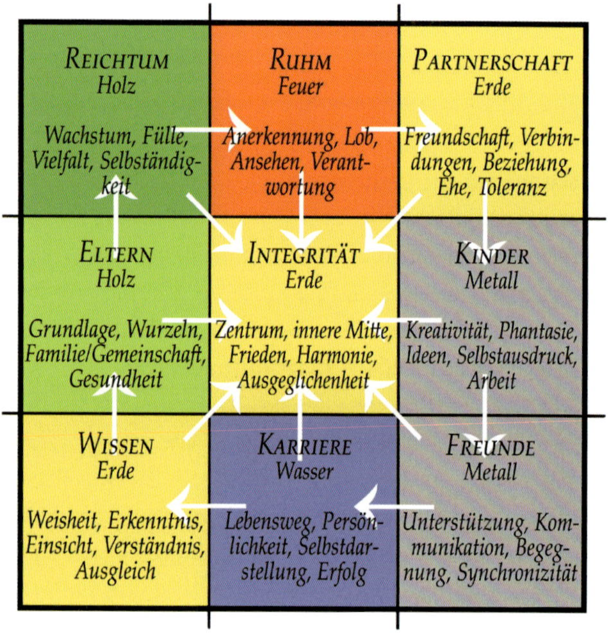

den Mut, sein schöpferisches Potential durch seine Ideen (BaGua-Bereich: Kinder) und seine individuelle Kreativität zum Ausdruck zu bringen. Kontakte, Begegnungen mit »hilfreichen Freunden« unterstützen ihn in seiner Umsetzung und der Darstellung seiner Persönlichkeit, wodurch er seinen Lebensweg (BaGua-Bereich: Karriere) erkennen kann. Erfahrungen und »Wissen« führen zu Einsicht und schließlich zu innerer Weisheit, die er immer wieder korrigierend einsetzen kann, um den harmonischen Kontakt zum eigenen Zentrum zu finden und zu erhalten.

Da wir jedoch in einem immerwährenden Kreislauf leben, in dem die Verbindungen der einzelnen Bereiche fließend ineinander übergehen, können wir oft Ursache und

Wirkung nicht so klar erkennen wie gerade beschrieben. Es bedarf genaueren Forschens und Nachdenkens, damit wir Einzelheiten erkennen.

Bei Spannungen, Stagnation oder einem Übermaß an Energien in einem der Bereiche übernimmt in der Regel ein anderer Bereich den Ausgleich, und zwar durch ein verlangsamtes oder beschleunigtes Abfließen der Energie.

Beispiele

- Ein zu starker Einfluß durch die Eltern (Eltern) und ihre Autorität verursacht ein reduziertes Wachstum (Reichtum) oder verminderte Kreativität (Kinder).
- Zuviel Kreativität, Streß und Arbeit (Kinder) führt dazu, daß man zuwenig Zeit für die Familie, Partnerschaft oder Kommunikation (Partnerschaft) hat, und dadurch zu Krankheit (Eltern) und/oder zur Isolation (Hilfreiche Freunde).
- Eine zu große Abhängigkeit von der Anerkennung anderer Menschen (Ruhm) schwächt die Persönlichkeit und die Fähigkeit, den eigenen Lebensweg (Karriere) zu erkennen, so daß alle anderen Bereiche blockiert werden.
- Eine zu enge Ausrichtung auf den eigenen Lebensweg (Karriere), verbunden mit Perfektionsdrang, läßt einen die Probleme der anderen vergessen und führt zur Stagnation im Bereich Wissen.

Sollten Sie nun einen BaGua-Bereich aktivieren wollen, ist es nach der oben aufgeführten Ausführung ratsam, die bestehende Thematik zu überdenken und die dazugehörenden Bereiche mit zu berücksichtigen.

BaGua-Spiegel

Der BaGua-Spiegel nimmt unter den → *Spiegeln* eine Sonderstellung ein und gilt als kraftvolles Schutzsymbol: Auf einer achteckigen Grundplatte ist in der Mitte ein flacher, konkaver (nach innen gekrümmter) oder konvexer (nach außen gewölbter) Spiegel angebracht. An den acht Seiten befinden sich die acht → *Trigramme* der pränatalen (vorgeburtlichen) Himmelssequenz.

Der BaGua-Spiegel sollte grundsätzlich nur außen und über oder neben der Tür angebracht werden. Dabei ist darauf zu achten, daß seine Reflexion nicht auf Nachbargebäude, Eingänge oder Bäume gerichtet ist, damit diese keinen Schaden nehmen.

Anwendung

- Zur Reflektion schädlicher feinstofflicher Einflüsse: flacher Spiegel.
- Zur Verkleinerung und Zerstreuung schädlicher Einflüsse von Mauern und Dachkanten: konvexer Spiegel.
- Zur Neutralisierung von übermächtigen Nachbargebäuden, Strommasten oder Bäumen: konkaver Spiegel, er verzerrt das Spiegelbild und stellt es auf den Kopf.

Wichtig: Um die Schutzwirkung sicherzustellen, sind Spiegel regelmäßig zu reinigen!

Baldachin

Wir kennen den Baldachin besonders aus orientalischen Märchen: In einer überdachten Sänfte, die von einem Himmel aus Stoff, dem Baldachin, umgeben war, der als Sichtschutz vor dem gewöhnlichen Volk wirkte, wurde die Prinzessin von ihren Dienern von einem Ort zum anderen getragen. In anderen Ländern wurde der Baldachin als Traghimmel verwendet, um bei Prozessionen das Allerheiligste zu schützen. Wir können ihn heute für praktische und ästhetische Funktionen verwenden. Es gibt ihn fertig in den verschiedensten → *Farben* und Größen zu kaufen. Für große Bereiche eignet sich auch ein ausgedienter Fallschirm.

Anwendung

- Als Sichtschutz und/oder Moskitonetz fürs → *Bett*.
- Als Abgrenzung nach oben, bei zu hohen Räumen (geeignet ist hierfür auch ein ausgedienter Fallschirm).
- Als Abgrenzung für eine Sitzgelegenheit – Sofa oder Sessel.
- Als Blickfang für energieschwache Zonen.
- Als Verstärkung eines BaGua-Bereiches.
- Um Geborgenheit zu vermitteln.

BaGua-Bereich

Alle Bereiche, insbesondere aber der Bereich Wissen.

Balken

Sichtbare Balken von Deckenkonstruktionen in Wohn- und Schlafräumen vermitteln nicht nur ein außergewöhnliches rustikales Flair, sondern können auch, je nach Beschaffenheit, eine drückende und belastende Ausstrahlung ausüben.

Grundsätzlich gilt es, bei Balken folgendes zu beachten: Schlafen oder sitzen Sie auf keinen Fall unter einem Balken, der senkrecht zu Ihrem Bett oder Ihrer Sitzgelegenheit verläuft, denn die drückende oder trennende Wirkung kann zu körperlichen Beschwerden oder zu Konzentrationsschwächen führen. Wenn sich dies nicht vermeiden läßt, versuchen Sie Ihre Möbel parallel zum Balken auszurichten.

Folgende Hilfsmittel können Sie dabei unterstützen, der erdrückenden Wirkung von Balken entgegenzuwirken: helle Farbanstriche, → *Kristallprismen*, → *Lichtfluter*, leichte, luftige helle Stoffe, Hänge- oder → *Kletterpflanzen*, → *Mobiles*, reflektierende Gegenstände, wie Bilderrahmen auf Nacht- oder → *Schreibtisch*, → *Flöten*.

Balkon

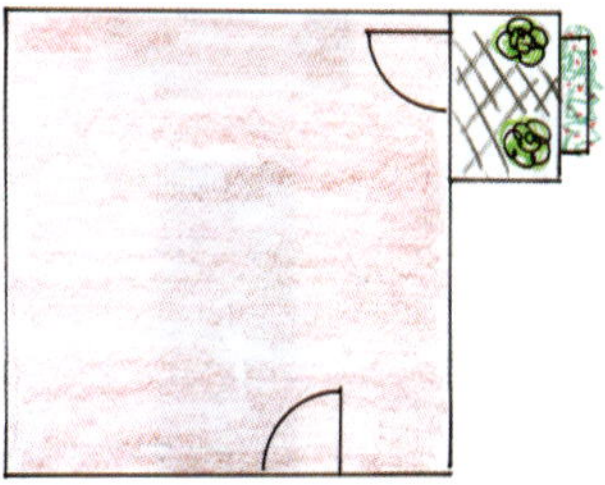

Zu jeder Jahreszeit, auch im Winter, sollte der Balkon als kleine grüne Oase, ausgestattet mit entsprechenden → *Blumen*, Kräutern oder winterharten → *Pflanzen* und mit unterschiedlichstem Zubehör, Dynamik und Kraft auf das Umfeld weitergeben. Dies gilt ganz besonders, wenn der Balkon als Fehlbereich errechnet wurde (Abb. unten). Gilt er jedoch als Erweiterung (Abb. oben), so können wir die zusätzliche Energie für unser Wohlbefinden nutzen.

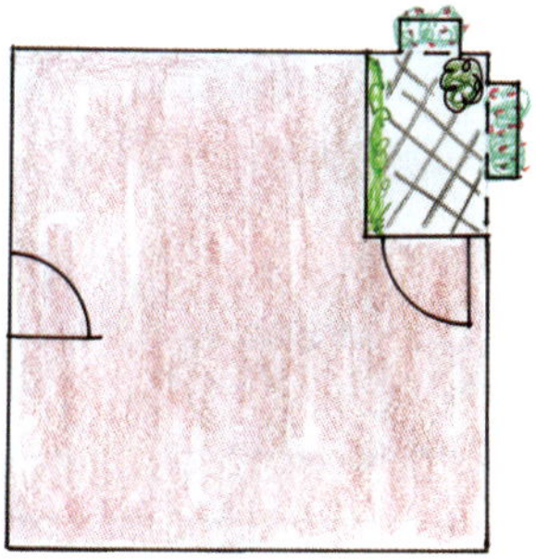

BaGua-Bereich

Mit den entsprechenden Pflanzen, Blumentöpfen, → *Pflanzgefäßen*, Materialien und Accessoires kann das jeweilige → *BaGua* unterstützt werden.

Wichtig: Halten Sie unbedingt Ordnung auf Ihrem Balkon!

Bambus

Im Feng Shui ist der Bambus Sinnbild für das → Element Holz und somit für Wachstum und Gedeihen. Wegen seiner Beschaffenheit – seine Äste sind innen hohl und deshalb biegsam, sein Blattwerk immergrün, und im Feuer zerplatzt er mit lautem Knall – wird er weiterhin mit Tugend, Treue und Beständigkeit, langem Leben und Alter in Verbindung gebracht. Bei Festlichkeiten dient er auch als Dämonenvertreiber. → *Bambus*, → *Kiefer* und → *Pflaume* sind zusammen die »drei Freunde im Winter«, die auch das Symbol für langes Leben verstärken. Da die Worte für »Bambus« und »beten« im Chinesischen gleich lauten, trägt der Bambus zudem noch die Symbolkraft von Frieden; um diese zu stärken, kann man eine → *Vase* neben eine Pflanze stellen.

Anwendung

- Zur Milderung des schädlichen Einflusses von auf das eigene Haus gerichteten Häuserkanten (z.B. Garagen): Durch sein schnelles Wachstum und sein immergrünes Aussehen ist er hierfür sehr gut geeignet.
- Zur Kaschierung von Ecken innerhalb der Wohnung.
- Als Verkörperung des Yang-Aspekts: in der Kombination mit einem Gartenteich, der für Yin steht.

- Zur Verlangsamung der durch große Fenster vorgegebenen Fließrichtung der Energie (→ *Wintergarten*).
- Zur Unterstützung eines »Holz-« oder »Feuer-Menschen«.

BaGua-Bereich

- Eltern
- Reichtum

Berg

Der Berg ist ein weltweit verbreitetes Symbol der Begegnung und Verbindung von Himmel und Erde, der Gottesnähe und des menschlichen Aufstiegs. Sich über die alltägliche Ebene der Menschheit erhebend, wird er zum Symbol der göttlichen Macht. Er vermittelt uns Weisheit und Stabilität, zudem verleiht er uns Kraft und Beharrlichkeit für den mühsamen Weg zur Bewußtwerdung und Erhebung des Geistes. Er steht für die Einswerdung von Körper, Geist und Seele.

Anwendung

- Um eine ruhige, stabile Atmosphäre zu schaffen oder

um Konzentration zu fördern oder zu unterstützen: als → *Poster*, auf → *Bildern* oder als → *Fotografie*.

- Um den jeweiligen Bereich zu beruhigen oder das Zentrum (T'ai Chi) zu stabilisieren: in Form von größeren → *Steinen* (Findlingen) in der Gartengestaltung.
- Um einem Haus Schutz und Ruhe zu geben: vor der Eingangstür eines Hauses plaziert, das an einer belebten Straße liegt.
- Zur Erzeugung einer entspannten Raumatmosphäre: als → *Salzkristallampe*.

BaGua-Bereich

- Wissen

Bett

»Wie man sich bettet, so liegt man.« Ein altes Sprichwort, das uns klar darlegt, wie wichtig doch unser Schlafplatz ist, und das uns auffordert, besonders viel Aufmerksamkeit auf die Details zu richten. Im Bett tanken wir auf, regenerieren Körper und Geist, entsprechend benötigen wir hier Schutz, Ruhe und Geborgenheit.

Anwendung

Plazierung:

- Im Idealfall steht das Bett mit dem Kopfende an einer geschlossenen Wand, weit weg von Tür und Fenster (Rückendeckung ist wichtig!).

- Schwere querlaufende → *Balken* über dem Bett können mit weich fließenden hellen Tüchern oder einem → *Baldachin* abgedeckt werden, oder es wird in Parallelrichtung zu den Balken umgestellt, um deren bedrückendem Einfluß entgegenzuwirken.
- Ein Arbeitsplatz in der Nähe des Bettes verhindert einen gesunden, erholsamen Schlaf. Arbeits- und Schlafbereich müssen unbedingt – entweder durch einen Raumteiler, ein → *Klangspiel* oder einen → *Paravent* – voneinander abgetrennt werden.
- Bücherregale am Kopfende, schwere Bilderrahmen oder wuchtige Lampen über dem Bett wirken ebenfalls störend auf den Schlaf.
- Stauraum unter dem Bett sollten Sie nicht mit unnützen Gegenständen vollstopfen.
- Stromleitungen, die hinter dem Bett verlaufen, sind über Nacht unbedingt auszuschalten. Steckdosen mit Kippschalter sind dazu am besten geeignet.
- Errechnen Sie sich mit Hilfe der → *Kua-Zahl* die persönlichen günstigen → *Himmelsrichtungen*, und stellen Sie Ihr Bett so auf, daß Sie mit dem Kopf in Ihrer günstigen Richtung liegen.

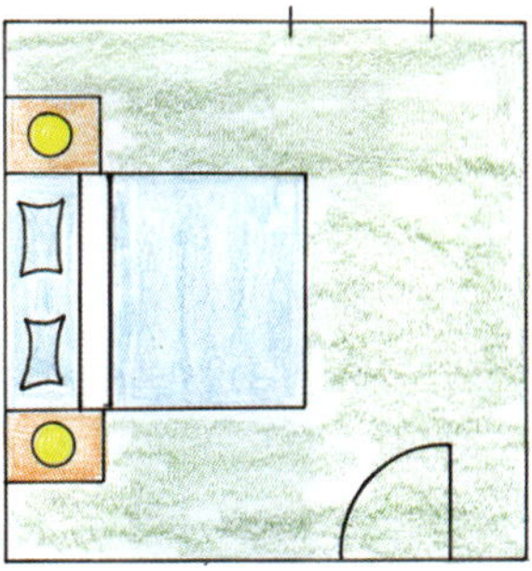

Noch einige Gedanken zu den vielumstrittenen Wasserbetten, die von vielen Feng-Shui-Experten abgelehnt werden, da sie als instabil gelten.

In der Nacht begeben wir uns auf eine unbewußte Ebene, um zu regenerieren. Damit wir dort die Erdung und den Bezug zur Materie nicht verlieren, benötigen wir zum Schlafen einen stabilen Untergrund. Wasser wird mit Unterbewußtsein und Gefühlen assoziiert, es entspannt und beruhigt unseren Körper. Die Wärme verstärkt diesen Aspekt. Um dem Wasserkern Stabilität zu verleihen, wird er abgedämpft, und der stabile Holzrahmen schafft die entsprechende Erdung. Die modernen Wasserbetten erfüllen damit alle wichtigen Kriterien für einen gesunden, erholsamen Schlaf. So kann in der heutigen Zeit jeder ein Bett finden, das seine ganz individuellen Wünsche erfüllt.

Bilder

Jedes Bild offenbart uns die Stimmung des Künstlers, der es gemalt hat, und des Motivs, das es darstellt. Dies kann uns positiv, fröhlich und harmonisch stimmen oder abschrecken. Die Wirkung von Bildern wird besonders von Kinesiologen* immer wieder bestätigt, die bei ihren Tests feststellen, daß alle Motive eine unmittelbare Auswirkung auf das Wohlbefinden der Testperson ausüben. Auch der Chi-Fluß wird durch Bilder entscheidend beeinflußt und verändert. Aus diesem Grund ist es wichtig, daß das Motiv,

* Kinesiologie: Lehre von der direkten Kommunikation mit dem Körper

die Größe und der Rahmen für den ausgewählten Platz geeignet sind. Überprüfen Sie genau, ob Sie sich beim Anblick des Motivs eines Bildes wirklich wohlfühlen, welche Energie es bei Ihnen auslöst, und stimmen Sie es mit Ihren Mitbewohnern ab. Machen Sie den Kauf und das Aufhängen eines Bildes zu einem ganz besonderen Ereignis!

Anwendung

- Zur Steigerung des Chi-Flusses eignet sich ein Bild mit einem farbenprächtigen Motiv z.B. im → *Wohnzimmer*.
- Zur Entspannung eignet sich ein Bild mit einem ruhigen, harmonischen Motiv z.B. im → *Schlafzimmer*.
- Zur Motivation eignet sich ein selbstgemaltes Bild z.B. im → *Kinderzimmer*.
- Um den Chi-Fluß von unten nach oben zu leiten und die verschiedenen Etagen miteinander zu verbinden: verschiedene Bilder z.B. im → *Treppenhaus*.

Blumen

Blumen haben, bedingt durch ihre → *Farben* und Formen und die jeweilige Jahreszeit, die sie vertreten, ihre eigene Sprache. Stimmungen, die sie wiedergeben, können wir bewußt in unsere Umgebung integrieren und damit jeden beliebigen Platz beleben. Wir können Blüten und Zweige, auch getrocknete Blumen, Fruchtstände und → *Früchte* zauberhaft miteinander arrangieren und uns so mit dem Rhythmus der Natur von Leben und Sterben, Geburt und Tod, Aktivität und Ruhe verbinden.

Als Blumen der vier Jahreszeiten gelten in China für den Frühling Iris oder Magnolie, für den Sommer Pfingstrose und → *Lotos*, für den Herbst die → *Chrysantheme*, für den Winter → *Pflaume* und → *Bambus*.

Blumen und gesunde Topfpflanzen sind hervorragende Chi-Überträger, vor allem, wenn sie in voller Blüte stehen und gesund aussehen. Getrocknete Gestecke oder Arrangements sollten unbedingt immer wieder erneuert werden und nicht verstauben.

Anwendung

- Als eine bereichernde Tischdekoration für jede Gelegenheit: eine → *Vase* mit Blumen.
- Zur Aktivierung und Belebung des Chi-Flusses: ein Blumen- und/oder Früchteteller mit einer Kerze als Mittelpunkt
- Als Symbol für Leben und Vergänglichkeit, z.B. Blumen auf dem → *Altar*.
- Als Ausdruck von z.B. Freude oder Überfluß: → *Bilder* von Blumen oder Stilleben.
- Als Blickfang: eine Topfpflanze mit einem farbigen Übertopf.
- Als Ausdruck von Ruhe und Einfachheit: ein Ikebana*-Gesteck.

---

* Ikebana: japanische Blumensteckkunst

BaGua-Bereich

Blumen sind für jeden BaGua-Bereich geeignet, können jedoch gezielt nach der jeweiligen Aussage eingesetzt werden z.B.:

- Wissen: Lilie (Reinheit und Weisheit)
- Partnerschaft: Rose (Liebe und Ehe)
- Eltern bzw. Gesundheit: Bambus (langes Leben)
- Hilfreiche Freunde: Vergißmeinnicht (Treue)
- Ruhm: Sonnenblume (Ausstrahlung)

Blumenampel

Eine besonders hübsche und dekorative Variation, → *Blumen* in bestimmten Bereichen anzubringen, ist die Blumenampel.

Anwendung

- Als Trennung oder Abgrenzung zwischen zwei Bereichen innerhalb eines Raumes (→ *Arbeitsplatz* vom Schlafplatz).
- Als Sichtschutz vor großen Fenstern.
- Zur Aktivierung und Belebung des Chi-Flusses.

Borten

Schon vor 20 000 Jahren verzierten die Menschen ihre Wohnstätten und hinterließen uns im Laufe der Zeit unzählige Borten und Ornamente. Diese eignen sich hervorragend dazu, durch das gewählte Motiv und die verwendeten → *Farben* vor allem Wände und Stoffe ganz individuell zu dekorieren und Akzente zu setzen. Ohne großen Aufwand kann einem Raum damit ein neues Flair gegeben werden, und zwar entweder durch Verwendung von ganz klassischen Mustern, wie → *Mäander*, oder von selbstentworfenen. In Fachgeschäften, wie z.B. in Buchhandlungen, können Sie Bücher mit Anregungen und Schablonen von Ornamenten aus allen Ländern erwerben.

Anwendung

- Um einen Raum optisch aufzuwerten: als durchgehende Bordüre.
- Um einen Raum niedriger wirken zu lassen: als Bordüre in halber Höhe der Wand.
- Als Abschluß zwischen Wand und Decke.
- Um einen Raum (z.B. die Eßecke) hervorzuheben: als Blickfang nur an einer Wand.

- Um zu niedrige Wände höher erscheinen zu lassen oder als Farbakzent: als Diagonale.
- Im Treppenhaus als Führungselement nach oben.
- Um im entsprechenden BaGua-Bereich die Energie des → *Elementes* mit dazugehöriger Farbe oder Form zu unterstreichen.
- Um Verbindungen zu schaffen.

Briefbeschwerer

Briefbeschwerer – vorwiegend kunstvolle und originelle Gebilde aus Glas mit → *Spiralen* und Luftblasen, Blumen oder abstrakten Gebilden im Innern – fördern die Kreativität und Intuition bei der Arbeit. Sie sind besonders geeignet als Feng-Shui-Hilfsmittel für den Schreibtisch zu Hause oder im Büro. Im Kinderzimmer bzw. im BaGua-Bereich »Kinder« fördert dieses Symbol Entwicklung, Wachstum und Lebensfreude.

Anwendung

- Zur Förderung der Kreativität und Intuition z.B. auf dem → *Schreibtisch*.
- Zur Unterstützung der Entwicklung z.B. im → *Kinderzimmer*.
- Als Symbol der Vielseitigkeit.

BaGua-Bereich:

- Kinder: Schreibtisch und Kinderzimmer

- Reichtum

Wichtig: Bevor der Bereich »Kinder« aktiviert wird, sollte er unbedingt aufgeräumt und ordentlich sein!

Brücke

Die Brücke ist ein weitverbreitetes Symbol der Verbindung und Vermittlung, sie verbindet räumlich Getrenntes. Bei vielen Völkern verkörpert sie auch die Verbindung zwischen Himmel und Erde, da eine gebogene Brücke sich im → *Wasser* spiegelt und dadurch einen → *Kreis* wiedergibt, der den Himmel symbolisiert. Die Brücke ist auch ein Sinnbild für den Übergang in eine neue Phase, einen neuen Lebensabschnitt oder die Verbindung zwischen Unbewußtem und Bewußtem.

Anwendung

- Als beruhigende Oase und um die Harmonie in der Natur wiederzugeben: in einem → *Zen-Garten*, in Miniaturausgabe.
- Als Verbindungsglied zweier unterschiedlicher Bereiche im → *Garten*.
- Als Ausgleich für ein fehlendes → *Element* durch die → *Farbe*, z.B. Rot.

BaGua-Bereich

- Karriere
- Wissen

Brunnen

Der Brunnen ist ein Symbol, das im engen Zusammenhang mit dem → *Wasser* steht. Er ist mit dem Unbewußten, dem Zugang zur verborgenen → *Quelle* verbunden. In vielen Märchen gibt er ein Geheimnis preis, erfüllt die geheimen Wünsche, und trinkt man aus ihm das Wasser des Lebens, dann verleiht er sogar Unsterblichkeit. Heute lädt uns sein Plätschern zum Verweilen und zum Träumen ein und läßt unsere Sinne ruhig werden.

Anwendung

- Als Vertreter des → *Elements* Wasser im → *Garten*: Da ein Brunnen wenig Platz benötigt, ist er auch in einem kleineren Garten einfach zu integrieren. Dabei kann er aus Stein oder Holz, als Wasserspiel, Quellstein, Steintrog oder Vogeltränke gestaltet sein.
- Als Ort der Meditation.

BaGua-Bereich

- Karriere
- Wissen

Buch

Es ist immer wieder ein erhebender Moment, wenn man eine Bücherei oder eine Buchhandlung betritt. Irgendwie strahlt von Büchern eine geheimnisvolle Macht aus. Da wundert es uns nicht, daß das Buch ein Sinnbild für Weisheit und Wissen ist und uns an das Sprichwort »Wissen ist Macht« erinnert.

Anwendung

- Als Symbol des Universums, ähnlich dem Lebensbaum in Form einer Schrift- oder Buchrolle.
- Als Buch der Weisheit am Meditationsplatz (→ *Altar*).

- Als Sinnbild für einen Neuanfang: ein leeres Buch, mit dem Gedanken betrachtet: »In meinem Leben ist noch alles offen!«

BaGua-Bereich

- Wissen
- Im entsprechenden Bereich als Zeichen für einen neuen Anfang

Buchsbaum

Das ledrige Laub des Buchsbaums ist das ganze Jahr grün und wird deshalb im Alpenland als Symbol für Dauerhaftigkeit betrachtet. Gern wird es zusammen mit Palmkätzchen in Palmsonntagssträußchen geweiht und anschließend das ganze Jahr über aufbewahrt. Da der Buchsbaum sehr langsam wächst, ist er auch ein Sinnbild für langes Leben. Außerdem pflanzen ihn die Bauern oft links und rechts vor die Eingangstür und auch in ihren Garten, da man ihm nachsagt, er halte böse Geister fern. An Ostern und Weihnachten wird er mit anderen Zweigen in Kränze oder einen hölzernen »Lebensbaum« eingebunden und anschließend entsprechend mit bunten → *Eiern* oder → *Kerzen* geschmückt. Man kann den Buchsbaum, zur Kugel oder Spitze beigeschnitten, oft in den großen Gärten der Schlösser finden.

Anwendung

- Als → *Türwächter* vor der → *Eingangstür* in Blumenkübel gepflanzt.
- Als Symbol für langes Leben: in Form eines → *Türkranzes* an Haus- und Wohnungstür.
- Zum Schutz der Bewohner: als → *Girlande* über der Haustür.

BaGua-Bereich

Je nach Zuschnitt (Form) der Pflanze charakterisiert sie ein bestimmtes → *Element*, welches im jeweiligen Bereich unterstützend wirkt.

- Hilfreiche Freunde: Hochstamm mit Kugelschnitt
- Karriere: wellige Wegbepflanzung

Buddha

Das Leben des Buddha (des »Erleuchteten«) ist in der Menschheitsgeschichte das älteste Vorbild dafür, wie man sich aus eigener Kraft und ohne göttliche Hilfe von Leid und Schuld befreien kann. Die Lehre des Buddha ist zugleich eine der ältesten Erlösungslehren der Erde, deren Schöpfer wir kennen und der noch heute Millionen Anhänger hat. Er wies uns den Weg zur Selbstverwirklichung, der zur Gelassenheit und zur Gelöstheit führt – nicht indem man sich von der Welt abwendet, sondern indem man sich ihr zuwendet und in ihr besteht. Der Buddha war derjenige, der das Yoga-System und die Meditation als Mittel einer asketischen Weltabkehr zur praktischen Übung für die Alltagsbewältigung gewandelt hat.

Nachdem der Buddhismus auch in Europa zahlreiche Anhänger hat, verwenden auch wir die Abbildung des meditierenden Buddha als Symbol der Erleuchtung und der absoluten Weisheit.

Anwendung

- Als Symbol der inneren Weisheit und der Selbstfindung für die Meditationsecke oder für den → *Altar*.
- Als Symbol innerer Ruhe und Gelassenheit.
- Als Ausdruck eines Lebensziels und für den Sinn des Lebens.

BaGua-Bereich

- Wissen
- Ruhm

Chi

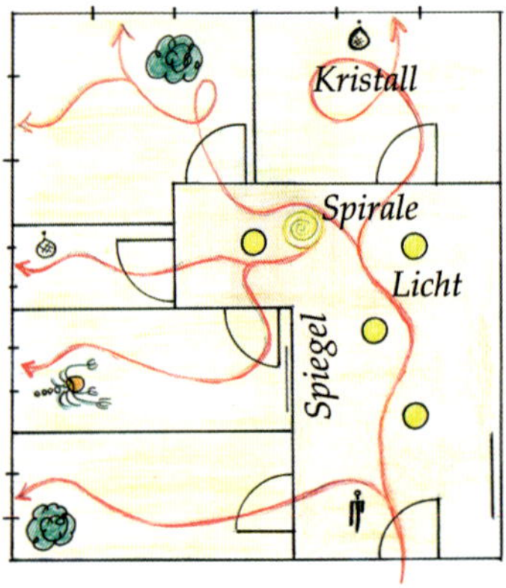

Chi-Fluß

Wie bereits unter dem Abschnitt »Die universelle Lebensenergie« beschrieben, arbeiten wir im Feng Shui mit einer nicht sichtbaren, aber spürbaren, fließenden Energie, dem Chi. Ihr gegenüber steht → *Sha*, das wir als blockierte Energie wahrnehmen.

Bevor wir in unserem Umfeld etwas verändern, sollten wir uns im klaren darüber sein, was wir auf welche Weise erreichen können. Nachfolgend eine Aufstellung der unterschiedlichen Möglichkeiten, wie wir mit den entsprechenden Hilfsmitteln Einfluß nehmen können (mehr Informationen finden Sie unter dem jeweiligen Symbol).

Anwendung

Den Chi-Fluß können wir …

- aktivieren durch: Kristallprismen, Licht, Zimmerbrunnen, Mobiles, Fahnen, DNS-Doppelspirale, alle Gegenstände, die Bewegung vermitteln;
- lenken durch: Spiegel, Licht, Windspiel, Kristallprismen;
- stabilisieren durch: Steine, schwere Möbel und Gegenstände, alle Hilfsmittel, die Ruhe ausstrahlen, stabile Blumengefäße, Skulpturen;

- zentrieren durch: DNS-Doppelspirale, Kristallprismen in Kugelform, Mandala;
- bremsen durch: Paravent, Spiegel, massive Hilfsmittel, Pflanzen.

Chrysantheme

In China ist die Chrysantheme Sinnbild des Herbstes. Sie wird mit einer gelehrten, weisen Person verglichen, die ihr eigenes, einfaches Leben führt und auch jenen freundlich begegnet, die ihr feindlich gesinnt sind. Außerdem ist sie Symbol der Dauerhaftigkeit und des langen Lebens und wird aus diesen Gründen für die Ausschmückung der Gräber im November oder für Grabkränze verwendet.

In unseren Gärtnereien finden wir nicht nur die klassische gelb- oder weißblühende Chrysantheme, die von September bis Oktober auch in unseren Gärten blüht, sondern auch verschiedene kleinere Sorten als Topfpflanzen, die den ganzen Sommer über gedeihen. Chrysanthemen gelten als besonders gute Luftfilter für Räume, sind außerdem leicht zu pflegen und behalten ihre Blüten lange.

Anwendung

Im → *Garten*, genauso wie auf dem → *Balkon* oder im Zimmer, erfreut uns diese Pflanze durch ihre lange Blütezeit. Die vollen Blüten sind sehr dekorativ und auch bestens geeignet für Blumenarrangements. Die Chrysantheme kann uns an die Fülle und Perfektion der Natur erinnern, außerdem die Konzentration fördern, Neutralität symbolisieren und uns helfen, uns auf das Wichtige in einer bestimmten Angelegenheit zu beschränken.

BaGua-Bereich

Durch Farbe und Form wird die klassische Chrysantheme dem → *Element* Metall zugeordnet, weshalb sie für die BaGua-Bereiche Kinder und Hilfreiche Freunde besonders geeignet ist.

Dachschrägen

Um zusätzlichen Wohnraum zu gewinnen, werden häufig Dachausbauten vorgenommen, die jedoch durch die schrägen Wände eine mindere Wohnqualität haben können. Um dem entgegenzuwirken, können Sie wie folgt vorgehen:

- Bei tiefliegenden Schrägen Möbel oder Betten so weit von der Schräge wegrücken, daß Sie beim Sitzen oder Schlafen genügend Freiraum für den Kopf haben und kein Gefühl von Druck oder Enge entsteht.
- Ungenützte Flächen, die durch schräge Wände entstehen, lassen das → *Chi* stagnieren. Aktivieren Sie diese Bereiche oder Ecken entweder mit passenden Einbaukonstruktionen oder mit den entsprechenden Hilfsmitteln, wie z.B. mit → *Kristallprismen*, Tüchern, → *Pflanzen*, → *Lichtflutern*, → *Flöten* oder → *Bildern*.

Delphin

Der Delphin als Symbol ist ein Vermittler zwischen Himmel und Erde. In einigen afrikanischen Kulturen werden Delphine dem Menschen gleichgestellt und haben die gleichen Rechte. Als intelligentes Wesen des Meeres ist der Delphin auch eine Mahnung an den Menschen, die Erde und die Natur mit allen Lebewesen zu achten, die Schätze, die er zur Verfügung hat, weise einzusetzen und zum Nutzen aller zu verwenden.

Delphine genießen ihr Leben, sind fröhlich, verspielt und zudem außerordentlich soziale Wesen. Sie helfen einander: So hat ein Tier, wenn es z.B. krank wird, ständig andere Tiere um sich herum, die sich liebevoll um es kümmern. Diese kompromißlosen Familientiere lernen früh, sich der Gemeinschaft anzupassen, bleiben dabei jedoch immer eigenständige Individuen.

Seiner vielen Vorzüge wegen ist der Delphin ein sehr beliebtes Motiv geworden, das wir in den verschiedensten Ausführungen erwerben können: Figuren aus Holz geschnitzt in den unterschiedlichsten Größen und Darstellungen, z.B. einzeln, als Mutter mit Kind oder in Form zweier gleich großer Delphine. Ferner werden sie aus Stein, aus Edelsteinen oder Metall angeboten, und zwar für den → *Garten*, als → *Amulett* oder für den → *Zimmerbrunnen*, als Räucherschale und weiterhin als Fotografie für → *Poster* und noch vieles mehr.

Ungeachtet der Darstellung verbinden wir den Delphin immer mit Weisheit, Frieden, Harmonie, Lebensfreude und Selbstverantwortung, außerdem mit Fürsorglichkeit und universeller Liebe.

Anwendung

- Um Mobbing vorzubeugen: als → *Skulptur* und Blickfang auf dem Schreibtisch.
- Um eine freundliche Atmosphäre zu vermitteln: als gerahmtes Poster im Kinderzimmer oder Büro.
- Um einen spielerischen Umgang mit anderen Menschen oder dem Partner zu fördern: als Partnerfigur.
- Um den Gemeinschaftssinn zu fördern und als Symbol der Fürsorge: in Form einer Gruppenfigur (Wandrelief).
- Um die Ehe und Partnerschaft zu unterstützen: als Paarfigur.

BaGua-Bereich

- Hilfreiche Freunde (Delphingruppe oder → *Mobile*)
- Kinder (spielende Delphine)
- Partner (Delphinpaar)
- Eltern (Einzeldelphin oder Mutter mit Kind)

Dickbauch-Buddha

Dargestellt wird der Dickbauch-Buddha als fröhlich grinsender glatzköpfiger Mann mit entblößtem Oberkörper. Er ist ein Symbol des naiven und unbeschwerten Frohsinns. Das Unglück und Elend der wirklichen Welt sollen durch dieses freundliche Abbild überwunden werden. Die chinesische Bezeichnung des Dickbauch-Buddhas lautet »Mi-lo-fo«; in Japan wird er »Ho-tei« genannt und soll als Hausgott Frieden und Wohlstand bringen.

Anwendung

- Als Glückbringer und Ausdruck von Lebensfreude.

BaGua-Bereich

- Reichtum

Diele

Die Diele ist der Bereich, der noch zum Eingang gerechnet wird und der ausschlaggebend dafür ist, mit welchem Gefühl wir die weiteren Räume betreten. Wir und unsere Gäste tragen die Energie des ersten Eindrucks über die Diele ins Haus, und hier bekommt das Chi noch die Möglichkeit, sich zu sammeln, um sich anschließend im Haus oder der Wohnung zu verteilen. Dementsprechend gilt es, diesen wichtigen Bereich hell oder gut beleuchtet, freundlich und für die Besucher einladend einzurichten. Zur weiteren Gestaltung im einzelnen BaGua-Bereich können die Tips im Kapitel → *BaGua* nachgelesen werden.

DNS-Doppelspirale

Die DNS-Doppelspirale, auch Doppelhelix genannt, ist ein neueres, aus dem westlichen Kulturkreis stammendes Feng-Shui-Hilfsmittel. Durch die gegenläufige Drehrichtung der äußeren und inneren Spirale werden die universell gegensätzlichen Pole Yin und Yang harmonisch miteinander verbunden. Dabei entsteht ein senkrechter Strahl, der die Kräfte der Erde

(Yin) und des Himmels (Yang) vereint. Um die im Raum hängende DNS-Doppelspirale entsteht dadurch ein pulsierendes Energiefeld, das die Energie harmonisiert und gleichzeitig steigert.

Beim Menschen, vor allem aber bei Kindern, löst eine sich drehende DNS-Doppelspirale verwunderte Faszination aus. Dies mag durchaus daran liegen, daß der Grundbaustein des menschlichen Körpers – die DNS (Desoxyribonukleinsäure) – ebenfalls in Form einer Doppelspirale aufgebaut ist.

Entsprechend der Drehrichtung der äußeren Spirale wird die DNS-Doppelspirale entweder als Yin-Spirale (linksdrehend) oder als Yang-Spirale (rechtsdrehend) bezeichnet. Mit einer Yin-Spirale kann die Yin-Kraft und mit einer Yang-Spirale die Yang-Kraft eines Raumes, eines → *BaGua*-Bereiches oder eines Menschen gestärkt werden. Durch die Farbauswahl (siehe → *Farben*) der DNS-Doppelspirale kann zudem das jeweils zugeordnete → *Element* unterstützt und im entsprechenden BaGua-Bereich gezielt aktiviert werden.

Anwendung

- Zur Stabilisierung und Energetisierung der Raum- oder Wohnungsmitte bzw. Gebäudemitte (Zentrum; siehe Abb. S. 80 links).
- Zur Belebung und Aktivierung von unbelebten Bereichen oder Räumen, wie Abstellräumen, begehbaren Schränken, Bädern/WCs.
- Um den Austausch von Yin und Yang innerhalb eines Raumes zu verbessern.

- Verbindung zweier getrennt liegender Wohnungsteile mittels zweier DNS-Doppelspiralen (Yin und Yang; siehe Abb. unten rechts).
- Stärkung der persönlichen Ausrichtung.

BaGua-Bereich

Alle Bereiche; durch ihren Einsatz wird der bestimmte Lebensbereich gezielt verstärkt.

Wichtig:

- Eine DNS-Doppelspirale sollte nicht genau über dem Sitz- oder Schlafplatz aufgehängt werden.
- Achten Sie darauf, daß die Drehung der DNS-Doppelspirale in sich ruhig ist und harmonisch fließt.

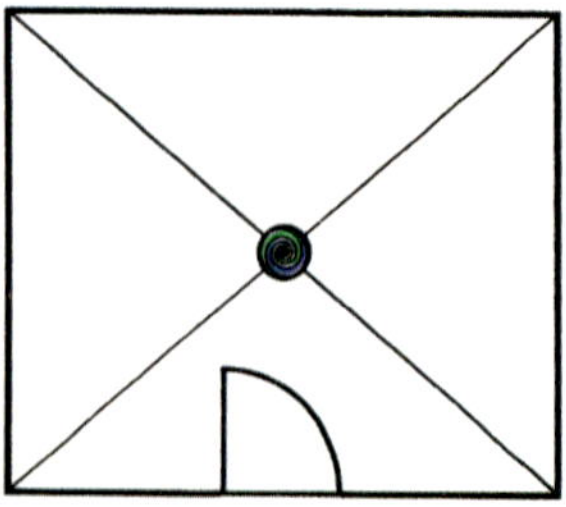

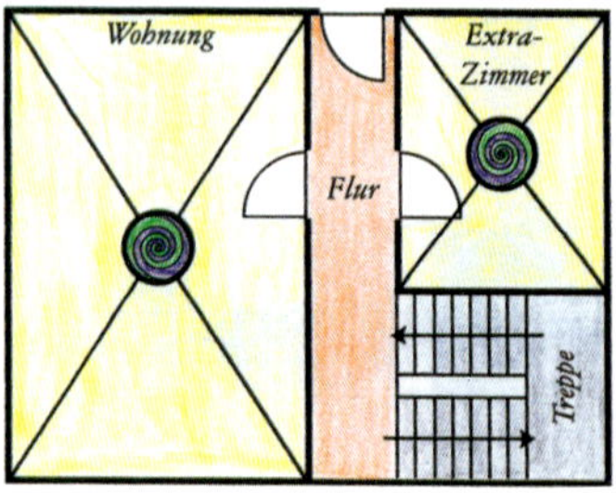

Donner

In vielen alten Kulturen ist der Donner eine machtvolle Lautäußerung himmlischer Wesen – meist der Götter –, denen auch die Entstehung des Blitzes zugeschrieben wird. Allgemein gilt der Donner als eindrucksvolle und real erfahrbare Machtäußerung der Himmelsregion, die den Menschen teils bedroht, teils auch vor feindlichen Wesenheiten beschützt.

Als »Donnerkeil« wird in Indien und Tibet ein Symbol- und Ritualdolch bezeichnet (ind. Vajra, tibet. Dorje), der auch als »Diamantzepter« bekannt ist und im tantrischen Buddhismus dazu verwendet wird, die »Unwissenheit zu zerspalten und die Erkenntnis zu befreien«. In Japan wird der Donnergott in Form einer rotbemalten Figur des Gottes Raijin wiedergegeben, der von einem Kranz aus acht tamburinartigen Trommeln umgeben ist. Das → *Trigramm* »Das Erregende« wird im Feng Shui durch den Donner ausgedrückt.

Anwendung

- Um Ordnung zu fördern: als Götterskulptur auf dem → *Schreibtisch.*
- Als Talisman: in Form des Donnerkeils (Vajra/Dorje).
- Um die Raumenergie zu reinigen: in Form einer Trommel.

BaGua-Bereich

- Eltern

Drache

In China ebenso wie in anderen ostasiatischen Staaten wird der Drache als Glückssymbol verstanden.
Nach der dortigen Mythologie ruht der Drache im Winter unter der Erde, um am zweiten Tag des zweiten Monats in den Himmel emporzusteigen. Dabei verursacht er den Donner (→ *Trigramm* des Ostens) und die ersten Regenfälle im neuen Jahr, die das Land befruchten. Dieser Tag wird als Frühlingsfest gefeiert (mit den bekannten Frühlingsrollen) und ist die Bitte an den Himmel, genügend Regen zu schicken, damit es eine gute Ernte gibt.

Darstellungen von Drache und → *Phönix* verkörpern die männliche (→ *Yang*) und weibliche (→ *Yin*) Natur und sind Symbol des Ehepaares. Als eines der »vier Himmlischen → *Tiere*« im Feng Shui steht der Drache für den Osten, die Richtung des Sonnenaufgangs und des Frühlings, des Schöpferischen und des Neubeginns, weshalb man ihn auch als »grünen Drachen« bezeichnet.

Im Feng Shui symbolisiert der Drache Kraft, Stärke und Wohlstand. Für ein Haus oder Grundstück ist es daher wichtig, daß die linke Seite, die Drachenseite, optisch größer und mächtiger erscheint als die rechte Seite. Bei der Bestimmung der Seite stehen Sie mit dem Rücken zur → *Schildkröte* und blicken nach vorn. Auch innerhalb der Räumlichkeiten gilt, daß die Drachenseite stärker betont wird. Dies kann durch Möbel, → *Pflanzen* oder ein → *Bild* erreicht werden. Die Landschaft wird im Feng Shui außerdem nach sogenannten Drachenlinien abgesucht, die sich z.B. in der Form eines Bergrückens zeigen, um festzustellen, wo sich der günstigste Baugrund in dieser Gegend befindet, so daß der Chi-Fluß optimal genutzt werden kann.

Anwendung

- Um Kraft, Stärke, Wohlstand und Gesundheit zu manifestieren, sollten bei der Raumgestaltung für die Drachenseite größere Gegenstände verwendet werden, z.B. große Pflanzen, Schränke oder/und ein dynamisches Bild.
- In der Gartengestaltung empfiehlt es sich, zu diesem Zweck die Drachenseite durch markante Objekte zu betonen, z.B. mit einem größeren Baum, hohen Sträuchern, einer → *Pergola*, einem Steingarten.
- Um Glück und Durchsetzungsvermögen zu vermitteln: in der Form einer → *Skulptur* als Talisman.

BaGua-Bereich

- Eltern (Donner)
- Reichtum (Wind)

Dreieck

Schon von Pythagoras wurde das gleichseitige Dreieck für ein Bild Gottes gehalten. Die Kirche machte es zum Symbol des dreieinigen (oder dreifaltigen) Gottes. Es ist eine der elementarsten Grundformen und durch seine Spitzen sehr spannungsgeladen.

Je nach der Richtung, in welche die Spitze zeigt, ergibt sich eine unterschiedliche Deutung. Dreiecke mit der Spitze nach unten werden als Wassersymbole (Richtung des fallenden Tropfens) bezeichnet, Dreiecke mit der Spitze nach oben als Feuersymbole (Richtung der Flamme):

- Spitze nach oben: Geist, göttliches Feuer, Himmel, das »männliche« Dreieck;
- Spitze nach unten: Materie, Wasser, Erde, das »weibliche« Dreieck.

Im Feng Shui gilt das Dreieck eher als ungünstige Form, da es einerseits als unregelmäßig und unvollständig wahrgenommen wird und andererseits über die Spitzen »tödliche Pfeile« aussendet. Es wird, wie auch alle anderen spitzen Formen, dem → *Element* Feuer zugeordnet. Als Grundrißform für Wohnungen oder Häuser sollten Sie auf das Dreieck verzichten. Können konstruktionsbedingte Dreiecksformen nicht umgangen werden, so sollten die Spitzen immer nach oben zeigen – in die Richtung des lebensbejahenden Yang-Prinzips.

Anwendung

- Um den Feuer- bzw. Yang-Charakter zu unterstreichen: als formgebendes Motiv auf → *Bildern* oder Wanddekorationen.
- Als ausgleichendes Symbol für männlich und weiblich, z.B. das Shri-Yantra, ein tibetisches Mandala: Die männlichen und weiblichen Dreiecke darin führen zu einem zentralen Mittelpunkt. → *Mandalas* werden zum Meditieren verwendet oder als Schmuckstücke getragen.

BaGua-Bereich

- Wissen (Mandala)

Düfte

Nicht nur als Arzneimittel, Therapeutikum oder Parfüm werden Düfte schon seit Menschengedenken eingesetzt, sondern auch zur Beduftung von Räumen. Düfte wirken anregend, erfrischend, beruhigend oder klärend – je nachdem, welche Wirkung wir erzielen möchten. Gegen oder für alles ist ein Kraut gewachsen.

Die »Luftqualität« beeinflußt unser Befinden, unsere Stimmung und unseren Energiehaushalt, ohne daß wir uns dessen immer bewußt sind. Besteht z.B. »dicke« Luft, so trübt das unser Wohlbefinden, und wir bekommen »schlechte« Laune. Frische, »saubere« Luft und Wohlgeruch hingegen regen unsere Lebensgeister an und lassen uns auf- und durchatmen.

Es gibt eine Vielzahl von Möglichkeiten, über die Düfte die Raumqualität zu verbessern und zu beleben (z.B. mit einer Duftlampe). Bei der Auswahl der Düfte ist darauf zu achten, daß diese von reiner und bester Qualität sind und auf unsere Nase wohltuend wirken. Da die Öle überwiegend durch Duftlampen fein verdampft werden, werden Anwendung und Symbolik der Düfte dem → *Element* Feuer zugeordnet.

Anwendung

- Zur Verdunstung von ätherischen Ölen und Duftmischungen: Duftlampe.
- Für die schnelle Reinigung und Erfrischung: Raumsprays aus reinen ätherischen Ölen.
- Zur Entspannung und Erholung: als wohltuender Badezusatz.

BaGua-Bereich

- Ruhm: frische und fröhliche Duftnoten
- Partnerschaft: weiche und warme Duftnoten
- Wissen: konzentrationsfördernde Düfte

Edelsteine/Mineralien

Edelsteine, entstanden durch Kristallisations- und Umwandlungsprozesse, Erosion und Oxydation, verfügen durch ihre Struktur, ihre Mineralstoffe und die dadurch entstandenen Farben über spezifische Wirkungen und Strahlungen. Ihr harmonisches System trägt Informationen, die sie an uns und unsere Umwelt weitergeben; sie kommunizieren mit uns auf der materiellen und auf der feinstofflichen Ebene.

Rohsteine, Drusen, Geoden und Gruppen zeigen uns den ursprünglichen Charakter des jeweiligen Minerals und geben am deutlichsten seine Eigenschaften wieder. Außerdem sind sie auch durch ihre Größe am besten geeignet zur Beeinflussung und Veränderung des Raumklimas. Naturgewachsene Kristalle bringen die Energie von der Basis zur Spitze und können gezielt zur Verteilung von Chi eingesetzt werden.

Damit ein Austausch zwischen Mensch und Mineral geschehen kann, ist es wichtig, daß der Stein eine ausreichende Reichweite hat und an einem Platz aufgestellt wird, von dem aus er gut zu sehen und wahrzunehmen ist. Um nun unser Wohlbefinden zu steigern, ungünstige Einflüsse zu verändern oder Chi zu verteilen, gibt es verschiedene Möglichkeiten und eine Vielzahl von Edelsteinen, die eingesetzt werden können. Hier möchten wir die wichtigsten aufzählen.

Achat

Der Achat gilt als Schutzstein. Er vermittelt Geborgenheit und Sicherheit, indem er widerstandsfähiger gegen Einwirkungen von außen macht.

- *Geode*: sichtbar im Wohn- oder Schlafbereich aufgestellt.
- *Scheibe*: im Fenster aufgehängt oder aufgestellt, um gegen ungünstige äußere Einflüsse zu schützen; auf die WC- oder → *Toilettentür* aufgebracht, um den übermäßigen Energieabfluß zu bremsen.

Amethyst

Der Amethyst hat eine klärende und ernüchternde Wirkung. Er stärkt das Urteilsvermögen und bringt Aufrichtigkeit und Ehrlichkeit zutage.

- *Druse*: sichtbar und in einer dem Raum entsprechenden Größe überall zum Aufstellen geeignet; reinigt das feinstoffliche Raumklima.
- *Gruppe*: zur Unterstützung der Meditation.

Bergkristall

Der Bergkristall verleiht Neutralität und Klarheit. Er stärkt den eigenen Standpunkt und verstärkt außerdem die Wirkung anderer Steine. Durch sein Kristall- (trigonal) und sein Bildungssystem (primär) wirkt er auf Mensch und Umgebung; u.a. wird er zur Raumreinigung und zur Heilung auf vier verschiedenen Ebenen – spirituell, seelisch, mental und körperlich – eingesetzt.

- *Kristall oder Gruppe*: um in einem Raum, einer Wohnung oder einem Haus Klärung zu vermitteln; als Entscheidungshilfe auf dem Schreibtisch.
- *Kristallspitze*: im Raummittelpunkt, um den Raum zu zentrieren; im Fenster, um den Energiefluß zu lenken.

Fluorit

Der Fluorit unterstützt den Selbstbestimmungsaspekt in uns und macht uns kompromißlos gegenüber Unrecht und Unterdrückung. Außerdem regt er den Ordnungssinn an und gilt als Lernhilfe.

- *Gruppe oder Einzelstein*: dekorativ auf dem Schreibtisch zur Unterstützung der Lerntätigkeit.

Rauchquarz

Der Rauchquarz hilft, die eigene Belastbarkeit zu erhöhen, und fördert die Konzentration.

- *Gruppe oder Einzelstein*: als Briefbeschwerer auf dem Schreibtisch.

Rosenquarz

Der Rosenquarz fördert Aufgeschlossenheit und Hilfsbereitschaft sich selbst (Selbstliebe) und anderen gegenüber, zudem stärkt er das Einfühlungsvermögen.

- *Rohstein*: Als Dekoration auf dem Nachttisch neben dem Bett; auf dem Eß- oder Wohnzimmertisch, um das Gemeinschaftsgefüge zu stärken.

BaGua-Bereich

Die Steine können gezielt für alle Bereiche eingesetzt werden, je nachdem, welche Wirkung erzielt werden soll. Dazu sind der eigenen Kreativität und Sensibilität keine Grenzen gesetzt.

Wichtig: Bei der Verwendung von Kristallspitzen oder Kristallgruppen sollten Sie, um unerwünschten Nebeneffekten vorzubeugen, darauf achten, daß diese nicht auf Personen (Bett, Sitzplatz) gerichtet sind.

Reinigung

Kristallgruppen, Drusen und Geoden verfügen über ein in sich abgeschlossenes System und können sich selbst reinigen. Deshalb sind auch Amethystdrusen bestens geeignet, andere Steine zu reinigen, indem sie in die Druse hineingelegt werden. Es ist lediglich notwendig, sich ansammelnden Staub mit einem feinen Pinsel zu entfernen.

Ehe-Bereich

siehe im Kapitel »Das BaGua«

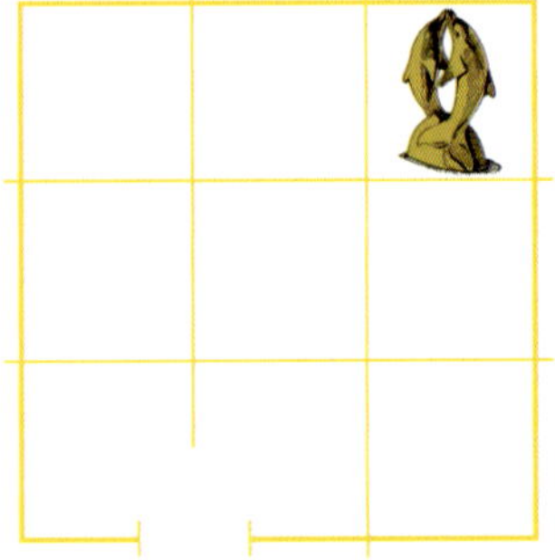

Ei

Die Entstehung der Welt aus einem Ur-Ei oder Weltenei finden wir in zahlreichen Entstehungsmythen. Das Ei ist in diesem Falle das Symbol der Totalität aller schöpferischen Kräfte. In der chinesischen Mythologie entschlüpfen zahlreiche Helden aus Eiern. Bei heidnischen Frühlingsfesten galt das Ei als Sinnbild der wieder zum Leben erwachten Tier- und Pflanzenwelt. Im christlichen Umfeld wird das Ei zum Auferstehungssymbol, da Christus, der am Ostermorgen aus dem Grab auferstand, mit einem Küken verglichen wird, das aus der Schale schlüpft. Als Keim des Lebens ist das Ei ein weitverbreitetes Fruchtbarkeitssymbol.

Anwendung

- Als dekorativer Glücksbringer: zu Hochzeiten und zum Neujahrsfest.
- Als Symbol für Fruchtbarkeit und Kinderwunsch.
- Um Wachstum und Entwicklung zu fördern: in Form eines außergewöhnlichen → *Briefbeschwerers* aus handbemaltem Porzellan.
- An Ostern als Bestandteil verschiedenartiger Dekorationen, z.B. eingebunden in einen → *Türkranz* oder in ein Blumenarrangement.

- Zur Begrüßung des Frühlings: in einer Pflanzschale im Eingangsbereich oder an einem Strauch aufgehängt.
- Als → *Skulptur* im Garten.

BaGua-Bereich

- Kinder
- Wissen

Eiche

Sobald es donnert oder blitzt sollten wir uns nicht in der Nähe einer Eiche aufhalten. Schon die Germanen kannten das Sprichwort: »Buche suche, Eiche weiche!«. Denn die Eiche hat die Eigenschaft, Blitze anzuziehen. Sie ist bei vielen indogermanischen Völkern aufgrund ihrer stolzen, majestätischen Gestalt ein heiliger Baum. Wegen ihres harten, dauerhaften Holzes ist sie seit der Antike zudem ein Sinnbild für Kraft, Männlichkeit und Beharrlichkeit. Im 18. Jahrhundert wurde die Eiche in Deutschland zum Symbol des Heldentums, und seit Beginn des 19. Jahrhunderts gilt das Eichenlaub als ein Zeichen des Sieges. Das fast unverwesliche Holz wurde auch mit Unsterblichkeit assoziiert.

Anwendung

- Als Schattenspender: Indem Sie einen Baum pflanzen in einem großen → Garten.
- Um Kraft und Beharrlichkeit zu vermitteln: als → *Poster*.
- In der Wohnung als Bonsai, der auch in Miniatur seine charakteristischen Kräfte beibehält und an die Umgebung ausstrahlt.
- Als Symbol der Ausdauer und Unsterblichkeit: in Form eines Möbelstücks, z.B. eines → *Altars*.
- Als Symbol der Natur und ihrer unterschiedlichen Kräfte: ein Zweig im Blumenarrangement.
- Für einen Kranken zur Genesung: ein selbstgestaltetes → *Bild* mit Eichenblättern.

BaGua-Bereich

- Wissen
- Eltern

Eingang

»Der erste Eindruck ist immer der wichtigste.« Diese Regel sollten Sie unbedingt beachten, denn die vorherrschenden Eindrücke dieses Bereiches prägen die gesamte Qualität des Hauses oder der Wohnung. Der Eingang ist ein Selbstportrait der Bewohner und der Übergang zwischen innen und außen.

Die Eingangstür sollte klar erkennbar sein, der Zugang frei und offen wirken und einen freundlichen Eindruck vermitteln. Innerhalb des Hauses empfehle ich Ihnen, am Eingang viel → *Licht* zu verwenden und eine einladende Atmosphäre zu schaffen, so daß man sich beim Eintreten sicher und wohl fühlt. Weitere Tips zur Gestaltung dieses Bereichs können Sie unter dem jeweiligen → *BaGua* nachlesen, in dem der Eingang liegt.

Einhorn

Das Einhorn des westlichen Kulturkreises – von pferdeähnlicher Gestalt und ausgestattet mit einem weißen Fell sowie auf der Stirn mit einem heilkräftigen Horn – wurde wegen seiner Kraft, seines Mutes und seiner Geschwindigkeit als göttliches Wesen betrachtet. Das Horn, ein phallisches Symbol, das mitten auf der Stirn, dem Punkt des Geistes, sitzt, drückt die Verfeinerung sexueller Kräfte durch den Geist aus und ist ein Sinnbild für jungfräuliche Reinheit. Ferner gilt es noch als Symbol des Sonnenstrahls. Das Herz des Einhorns und das Pulver aus seinem Horn sollen angeblich Wunden heilen; in bezug darauf erscheint das Einhorn gelegentlich als Wahrzeichen von Apotheken.

Anwendung

- Um sich seine Eigenschaften zu vergegenwärtigen: als Porzellanfigur im Regal.
- Als Sinnbild einer schützenden Kraft: in Form eines → *Bildes* im Kinderzimmer.
- Zur Verbindung mit der feinstofflichen Energie der Natur und der → *Elementarwesen*: mehrere Figuren von Einhörnern in verschiedenen Haltungen zu einer Gruppe zusammengestellt mit Pflanzen.
- Um den jeweiligen Bereich zu beleben und zu stärken: als → *Skulptur* aus Metall im → *Garten*.

BaGua-Bereich

- Hilfreiche Freunde
- Wissen
- Kinder

Elefant

Der Elefant ist Asiens königliches Reittier. Er gilt als souverän, kraftvoll, weise und als hochmoralisches Tier, denn er vollzieht die Paarung nur im Wasser, weil er sich nicht beobachtet fühlen möchte.

Oft werden zwei Elefanten abgebildet, die einander unter dem Lebensbaum gegenüberstehen, und selten fehlt ein Elefant auf Darstellungen des irdischen Paradieses.

Allgemein ist er ein wichtiges Tiersymbol, das schwer und doch leisen Fußes die erdhafte Wirklichkeit, die Mutter Erde, die uns trägt und geduldig unsere Lasten auf sich nimmt, verkörpert und uns die Macht des Lebens, gepaart mit großer unbesiegbarer Kraft, Stärke und Weisheit vermittelt. Wird der Elefant jedoch gereizt, dann zeigt er uns unmißverständlich, wer der Stärkere ist.

Anwendung

Um die Eigenschaften des Elefanten auszudrücken:

- als → *Skulptur* oder Figur aufgestellt;
- in Form einer Tagesdecke mit Elefantenmotiven über das Bett drapiert;
- als geschnitzte Holzfigur als Buchstütze im Regal;
- als Bronzeskulptur auf dem → *Altar;*
- als große Steinfigur zu Pflanzen gestellt.

BaGua-Bereich

- Wissen
- Eltern

Elementarwesen

Elfen, Zwerge und Feen sind die unsichtbaren Helfer und Versorger unserer Natur. Sie sind die »Natur-« oder »Elementarwesen«, von denen in Märchen so oft die Rede ist. Empfindsame Menschen können auch heute noch mit diesen Wesen der Natur kommunizieren, jeder auf seine Art. Da die Bereitschaft zu solcherlei Wahrnehmung steigt, findet sich auch immer mehr Bestätigung dafür, daß wir mit diesen Wesen zusammenarbeiten können. Dabei spielt es keine Rolle, ob wir sie sehen, fühlen, hören können oder nur ahnen, daß sie uns umgeben.

Sie können dafür sorgen, daß im → Garten, auf der → *Terrasse* und auf dem → *Balkon* ausreichend wachstumsfördernde Energien für → *Pflanzen* und Bäume, → *Teiche* und → *Blumen* vorhanden sind. Wir sollten mit diesen Wesen ernsthaft und voller Achtung umgehen. Dann werden sie uns, wenn wir sie darum bitten, gerne behilflich sein!

Anwendung

Zur Aktivierung oder Unterstützung von Energien können Figuren von Elfen, Zwergen und Feen aus Gießkeramik, Ton oder Metall, bemalt oder roh, aufgestellt werden.

- Eine oder mehrere Elfen auf einer Baumwurzel mit Blumen dekoriert.
- Eine Figur in eine Topfpflanze gesteckt.

- Zur geistigen Unterstützung unseres Lebensweges: in eine Amethystdruse (→ *Edelsteine*) gesetzt.
- Eine Elfe neben eine → *Kerze* auf den → *Altar* gestellt.
- → *Zimmerbrunnen* mit Verneblern verfügen über einen Spritzschutz, entweder aus einer Achatscheibe oder einem Kristall. Darauf können Sie, als Ergänzung zur Energie des Wassers, eine Elfe stellen.
- Als größere Figuren in die Natur, siehe oben.

BaGua-Bereich

- Hilfreiche Freunde
- Kinder (Kreativität)
- Eltern (Wachstum)
- Karriere (Lebensweg)

Elemente, die fünf

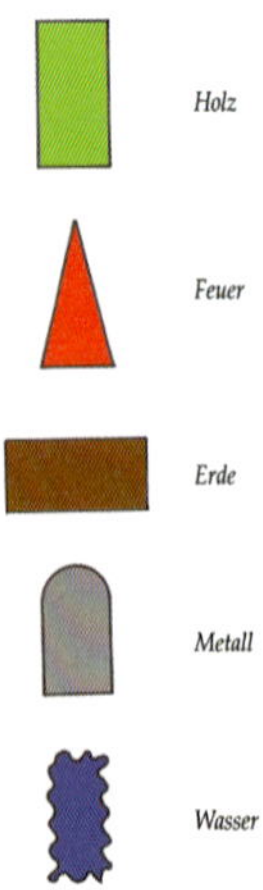

Die fünf Elemente, sinngemäß richtig übersetzt mit »Wandlungsphasen«, verkörpern alles, was in der Natur existiert: Formen, Farben, Materialien, Jahres- und Tageszeiten, Himmelsrichtungen und Naturerscheinungen oder von Menschenhand erschaffene Gebäude. Zusammen bilden die fünf Elemente ein Ganzes – die Einheit – das → *T'ai Chi*. Jedes einzelne Element spiegelt eine Eigenschaft der Natur, die wir beobachten können. Im einzelnen sind dies:

Holz: wachsend, verwurzelt, elastisch, aufstrebend
Feuer: aufsteigend, bewegend, heiß
Erde: fruchtbar, bodenverhaftet, ergiebig
Metall: hart, schneidend, starr, zusammenziehend
Wasser: fließend, kühl, absteigend, nachgiebig

Die speziellen Kräfte der fünf Elemente zeigt folgender Text: »Die Natur des Wassers ist es, zu befeuchten und nach unten zu fließen; die des Holzes, gebogen und gerade gerichtet zu werden; die des Feuers, zu lodern und nach oben zu schlagen; die des Metalls, gehorsam zu sein und geformt zu werden und die der Erde, Ruhe und Stabilität zu sichern.«

Dabei stehen die einzelnen Elemente nicht isoliert zueinander, sondern sind in ständiger Verbindung, sei es im Schöpfungszyklus zur gegenseitigen Unterstützung oder im Kontrollzyklus zur gegenseitigen Eindämmung. Im einzelnen stellt sich dies wie folgt dar:

Schöpfungszyklus

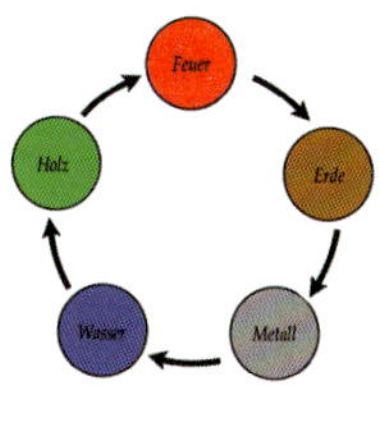

Wasser ernährt das Holz – Holz läßt das Feuer brennen – das Feuer nährt mit seiner Asche die Erde – die Erde bringt Metall hervor – flüssiges Metall fließt wie Wasser.

Kontrollzyklus

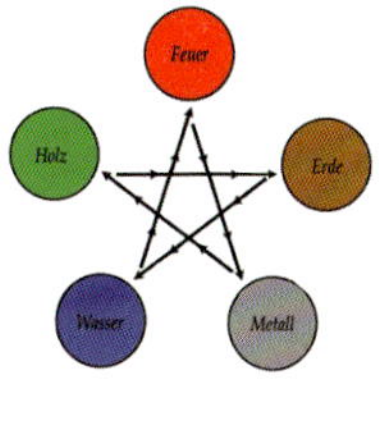

Wasser löscht das Feuer – Feuer schmilzt das Metall – Metall spaltet Holz – Holz laugt die Erde aus – die Erde verschmutzt das Wasser.

Jedem Element werden verschiedene Merkmale oder Qualitäten zugeschrieben:

Holz

- Form: hoch, zylindrisch und aufstrebend (Masten, Türme, Säulen, Fahnenstangen)
- Farbe: Grün
- Material: Holz
- Jahres-/Tageszeit: Frühling/Morgen
- Richtung: Osten
- Energie: Schöpfung, Wachstum, Kreativität

Feuer

- Form: dreieckig, spitz, kantig (spitze Dächer, Pyramiden, pfeilartige Skulpturen)
- Farben: Rot, Violett, Magenta, Lila
- Materialien: Leder, Kunststoff
- Jahres-/Tageszeit: Sommer/Mittag
- Richtung: Süden
- Energie: Ausdehnung, Intellekt, Inspiration

Erde

- Form: flach, eben (Flachdächer, Bungalows, Terrakotta-Gefäße)
- Farben: Braun, Beige, Gelb, Orange, Ocker
- Materialien: Ziegel, Ton
- Jahres-/Tageszeit: Spätsommer/Spätnachmittag
- Richtung: Mitte
- Energie: Stabilität, Sicherheit, Geborgenheit

Metall

- Form: rund, kuppelartig (gerundete Arkaden, Bögen, Kuppeln)
- Farben: Weiß, Grau, Silber
- Material: Metall
- Jahres-/Tageszeit: Herbst/Abend
- Richtung: Westen
- Energie: Konzentration, Denken, Genauigkeit, Klarheit

Wasser

- Form: unregelmäßig, wellig (unregelmäßig geformte Gebäude oder Gebäude mit hohem Glasanteil)
- Farben: Blau, Schwarz
- Material: Glas
- Jahres-/Tageszeit: Winter/Nacht
- Richtung: Norden
- Energie: Kommunikation, Flexibilität, Geselligkeit

Anhand dieser Kennzeichen ist es möglich, die Umgebung oder die einzelnen Räumlichkeiten und deren Energien zu erfassen. Dadurch können wir erkennen, welche Auswirkungen sie auf den Menschen haben. Zudem besteht dann die Möglichkeit, gezielt in der Gestaltung tätig zu werden, um die natürliche Ganzheit zu erhalten oder wiederherzustellen.

Im Feng Shui sind die fünf Elemente von enormer Wichtigkeit, denn damit können Räumlichkeiten wirksam und nach den individuellen Wünschen und Erfordernissen in Farbe, Form und Design gestaltet werden. So sollte z.B. das Schlafzimmer mit ruhigen Farben und Formen ausgestattet sein, hingegen der Wohn- und Eßbereich fröhlich und lebendig wirken.

Die Kunst im Feng Shui ist es, die jeweils richtige Kombination der fünf Elemente oder Teile aus den Zyklen angepaßt auf eine bestimmte Situation zu finden. Dabei besteht z.B. die Möglichkeit, ein Übergewicht eines Elements über den Kontrollzyklus mit allen anderen in Harmonie zu bringen. *Günstige Kombinationen* sind: • Holz/Feuer/Erde • Metall/Wasser/Holz • Feuer/Erde/Metall

Eltern-Bereich

siehe im Kapitel »Das BaGua«

Energiebilder

Dies sind Bilder ohne vordergründige Aussage, die über Form und → *Farbe* eine ganz spezifische Energie vermitteln, die wir für bestimmte BaGua-Bereiche nutzen können (Abb. Motiv von Hans König, siehe Anhang). Bei diesen Bildern steht nicht das Motiv im Vordergrund, sondern auf welcher Ebene sie uns ansprechen. So aktiviert ein Bild, das nur in Rot gehalten ist, das → *Element* Feuer, eines in Blautönen das Element Wasser; ein großer Kreis, aufgemalt auf einer Leinwand, verbindet uns mit dem Zentrum (T'ai Chi) oder mit dem Element Metall, usw. Auch → *Mandalas* sind Energiebilder, die uns zur Ruhe bringen. Farbige Energiebilder, z.B. aus Naturmaterialien, können Sie allerdings auch selbst herstellen – lassen Sie Ihrer Phantasie freien Lauf!

Anwendung

Zum Ausgleich oder zur Harmonisierung: im jeweiligen → *BaGua*-Bereich als Energieverstärker aufgehängt.

Engel

Engel mit niedlichen kleinen Gesichtern finden wir auf Postkarten, Weihnachts- und Osterkarten sowie auf → *Postern*, z.T. von berühmten Malern gestaltet. Schutzengelsouvenirs wie Schmuck und → *Skulpturen* erhält man nicht nur zur Kommunion oder um die Adventszeit. Heute werden Engel in Schlagern besungen und auf Tarotkarten gedruckt.

Mag sein, daß viele Menschen die Existenz dieser Flügelwesen heute für Aberglauben halten, doch es gibt unzählige Beweise, die belegen, daß naturverbundene genauso wie

hochentwickelte Religionen den Glauben an diese spirituellen Wesen gekannt haben. Auch in unserer westlichen Tradition, die mehr auf dem Gebet als auf der Meditation basiert, spielen Engel eine wichtige Rolle. Dabei ist nicht vorrangig, wer sie sind, sondern das, was sie tun.
Es gibt sogar eine regelrechte Engelkunde, nach der die Fürsten unter den Engeln die Erzengel sind; sie haben Namen und bestimmte Funktionen. Den obersten Rang nimmt dabei Michael ein, Krieger und Bezwinger des Teufels; viele Kunstwerke zeugen von einer weitverbreiteten Michaelsverehrung. Raphael ist vor allem Beschützer und Begleiter guter und leidender Menschen. Gabriel ist der Engel der Verkündung, und ein weiterer ist Uriel, der einst am Grab Christi erschien.

Die unzähligen Meinungen und Veröffentlichungen zu den himmlischen Geschöpfen und ihre vielgestaltigen Abbildungen zeigen uns deutlich, welch wichtigen Platz dieses Thema in unserem irdischen Dasein einnimmt und wie sehr sie unsere großen Denker und Künstler aller Epochen beschäftigten. Letztlich verbinden uns Engel mit der göttlichen Energie und weisen uns still auf das hin, was tief in jedem Menschen schlummert und was ihm bewußt werden soll: Reinheit, Geistigkeit, Bescheidenheit, Gelassenheit und die Kraft der Stille.

Anwendung

- Als Bitte um Schutz und Führung: in Form einer → *Skulptur* oder Abbildung.
- Um eine spezifische Energie zu verstärken: als → *Poster* eines bestimmten Engels.
- Um uns der Anwesenheit der Lichtwesen zu versi-

chern: als Gießkeramik in den entsprechenden Bereich positioniert, mit Tüchern dekoriert.

- Zur Danksagung: als → *Bildchen* auf den → *Altar*.
- Zum Gedenken an die Natur: in einer kleinen Nische mit → *Edelsteinen*.
- Als Bitte um Schutz und Geborgenheit: aus Holz geschnitzte Figur, aufgehängt.
- Als Mobile, z.B. mit einer kleinen Affirmation versehen, damit wir uns liebevoll immer wieder an das göttliche Licht erinnern.

BaGua-Bereich

- Hilfreiche Freunde
- Wissen
- Eltern (Gesundheit)

Ente

Außerhalb Asiens hat die Ente keinen speziellen Symbolcharakter und wird lediglich bei Naturschilderungen abgebildet. In China jedoch ist die Mandarinente Symbol ehelicher Vereinigung und Treue, da sie nur paarweise zusammenlebt und den Partner nie wechselt. Deshalb steht ein Entenpaar für eine gute → *Ehe*. Als einzelnes Tier oder Familie vermittelt sie uns das Bild der anhänglichen und fürsorglichen Mutter und zeigt uns die Verbundenheit mit der Natur sowie den → *Elementen* Erde und Wasser.

Anwendung

- Um die entsprechenden Bereiche zu beleben: geschnitzte Figuren, paarweise oder als Gruppe.
- Als Symbol der Treue und Verbundenheit: in Form von Gemälden.

BaGua-Bereich

- Partnerschaft
- Eltern

Entrümpeln

Erinnern Sie sich, was in der Einleitung über den Chi-Fluß zu lesen war? »Diese Energie möchte frei fließen, wie eine Schlange, die sich vorwärts schlängelt, oder wie ein natürlich fließender Bach …« Und jetzt stellen Sie sich folgendes vor: eine vollgestellte Wohnung, einen überfüllten Schrank, ein zum Bersten überladenes Regal, einen → *Keller*, den Sie nicht betreten können, weil das angesammelte »Zeug«, das Sie irgendwann einmal wieder unbedingt brauchen könnten, das tatsächlich jedoch schon seit Jahren vor sich hin rottet, kein Durchkommen zuläßt.

Kann die Energie da frei fließen? Natürlich nicht! Deshalb ist es auch unbedingt erforderlich, zu entrümpeln, bevor Sie irgendeinen Bereich innerhalb von Haus oder Wohnung aktivieren! Räumen Sie regelmäßig auf, lösen Sie sich von Altem, und schaffen Sie damit Platz für Neues.

Eule

Der Symbolgehalt der Eule ist zwiespältig. Da der einfache Mensch früherer Zeiten in der Dunkelheit eine Gefahr sah, im Dunkeln Unsicherheit verspürte und damit das Böse verband, wurde der Vogel der Nacht – ungesellig, mit klagender Stimme und lautlosem Flug – mit negativen Eigenschaften besetzt. Die Eule galt als unberechenbar und wurde als die Vorbotin des Todes betrachtet. Doch ihre ruhige Ausstrahlung, ihre großen Augen mit dem nachdenklichen und in sich gekehrten Blick und die Fähigkeit, bei Nacht zu sehen, ließen sie zum Symboltier der Göttin Pallas Athene, der Göttin der Weisheit und der Wissenschaften, aufsteigen. Das ist wohl mit ein Grund, weshalb viele Buchhandlungen und Verlage die Eule – Symbol für die das Dunkel der Unwissenheit durchschauende Gelehrsamkeit und das Wissen – in ihrem Firmenzeichen verwenden.

Anwendung

- Als Skulptur aus Holz, Stein oder Porzellan.
- Als Linolschnitt nach eigener Gestaltung.

BaGua-Bereich

- Wissen
- Eltern

Fächer

Fächer sind seit dem ersten Jahrtausend v. Chr. in China bekannt als Symbol der Herrscherwürde und ein Zeichen für den Beamtenrang. Im Feng Shui wird er hauptsächlich verwendet, um die Energie in die gewünschte Richtung zu »fächern«, d.h. zu lenken. Auch wenn der Fächer an einer Wand befestigt ist, erfüllt er seinen Zweck.

Die symbolische Wirkung des Fächers kann mit der Farbe (→ *Element*), dem Motiv (Pfau, → *Drache*, → *Kranich*) oder mit einem → *kalligraphischen* Zeichen (→ *Glück*, → *langes Leben*) noch unterstützt werden.

Anwendung

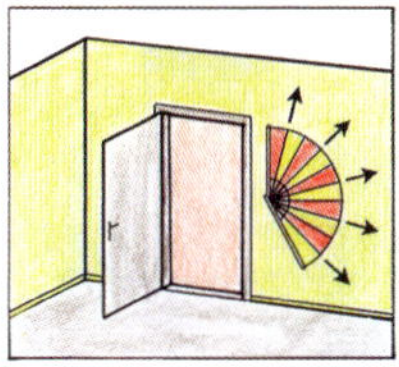

- Um die Energie nach oben zu führen: in → *Treppenaufgängen*.
- Um die Energie in langen → *Fluren* zu lenken.
- Um die Energie in größeren Räumen besser zirkulieren zu lassen.

Wichtig: Die geöffnete Fächerseite bestimmt die Richtung des Energieflusses. Deshalb den Fächer nie direkt nach unten oder oben richten, sondern immer leicht geneigt aufhängen.

Fahne

Die Fahne war zunächst ein strategisches Hilfsmittel, mit dem auch über weite Entfernungen Signale und Befehle übermittelt werden konnten. Erst später wurde sie ein Symbol für Würde und Ehre. Im Feng Shui dienen Fahnen einem anderen Zweck: Als bewegliches Hilfsmittel veranschaulichen sie die → *Yang*-Energie und ziehen das Chi (Aufmerksamkeit) auf sich. Deshalb werden sie vorwiegend von Großfirmen oder Geschäftsleuten für Feierlichkeiten, Geschäftseröffnungen oder zur Präsentation nach außen verwendet.

Anwendung

- Als Werbeträger, um die Aufmerksamkeit der Kunden zu gewinnen.
- Als Blickfang für Sonderangebote: in Form einer → *Girlande*.
- Zur Kundgebung besonderer Ereignisse.
- Als Erkennungszeichen, um sich der Umwelt einzuprägen.

Wichtig: Der Fahnenmast sollte sich nicht gegenüber der Eingangstür befinden, damit er keine Unruhe (Spaltung) bewirkt.

Farben

Goethe ist der Begründer der physiologischen Optik, und durch seine Farbenlehre gewannen die Farben eine wichtige Bedeutung. Farben schlagen durch die gleichzeitige Verbildlichung von Körper, Geist, Zeit und Raum eine Brücke zwischen dem Diesseits und dem Jenseits. Die Sonne ist die Spenderin aller Farben, der Urquell allen Lebens und die Bedingung allen Daseins, die Natur wiederum ordnet die Farben. Farbe war für Goethe Zeugnis einer höheren Welt, was er mit folgenden Worten ausdrückte:

»Ich Prisma bin ins Licht gestellt
zum Zeugnis einer bess'ren Welt,
die aus der Dünste trübem Netz
erkennet Gott und sein Gesetz.«

Goethe hat nicht nur die Natur der Farben ergründet, sondern auch ihre Wirkungen auf die Psyche des Menschen. In seiner Farbenlehre schreibt er: »Die Erfahrung lehrt uns, daß die einzelnen Farben besondere Gemütsstimmungen geben«. Diese Tatsache sollte uns als Aufforderung gelten, unsere gesamte Umgebung farblich zu gestalten.

Unzählige Möglichkeiten bieten uns Wohnaccessoires wie Tischdecken, Vorhänge, Möbelstoffe, Teppiche; Gegenstände wie Vasen, Schalen, Blumenarrangements, → *Bilder*, → *Skulpturen*, Lampenschirme, selbstangefertigte Kunstgegenstände und → *Pflanzen*. Durch die Wiederbelebung alter Maltechniken und ihrer Farbnuancen steht uns eine breite Palette kreativer Gestaltungsmöglichkeiten für die Wände unserer Häuser oder Wohnungen zur Verfügung.

Feng Shui gibt uns ein Regelwerk an die Hand, das einerseits die Farben im Zyklus (fünf → *Elemente*) und im → *Yin/Yang* erfaßt und andererseits die Symbolik und Dynamik der Farben näher beschreibt. Grundsätzlich gilt jedoch, daß Rot und Schwarz eher zurückhaltend einzusetzen sind, da eine Überbetonung von Rot zu Aggressivität und Spannung, zuviel Schwarz zu Depression und Pessimismus führen kann. Weiterhin ist die Nutzung des einzelnen Raumes bestimmend für die Farbwahl. So sollten → *Schlaf-* oder Ruheräume in ruhigen und zarten Farben gehalten werden, wohingegen das → *Wohnzimmer* oder die → *Küche* mit kräftigen und fröhlichen Farben ausgestattet werden können.

Weiß

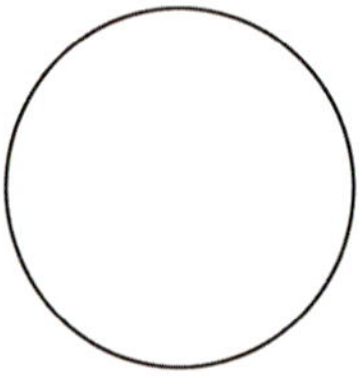

Weiß erscheint als die vollkommenste aller Farben – sie ist kaum mit negativen Aussagen belegt. Da im symbolischen Denken der Tod dem Leben vorausgeht oder im Leben beinhaltet ist und jede Geburt eine Wiedergeburt darstellt, ist Weiß in einigen Kulturen auch heute noch die Farbe des Todes und der Trauer, wie z.B. in China – aber auch in Europa war sie das eine lange Zeit.

Die positive Bedeutung der Farbe Weiß hängt auch mit ihrer Rolle bei der Initiation (Einweihungsritual) zusammen. Sie ist damit die Farbe der Unschuld und Reinheit, des ungebrochenen Lichtes, der absoluten Wahrheit, der siegreichen endgültigen Verklärung und der ewigen Herrlichkeit. Weiß steht im Bewußtsein vieler Menschen für das Vollkommene, das Ideale, das Gute. Doch Weiß neutralisiert auch alle anderen Farben und wirkt selbst indifferent und rein. Wer Weiß wählt, hält sich alle Möglichkeiten offen oder kann nicht zu eindeutigen Ansichten gelangen.

Im Feng Shui wird die Farbe Weiß dem Westen zugeordnet, dem → *Element* Metall. Sie steht für den Herbst und den Abend und ist Sinnbild des Alters.

Eigenschaften

- Weiß fördert die Konzentration und klares Denken.

BaGua-Bereich

- Kinder
- Hilfreiche Freunde

Schwarz

Allgemein ist Schwarz Sinnbild für die Vernichtung, den Tod und das Totenreich, für das Dunkle, die Nacht oder aber die Ehre. Schwarz stellt Trauer ohne Hoffnung im Gegensatz zur messianischen Trauer in Weiß dar; Schwarz ist der Fall ins Nichts ohne Wiederkehr. Auch wird Schwarz als die Farbe des Verzichts auf die Eitelkeit der Welt, der Abtötung der sinnlichen Lust, der Weltverachtung und Demut angesehen und konfrontiert die Persönlichkeit mit sich selbst.

Im Feng Shui wird die Farbe Schwarz dem Norden, dem → *Element* Wasser zugeordnet. Sie steht für den Winter und die Nacht, ist Sinnbild für Geld und Reichtum.

Eigenschaften

- Schwarz wirkt schwer und absorbierend – es sollte daher nur verwendet werden, um damit Akzente zu setzen (Bordüre, Schale usw.)

BaGua-Bereich

- Karriere

Rot

Die Faszination dieser Farbe ist so groß, daß ihre Bezeichnung in fast allen Sprachen der Welt eine der ältesten ist. Ihre Symbolik ist von zwei elementaren Erfahrungen geprägt: von Feuer und von Blut. Rot erregt, läßt uns an

Kraft, Macht, Autorität und Eroberung denken. Alle Gefühle, die das Blut in Wallung bringen, z.B. Liebe und Haß, werden mit Rot in Verbindung gebracht. Rot ist die dynamischste Signalfarbe und fällt sofort ins Auge. Sie ist eine männliche Farbe und ein Gegenpol zum passiven, sanften Blau und zum unschuldigen Weiß.

Im alten Rom war Rot die Farbe der Generäle und des Adels; die byzantinischen Kaiser kleideten sich ausschließlich in Rot – damit war es Sinnbild der höchsten Macht und des Reichtums. In China glaubt man außerdem, daß Rot böse Kräfte fernhält, weshalb es auch als Schutzfarbe verwendet wird. »Rot« und »Grün« ist die Symbolformel der chinesischen Malerei, beides sind Farben des Lebens und des Wachstums, die außerdem noch Heilung und Ruhe bedeuten, denn zum Gesundsein oder Gesundwerden brauchen wir Ruhe und Freude.

Im Feng Shui wird die Farbe Rot dem Süden zugeordnet, dem → *Element* Feuer. Sie steht für den Sommer und den Mittag und ist Sinnbild der Jugend.

Eigenschaften

- Rot wirkt aktivierend und anregend, verleiht Durchsetzungskraft und Dynamik. Es sollte jedoch – wie Schwarz – nur zum Setzen von Akzenten verwendet werden.

BaGua-Bereich

- Ruhm

Grün

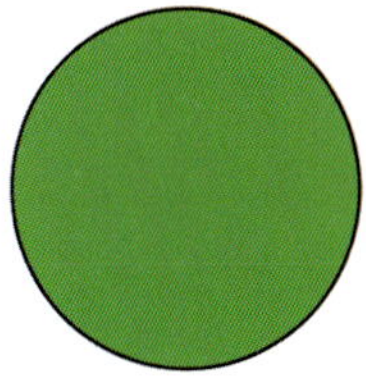

Im Gegensatz zum Blau des »Himmels« und dem Rot der »Hölle« ist Grün eine Farbe des mittleren Bereichs und von vermittelnder Eigenschaft, beruhigend, erfrischend und menschlich. Das grüne Kleid der Erde im Frühling inspiriert zur Hoffnung und zur Verwirklichung unserer Träume. Grün regt die Phantasie an, macht empfindsam und versetzt die Seele in positive Schwingungen.

Auch im Volksmund ist diese Farbe der Hoffnung und dem Leben zugeordnet. Sie weckt die Lust auf Neues, auf Entdeckungen, ist ein Quell der Schöpfungskraft. Außerdem beruhigt sie das Nervensystem und wirkt zu hohem Blutdruck entgegen, stärkt die Willenskraft und sorgt für Ruhe und Harmonie. Die über 90 erhältlichen Grünnuancen eignen sich also hervorragend für Zimmer, die Ruhe ausstrahlen oder zu geistiger Tätigkeit anregen sollen. Außerdem steht das »neutrale« Grün für Urlaub, Wald, Wiese sowie für Erholung.

Im Feng Shui wird die Farbe Grün dem Osten zugeordnet, dem → *Element* Holz. Sie steht für den Frühling und den Morgen, ist Sinnbild von Wachstum und Ausdehnung.

Eigenschaften

- Grün fördert den Gesundungsprozeß und regt die Kreativität an.
- Es verleiht Frische und eine positive Lebenseinstellung.

BaGua-Bereich

- Reichtum
- Eltern

Gelb

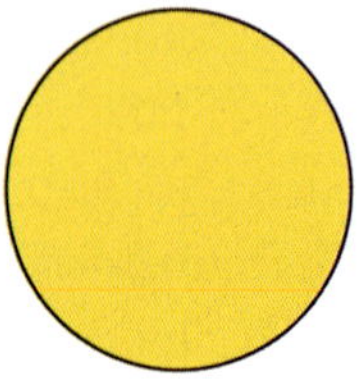

Gelb ist die hellste, intensivste und strahlendste aller Farben, es entspricht der Sonne und ihren Strahlen. Gelb reflektiert das auf die Oberfläche treffende Licht von allen Farben am stärksten. Das ist auch der Grund, warum wir das Sonnenlicht als Gelb und nicht als Weiß wahrnehmen.

Goethe sagte, Gelb sei die Farbe, die dem Licht am nächsten ist und einen heiteren, munteren, sanft reizenden Charakter besitzt. Benötigt man seelische Aufmunterung, so ist gelbe Kleidung zu empfehlen. Gelb hat auch eine stark aufhellende Wirkung und ist deshalb die ideale Farbe für Räume mit wenig oder keinem Sonnenlicht. Gelbtöne muntern auf und zaubern Sonnenschein ins Zimmer, auch wenn es draußen trüb und grau ist. Die stärkste Wirkung hat das strahlende Zitronengelb. Zudem ist Gelb eine Signalfarbe, die uns im Straßenverkehr und im Alltag immer wieder in Warnzeichen begegnet.

Im Feng Shui gilt die Farbe Gelb als äußerst positiv. Sie wird der Mitte zugeordnet und dem → *Element* Erde. Sie steht für den Spätsommer und den Nachmittag und ist Sinnbild für langes Leben.

Eigenschaften

- Gelb wirkt ausgleichend und beruhigend.
- Es vermittelt Geborgenheit und Stabilität.

BaGua-Bereich

- Partnerschaft
- Wissen
- Zentrum (T'ai Chi)

Blau

Als die tiefste und am wenigsten materielle Farbe ist Blau das Medium der Wahrheit, die Farbe des Firmaments. Sie übersetzt die Transparenz der komprimierten Leere in Luft, Kristall oder Diamant. Spiritualität, Harmonie, Freundlichkeit, Freundschaft, Sorgfalt, Treue, Glaube, Sympathie, Umsicht und Fürsorge werden durch sie symbolisiert. Dem Intellekt und der geistigen Erkenntnis zugeordnet, charakterisiert Blau die positive Seite der Phantasie und steht für utopische Ideen. In alten Redewendungen finden wir es auch in Verbindung mit der Lüge: »das Blaue vom Himmel herunterlügen« oder »jemandem einen blauen Dunst vormachen« usw.

Blau ist vom Gefühl her die kälteste Farbe, und so erscheinen die Schatten des Sommerlichtes blau. Vincent van Gogh malte Bäume, die im Schatten stehen, blau. Eis und Schnee schimmern im Sonnenlicht bläulich, und unsere Haut wird vor Kälte blau, deshalb ist Blau keine Farbe, die Gemütlichkeit ausstrahlt. Im Kampf zwischen Himmel und Erde verbinden sich Blau und Weiß gegen Rot und Grün, wie in zahlreichen Darstellungen des Kampfes des Heiligen Georg mit dem Drachen zu sehen ist. Blau ist auch die Farbe von Marias Mantel.

Im Feng Shui wird die Farbe Blau, wie die Farbe Schwarz, dem Norden zugeordnet und dem → *Element* Wasser. Sie steht für den Winter und die Nacht.

Eigenschaften

- Helles Blau regt die Kreativität an und fördert die Offenheit.
- Tiefes Blau macht introvertiert und sorgt für Distanz.

BaGua-Bereich

- Karriere

Orange

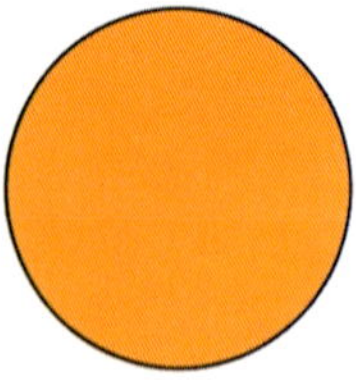

Mischen wir Gelb und Rot, so entsteht etwas Aufregendes und doch Gedämpftes, das Orange. Diese Farbe hilft uns, Kreativität in die Tat umzusetzen, und zwar aufgeregt, mitteilsam und voller Aktivität. Orange wirkt nicht so heiß wie Rot, sondern erinnert eher an ein Kaminfeuer oder an die fröhliche, offene Begegnung an einem Urlaubstag. Es ist eine soziale Farbe und kündet vom Bedürfnis für fröhliches Beisammensein.

Diese Farbe löst Assoziationen zu zahlreichen Eigenschaftswörtern aus – reif, satt, lebendig, warm, trocken, gemütlich, herbstlich, gesellig, jugendlich, frisch, leuchtend –, und trotzdem ist sie in der europäischen Kultur immer eine untergeordnete Mischfarbe geblieben. Je nach Tönung wird sie dem → *Element* Feuer oder Erde zugeordnet.

BaGua-Bereich

- Kinder (Kreativität)
- Hilfreiche Freunde (Geselligkeit)

Rosa

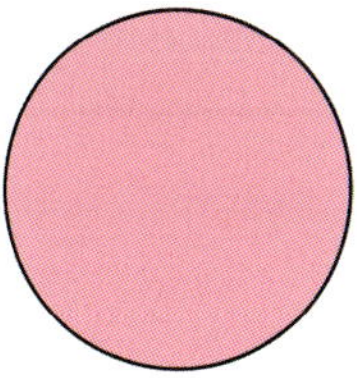

Rosa ist die Farbe von Weiblichkeit, Zärtlichkeit und Lieblichkeit, sie schafft Harmonie. Als abgeschwächtes Rot und bereichertes Weiß vermischen sich in ihr männliche und weibliche Energie miteinander. Wir verbinden mit Rosa auch Unschuld und Romantik sowie die erwachenden Energien junger Liebe. In China verwendet man Rosa z.B. gern in Schlafräumen, um das Eheglück zu fördern. Dem → *Element* Erde zugeordnet kann es reizvoll mit Braun verbunden werden.

BaGua-Bereich

- Partnerschaft

Violett/Purpur

Violett ist eine Farbe der Besonnenheit und des bedachten Handelns. Zudem steht sie für das Gleichgewicht zwischen Sinnen und Geist, Leidenschaft und Verstand sowie Liebe und Weisheit, da es zu gleichen Teilen aus Rot und Blau gemischt wird.

Purpur wurde während des Altertums als die schönste und vornehmste Farbe angesehen, sie war mit der Passionszeit und der Energie der Vollendung verbunden. Sie verbindet uns mit den hohen Idealen der Loyalität und Wahrheit, des machtvollen, wohlhabenden oder vom Glück besonders begünstigten Menschen.
Beide Farben gehören zum → *Element* Feuer.

BaGua-Bereich

- Ruhm

Braun

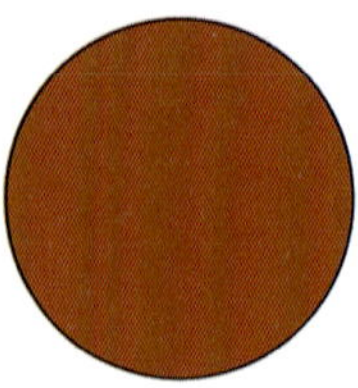

Vom Ocker bis zum dunklen Erdbraun spiegeln uns diese Farbtöne die Nuancen des Erdbodens wider. Sie stehen auch für die positive Auseinandersetzung mit der Mutter Erde, außerdem sind es die Farben des Herbstes und der Traurigkeit.

Bei den alten Römern wie auch in der katholischen Kirche ist Braun Symbol für Demut (lat.

»humilitas« von »humus«, Erde) und materieller Armut – deshalb tragen die Mönche mancher Bettelorden braune Kutten.

Alle braunen Farbnuancen werden dem → *Element* Erde zugeordnet.

BaGua-Bereich

- Partnerschaft
- Wissen

Familien-Bereich

siehe im Kapitel »Das BaGua«

Fensterbilder

Fensterbilder sind zum einen selbstklebende Folien, auf denen farbige → *Mandalas*, keltische Ornamente oder verzierte Grundformen, wie → *Quadrate* oder → *Kreise* aufgemalt sind. Für die besonderen Feste, wie Ostern und Weihnachten gibt es entsprechende Abbildungen, wie Engel, Hasen, Tannenzweige mit Kugeln, Schneemänner und mehr, mit denen man die Fenster dekorieren kann. Diese Folien können jederzeit wieder abgenommen, aufgehoben oder an ein anderes Fester angebracht werden. Außerdem gibt es Fenstermalfarben oder die »Window Color«-Technik, mit der eigene Kreationen angefertigt werden können. Hier ist Ihre Kreativität gefragt.

Anwendung

Zur Verhinderung eines zu starken Abfließens der Energie nach draußen: jeder Blickfang am Fenster, indem er die Aufmerksamkeit fesselt.

Feuerwerk

Kein Silvester ohne Feuerwerk! Dieser Brauch diente ursprünglich dazu, die bösen Dämonen des Vorjahres zu vertreiben, die sich bei zuviel Lärm erschrecken und verkriechen. Man verscheucht damit also alte Energien und schafft Platz für neue. Bei besonderen Anlässen können wir mit einem Feuerwerk aber auch die guten Geister aufwecken und auf uns aufmerksam machen.

Anwendung

Da es alte Energien vertreibt und zur Begrüßung neuer dient, ist ein Feuerwerk nicht nur an Silvester angebracht, sondern für jeden Neuanfang geeignet. Es empfiehlt sich also bei einer Ladeneröffnung, Firmengründung, Geschäftseröffnung, wenn ein Haus fertiggestellt ist, zu Hochzeiten oder Geburten usw.

Firmenlogo

Ein Firmenlogo ist das Aushängeschild eines Unternehmens, ungeachtet dessen Größe. Bekannte Firmen bestätigen diese Tatsache. Das Logo verkörpert die Firma, ist oft das erste, was wir wahrnehmen, und der erste Kontakt ist bekanntlich immer der wichtigste.

1. Die Symbole, die für das Firmenlogo verwendet werden, sollten mit dem Angebot und mit dem Ziel der Firma übereinstimmen. Dementsprechend gestaltet ein Betrieb, der maßgefertigte Möbel anbietet, sein Logo sehr sachlich, während eine Spielwarenfirma ein buntes und kreatives Logo bevorzugt. Der Mensch denkt in Assoziationen und kann dadurch schnell Bezüge herstellen.

2. Bei der Auswahl des Namens sollte auf die → *Elemente* geachtet werden. Jeder Buchstabe wird einem Element zugeordnet:
   - Metall-Eigenschaften besitzen:
     c q r s x z
   - Wasser-Eigenschaften besitzen:
     b f h m p

- Feuer-Eigenschaften besitzen:
  d i j l n t z
  (z ist Metall und Feuer geordnet)
- Holz-Eigenschaften besitzen:
  g k
- Erde-Eigenschaften besitzen:
  a e o u v w y

Günstige Kombinationen bei der Auswahl des Namens ergeben sich mit Buchstaben der unterstützenden Elemente. Günstige Kombinationen sind:
Wasser und Holz
Holz und Feuer
Metall und Wasser
Feuer und Erde
Erde und Metall

Werden noch dazu → *Farben* und Formen eingesetzt, können die günstigen Dreier-Kombinationen zur Orientierung verwendet werden:
Feuer und Erde und Metall
Erde und Metall und Wasser
Metall und Wasser und Holz
Wasser und Holz und Feuer
Holz und Feuer und Erde

Diese Visitenkarte zeigt eine Kombination von
Erde – Metall – Wasser

Grün, Gelb, Braun = Erde
Weiß = Metall
Schwarz = Wasser

Zur Veranschaulichung hier ein Beispiel:
T-O-Y-O-T-A = Feuer-Erde-Erde-Erde-Feuer-Erde
Diese Automarke zeichnet sich durch sportliche (Feuer), jedoch zuverlässige (Erde) Fahrzeuge aus.

3. Das Reklameschild kann nach den entsprechenden Feng-Shui-Maßen angefertigt werden (siehe dazu → *Maße*).

4. Reklameschilder sollten außerdem
   - angenehm und erfreulich für das Auge sein,
   - in Form und Größe harmonisch gestaltet sein (sie sollten keine Dreiecksformen aufweisen),
   - keine Fenster oder andere Öffnungen blockieren,
   - aus einem beständigen, witterungsfesten Material sein.

Fisch

Bei vielen Völkern ist der Fisch das Symbol für Fruchtbarkeit, in China jedoch steht er für Reichtum und Wohlstand, da die Aussprache des Wortes »Fisch« im Chinesischen gleichlautend ist mit »Überfluß«. Noch heute essen die Chinesen mit dem Ziel, daß im neuen Jahr Überfluß herrscht, zum Neujahrstag Fisch. Um die Aussichten auf Reich-

tum und Glück zu verbessern, halten Chinesen Fische in → *Aquarien* oder in einem kleinen → *Teich* im Freien. Im Hinblick darauf wird in keinem China-Restaurant das Aquarium fehlen.

Im Feng Shui werden Fische aufgrund ihrer schillernden Schuppen und ihrer Farbenpracht dem → *Element* Feuer und der Qualität → *Yang* zugeordnet.

Anwendung

- Um das → *Element* Wasser zu stärken und damit die Fülle ins Leben zu bringen: Einsatz in der Raumgestaltung zusammen mit einem → *Aquarium*.
- Um das Glück anzuziehen und zu sammeln: als Abbild auf einer → *Vase* in der Nähe der → *Eingangstür*.
- Um Reichtum und Wohlstand zu begünstigen: als Porzellanfigur, künstlerisches → *Bild* oder selbstgefertigte Tonfigur.

BaGua-Bereich

- Reichtum
- Karriere

Flasche

Die Flasche ist, ähnlich wie die → *Vase*, ein Gefäß, in dem das Chi gesammelt werden kann. Die wichtige Symbolik liegt hier im »Leersein«.

Anwendung

- Als Zeichen für die vielen Möglichkeiten auf unserem Lebensweg: leere farbige Flaschen unterschiedlicher Größen auf einem Regal.
- Damit nur »Gutes« unser Haus betritt: eine große bauchige Flasche als Blickfang am → *Eingang*.
- Als Symbol der Schönheit und Einfachheit: eine edle Flasche mit einer besonderen Blume am Meditationsplatz oder auf dem → *Altar*.
- Als Symbol der Fülle: eine üppig verzierte, eventuell rote Flasche in Verbindung mit → *Früchten* oder → *Blumen*.

BaGua-Bereich

- Karriere
- Reichtum
- Wissen

Flöten

Eine Flöte erzeugt harmonische und wohlklingende Töne. Früher diente sie auch dazu, den Frieden und gute Nachrichten zu verkünden. Durch diese Zuordnung bringt sie Frieden und Sicherheit in die Räumlichkeiten. Des weiteren werden Flöten im Feng Shui dazu verwendet, den Energiestrom (Luftstrom) in die gewünschte Richtung zu lenken oder die Raumenergie mit kosmischem Chi zu füllen. Bei den einzelnen Anwendungsmöglichkeiten ist darauf zu achten, wohin das Mundstück zeigt, denn diese Öffnung gibt die Richtung vor, in welche die Luft geblasen wird.

In der Regel werden die Flöten immer paarweise angebracht und sind teilweise mit Motiven bemalt, was für eine zusätzliche Symbolbedeutung sorgt. Bei Drachen- und Phönix-Motiven ist der Drache stets rechts anzubringen (von vorn gesehen). Montiert werden die Flöten in einem Winkel von 120 Grad zueinander, was einem angedeuteten Achteck (BaGua) entspricht. Die Länge der beiden Flöten und der obere Abstand zwischen ihnen sollte nach den günstigen → *Maßen* im Feng Shui gewählt werden.

Anwendung

- Um vor negativen Energien zu schützen oder kosmisches Chi einströmen zu lassen: über der Innenseite der Eingangstür, Mundstück nach oben.
- Um der nach unten drückenden Dynamik mächtiger Deckenbalken entgegenzuwirken: direkt am Balken, Mundstück nach unten.
- Um den Energiefluß im Treppenaufgang nach oben zu lenken: im Gang, mit dem Mundstück nach unten.
- Um die abziehende Energie unter starken Dachschrägen (Spitzgiebel) wieder in den Raum zu leiten: in der Schräge, mit dem Mundstück nach oben.

Wichtig: Flöten nicht am Fenster oder in unmittelbarer Nähe derselben aufhängen. Außerdem sollte das Ende einer Flöte nicht direkt auf einen Menschen (Bett, Schreibtisch) zeigen.

Flur

Der Flur bietet innerhalb des Hauses oder der Wohnung meist Zugang zu allen Räumen. Hier sollte der Chi-Fluß frei fließen können. Dazu ist es notwendig, einen offenen und übersichtlichen Eindruck hervorzurufen, der vor allem durch freundliche und helle Beleuchtung erzeugt wird.

Ein langer Flur beschleunigt das Chi, und dadurch entsteht → *Sha*. Deshalb ist der Flur mit entsprechenden Accessoires zu versehen, damit das Chi gebremst wird. Als Accessoires eignen sich → *Kristallprismen*, kleine Möbelstücke, → *Mobile* und auch Lampen, die durch ihr ausgerichtetes → *Licht* ablenken. Ein zu enger oder kleiner Flur kann durch die illusionäre Wirkung einer → *Wandmalerei* (Trompe l'oeuil) optisch vergrößert werden. Für die Gestaltung im einzelnen empfiehlt es sich, auch die Hinweise unter → *BaGua* zu befolgen.

Fotografien

Von den Kindern, von anderen lieben Angehörigen, vom letzten Urlaub oder von der Feier am Arbeitsplatz – Fotografien zeigen Situationen, die eine ganz persönliche Note und Stimmung haben. Deshalb verfügen Fotografien auch über ganz besondere Energien, die hervorragend zur Steigerung des Chi-Flusses verwendet werden können.

Anwendung

- Zur Entspannung: die Aufnahme eines stimmungsvollen Sonnenuntergangs.
- Zur freudvollen Erinnerung: → *Bilder* der eigenen Kinder in verschiedenen Rahmen und Größen.
- Zur Lenkung des Chi: Verschiedene Urlaubsfotografien entlang des → *Treppenaufgangs*. Beim Betrachten der

Bilder tragen wir buchstäblich ein Glücksgefühl in das obere Stockwerk.

- Um das Chi anzuheben: entsprechende Motive im jeweiligen → *BaGua*-Bereich: die Fotografie einer → *Eiche* für Stabilität und Ruhe im Bereich Wissen; ein Foto von Ihnen mit Ihrem Partner oder von Ihrem Partner im → *Schlafzimmer*; Bilder der Weihnachtsfeier im Büro, eines Arbeitsausflugs oder einer bestandenen Prüfung als Unterstützung im Bereich Karriere (Lebensweg).

BaGua-Bereich

- Partnerschaft
- Wissen
- Eltern
- Hilfreiche Freunde
- Kinder
- Karriere

Freunde-Bereich

siehe im Kapitel »Das BaGua«

Frosch

Der Frosch ist ein Symbol für Fruchtbarkeit und das sich immer wieder erneuernde Leben. Sein auffälliger Gestaltwandel, der vom Ei über die Kaulquappe zum vierbeinigen Wesen erfolgt, erregte schon immer besonderes Interesse. Da er aus der unbekannten Tiefe eines Brunnens oder eines Moorloches an das Sonnenlicht emporsteigt, trägt er weiterhin die Verwandlung des Bösen zum Guten und Schönen in sich. Damit wird er außerdem zum Symbol der Auferstehung und zum heilbringenden Tier.

Anwendung

- Zur Verstärkung der fließenden, sich ständig erneuernden Energie des → *Wassers*: im → *Garten* als Wasserspeier für den → *Teich*.
- Eine selbstgefertigte Figur aus Ton auf dem Rasen: unterstützt im Bereich Kinder Kreativität und Mut.
- Um Wohlstand und Fülle anzuziehen: als → *Skulptur* bei Blumen im Wohnbereich, auf der Fensterbank oder im Wintergarten, in Verbindung mit einem → *Zimmerbrunnen*.

BaGua-Bereich

- Karriere
- Kinder

Früchte, goldene

Die goldenen Früchte sind ein Symbol für Nahrung, Wohlergehen und Leben. Wer schätzt es nicht, sich an einen Tisch setzen zu können, auf dem ein → *Korb* oder eine → *Schale* mit Früchten steht, und genußvoll zugreifen zu dürfen? Früchte sind auch ein sehr beliebtes Geschenk bei einem Krankenhausbesuch: Durch den frischen, süßen Geschmack der Früchte möchte man dem Kranken das Leben »versüßen«, seine Gesundung anregen und ihm die Kraft der Natur vermitteln.

Besonders dekorativ sind Früchtenachbildungen, die aus Holz geschnitzt und mit einem → *Goldüberzug* beschichtet werden. Durch die goldene Farbe werden die Früchte symbolisch aufgewertet und »wertvoller«. In einer schwarzen Schale dargeboten, sind sie ein Sinnbild für: »Das Edle zieht das Wertvolle an.« Die Kombination goldener Früchte in einer schwarzen Schale gilt als starkes Feng-Shui-Hilfsmittel.

Anwendung

Um Wohlstand und Fülle auszudrücken oder anzuziehen: dekorativ in einer schwarzen Schale aufgestellt.

BaGua-Bereich

- Reichtum, z.B. in der Küche oder im Eßbereich

Füllhorn

Das Füllhorn ist eine Art großes Trinkhorn, aus dem unausgesetzt Gemüse, Früchte, Blumen und andere Gaben der Natur hervorquellen. Dieses Symbol ist der Flora zugeordnet, der Erde und ihrer Fruchtbarkeit und auch der Glücksgöttin Fortuna. Damit wird das Füllhorn zum Sinnbild für die göttlichen Gaben, die dem Menschen ohne sein direktes Zutun geschenkt werden. Prähistorische Darstellungen, wie die »Venus von Laussel«, zeigen Hörner als Opfergefäße. Außerdem ist das Füllhorn in der Theologie Kennzeichen der Tugend Hoffnung.

Anwendung

Als Sinnbild für die nie versiegende Quelle: mit goldenen Früchten oder mit Blumen und Früchten gefüllt.

BaGua-Bereich

- Reichtum

Fußabstreifer

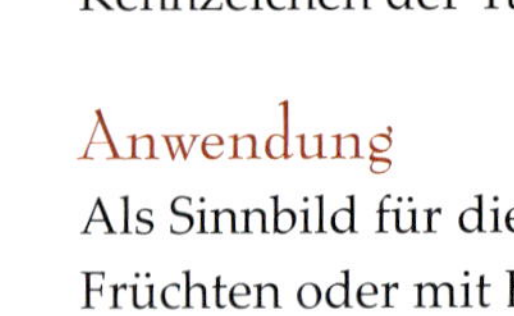

Schon manche Mutter hat ihre Kinder immer wieder aufgefordert, die Schuhe gründlich abzuputzen, bevor sie ins Haus gehen. Das dient nicht nur dazu, den Schmutz abzustreifen, sondern auch dazu, die Energien, die an den Schuhen vom Gang nach draußen haftenbleiben, vor der → *Eingangstür* zu lassen. Damit bildet der Fußabstreifer eine Schwelle zwischen dem Draußen und dem Drinnen.

Anwendung

Um Fremdenergien aus dem Wohnbereich zu halten: Kaufen Sie einen Fußabstreifer, der so auffällig ist, daß sich jeder die Schuhe abstreifen muß!

Ganesha

Ganesha ist der elefantenköpfige indische Gott der Weisheit und Literatur und einer der populärsten unter den hinduistischen Göttern. Gemäß der Überlieferung soll er alle Hindernisse beseitigen und wird deshalb vor Unternehmungen verschiedenster Art mit der Bitte um Unterstützung angerufen.

Anwendung

- Zur Erinnerung an die innere Weisheit: als Metallfigur in den verschiedensten Haltungen in der Meditationsecke oder auf dem → *Altar*.
- Zur Unterstützung auf dem Lebensweg: in Form einer Abbildung oder größeren Figur.

BaGua-Bereich

- Wissen
- Karriere

Garten

Da der Garten als eigener Bereich gilt, muß dessen BaGua getrennt von dem des Hauses betrachtet werden. Um die einzelnen Bereiche bestimmen zu können, stellt man sich ans Gartentor und richtet den Blick in den Garten. Anhand einer Skizze des → *BaGua* sollten die Fehlbereiche herausgefunden und Maßnahmen erarbeitet werden, mit denen das Chi des Gartens angehoben werden kann. (Dazu siehe spezielle Literatur im Anhang.)

Gartenbank

Die Bank im Garten lädt zur Pause ein, zum Ausruhen zu zweit am »Busen der Natur«. Auf ihr kann man genüßlich seinen Stimmungen nachhängen oder sich von der Atmosphäre des Gartens umhüllen lassen.

Anwendung

- Zum Entspannen und Ausruhen: eine gemütliche Bank unter einem Baum.
- Um Kraft zu tanken und innezuhalten: eine rund um einen Baum gebaute Bank.
- Zum Spielen und Basteln für Kinder: eine kleine Bank mit Tisch.
- Um Besucher zum Verweilen einzuladen: eine Bank im Vorgarten.

BaGua-Bereich

- Wissen
- Kinder
- Hilfreiche Freunde
- Partnerschaft

Gartenlaube

Die Laube ist ein von Pflanzen wie → *Rosen* und Efeu malerisch umranktes Plätzchen im Garten mit einer Bank oder einer anderen Sitzgelegenheit. Sie liegt etwas abseits, geschützt oder versteckt und lädt zum verliebten Beisammensein ein.

BaGua-Bereich

- Partnerschaft

Gartenlicht

Unsere Wege und Aufenthaltsplätze im Garten müssen nicht nur am Tag, sondern auch nachts gut beleuchtet sein. Es gibt ein großes Angebot an Gartenleuchten, das für jeden Geschmack und für jede Situation die richtige → *Lichtquelle* bietet. Installierte Leuchten sollten mit Bewegungsmeldern verbunden werden.

Anwendung

Mit Licht wird nicht nur die Aufmerksamkeit in eine gewünschte Richtung gelenkt, sondern auch der Chi-Fluß:

- Damit Hausnummer oder Klingel leicht zu finden sind: an der Garten- oder Haustür.
- Am → *Eingangsbereich,* besonders bei Treppen oder Aufgängen.
- → *Terrasse* oder der Sitzplatz im Garten sollte mit elektrischem Licht ausgestattet sein, das für eine romantische Stimmung zugunsten von → *Kerzen* oder Windlichtern zurückgenommen wird.

- Um effektvolle Lichtspiele zu erzeugen und das Chi der Umgebung zu erhöhen: indirekte Beleuchtung, z.B. eines Baumes.
- Um → *Pflanzen* und → *Skulpturen* hervorzuheben.

BaGua-Bereich

Alle Bereiche können mit Licht gezielt verstärkt werden.

Wichtig: Defekte Leuchtkörper sollten Sie sofort auswechseln!

Gartenpflanzen

Jede Pflanze hat ihre ganz spezifische Eigenart und ist entsprechend unterschiedlich zu verwenden. Mit radiästhetischen und intuitiven Mitteln wurden die Energiefelder der → *Pflanzen* erforscht und so den Fünf → *Elementen* zugeordnet.

Gestalten Sie Ihren Garten mit den entsprechenden Pflanzen nach den Grundlagen des → *BaGua* nach Ihrem eigenen Ermessen. Schaffen Sie damit ein Umfeld, in dem der Chi-Fluß erhöht wird. Das macht Ihren → *Garten* zu einem kleinen Paradies der Ruhe, Entspannung und Freude.

Girlanden

Girlanden sind das effektvollste Mittel, um Aufmerksamkeit zu erregen und gleichzeitig zu schmücken. Im großen Rahmen kennen wir Girlanden aus Tannenzweigen vom Christkindlmarkt, aus buntem Papier oder Kunststoff vom Faschingsfest, von der Silvesterparty oder vom Weinfest.

Anwendung

- Um die Stimmung zu heben oder als Hinweis auf ein bestimmtes Thema: als Ausschmückung zu jeder Art von Festlichkeiten.
- Als Blickfang am Fenster oder an der → *Eingangstür*, privat oder geschäftlich.
- Um auf sich aufmerksam zu machen: für bestimmte Aktionen im geschäftlichen Bereich für draußen und drinnen – Eröffnung, Angebote, Jubiläum usw.

Glasbilder

Glasbilder verzaubern mit wunderschönen Motiven in feiner Ausarbeitung. Sie werden vorwiegend in Fenster gehängt, da die durchscheinende Sonne die Farben erst richtig zum Leuchten bringt. Die verschiedenartigsten Motive – wie Elfen, Blumen, Tiere (z.B. → *Delphine*, Vögel), Symbole wie → *Yin/Yang*, Sonne und Mond – können den Chi-Fluß verstärken oder zuviel Energieabfluß durch große Fensterflächen stoppen.

Anwendung und BaGua-Bereich

Zur Stärkung oder Abbremsung des Chi-Flusses in Fenstern des entsprechenden Bereichs angebracht.

Glasobjekte

Glas und Kristall sind Sinnbilder des Lichtes, der Transparenz. Eine farblose Glaskugel ist Symbol der zuerst geschaffenen himmlischen Lichtwelt, eine blaue steht für den irdischen Sternenhimmel, und eine grüne ist ein Abbild der Erde. Im Feng Shui wird das → *Element* Wasser durch den Werkstoff Glas ausgedrückt, wenn es in seiner durchsichtigen Form erhalten bleibt. Durch die → *Farbe* und Form kann das Element allerdings entscheidend verändert werden. Zur Kategorie Glasobjekte werden alle Gegenstände – also Vasen, Schalen, → *Skulpturen* und alle erdenklichen Kunstgegenstände aus Glas – gezählt.

Anwendung

- Als Ausdruck des Lebensflusses: eine geschwungene → *Vase*.
- Als Blickfang: eine filigrane → *Schale*, die je nach Form und Farbe ein bestimmtes Element versinnbildlicht und damit die Stimmung entsprechend prägt.
- Als Sinnbild des Lichtes: eine Glas- oder Kristallkugel (Element Metall), auf dem → *Altar*.
- Um das Element Wasser zu verstärken: eine Glasspirale.
- Als Sichtschutz, um das Chi zu bremsen: eine farbige Halbkugel aus Glas mit einer Kerze innen vorm Fenster.
- Um die Aufmerksamkeit zu einem zu dunklen Bereich zu ziehen: verschiedene Glastiere an einem Haselnußast.

BaGua-Bereich

- Karriere
- Wissen

Glocke

Die Glocke wurde in vielen Kulturen sowohl als Musikinstrument als auch als mystisches und rituelles Gerät verwendet. Ihr Klang sollte nicht nur die Menschen, sondern auch die übernatürlichen Kräfte zusammenrufen, weshalb sie vielfach den Charakter eines Kultgegenstands annahm. Wegen ihrer Form, ihres Klanges und des Materials wird sie dem → *Element* Metall zugeordnet und als Symbol für

Klarheit und Sammlung, ähnlich einer Meditation, eingesetzt.

Anwendung

- Um eine Meditation einzuleiten: als Ritualgegenstand.
- Als Schutzsymbol in der → *Eingangstür*/im Eingangsbereich.
- Als Willkommensgruß für Freunde (und → *Engel*).

BaGua-Bereich

- Hilfreiche Freunde

Gold

Das Metall Gold gehört zu den ältesten von Menschen genutzten Materialien. Seit 6000 Jahren ist es bekannt und wird z.B. zu Schmuck verarbeitet. Gold ist der Sonne zugeordnet und birgt nach den Vorstellungen der Alchemisten starke Sonnenkräfte in sich, die auch als Heilenergie genutzt werden können. Auch aufgrund seiner Farbe übte dieses Metall schon immer eine große Faszination auf den Menschen aus. Als Edelmetall ist es gegen Umwelteinflüsse beständig und wird deshalb auch »das Ewige«, »das Erhabene« genannt. Goldfarbige oder vergoldete Gegenstände verbinden uns mit einer Energie von Reichtum und Wohlstand.

Anwendung

- Als Symbol für Fülle und Wohlstand: goldfarbene → *Früchte* in einer schwarzen → *Schale*.
- Um das Chi eines Bereiches aufzuwerten: eine vergoldete Figur.
- Zur Verbindung mit der Energie von Ruhm und Reichtum: edle vergoldete Gegenstände.

BaGua-Bereich

- Ruhm
- Reichtum

Hausgötter

Die drei wichtigsten chinesischen Hausgötter sind Fuk, Luk und Sau, das göttliche Dreigestirn. Sie verkörpern die drei wichtigsten Kennzeichen eines »günstigen Schicksals« und sind in fast jeder Wohnung von Chinesen in aller Welt anzutreffen.

Es gibt sie in einer Vielzahl von Größen und Formen – sei es als farbenprächtig bemalte Keramikfiguren oder wertvolle Goldstatuen. Die drei werden immer gemeinsam aufgestellt und erhalten einen besonderen Ehrenplatz oder sogar einen eigenen Raum innerhalb des Hauses. Dabei ist zu beachten, daß dieser Platz immer höher liegt als jeder Tisch in ihrem Bereich. Ihre Gegenwart im Haus garantiert das ständige Vorhandensein von Gesundheit, Wohlergehen und reichlich Nahrung.

Fuk

Gott des Wohlstands und des Glücks. In seiner Hand hält er eine Schriftrolle mit der Formel, welche die Güte des Schicksals erweckt. Seine Figur ist die größte der drei und steht immer in der Mitte, was seine Bedeutung unterstreicht.

Luk

Gott des Ansehens und des Überflusses. Er hält das Zepter der Macht und der Autorität in der Hand.

Sau

Gott der Gesundheit und des langen Lebens. Als besonderes Kennzeichen gilt seine hohe, gewölbte Stirn. In der einen Hand trägt er einen → *Pfirsich* und in der anderen Hand einen Spazierstock (Drachenstab).

Anwendung

- Um die eintretende Energie günstig zu beeinflussen: im Eingangsbereich.
- Für ein »günstiges Schicksal«: im Wohn- oder Eßzimmer, auf einem Ehrenplatz innerhalb des Hauses.

BaGua-Bereich

- Alle Bereiche

Hecke

Damit er sich geborgen und sicher fühlt, benötigt der Mensch eine Abgrenzung um Haus und Garten. Eine Hecke aus einheimischen → *Pflanzen* oder Hölzern bietet einen natürlichen Sichtschutz. Dieser sollte jedoch nicht wie eine Mauer wirken und uns von der Außenwelt abschotten, sondern eher einen anmutigen Übergang zwischen Bereichen schaffen, z.B. zwischen Öffentlichkeit und privatem Raum oder zwischen verschiedenen Teilen des Gartens. In entsprechender Höhe kann eine Hecke auch Sitzgelegenheiten einrahmen.

Herd

Der Herd steht als Symbol für die menschliche Gemeinschaft, für die Wärme und Geborgenheit in der Familie. Er ist der zentrale Platz innerhalb der → *Küche*, denn auf ihm wird die Nahrung zubereitet, die uns am Leben erhält.

Die Position des Herdes sollte so gewählt werden, daß

1. er an einem zentralen Platz steht, von dem aus der Raum überblickt werden kann;
2. die Kommunikation mit allen im Raum befindlichen Personen möglich ist;
3. der Rücken geschützt ist (im Rücken des Kochs sollte keine Tür liegen);
4. kein Kühlschrank, keine Spüle oder Geschirrspüler neben dem Herd steht, da sonst ein Wasser-Feuer-Konflikt entsteht.

Hilfreiche-Freunde-Bereich

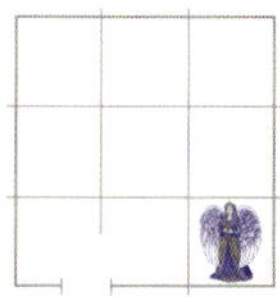

siehe im Kapitel »Das BaGua«

Himmelsrichtungen

Die acht verschiedenen Himmelsrichtungen werden nicht nur den acht → *BaGua*-Bereichen und den fünf → *Elementen* zugeordnet, sondern auch in zwei Kategorien unterteilt:

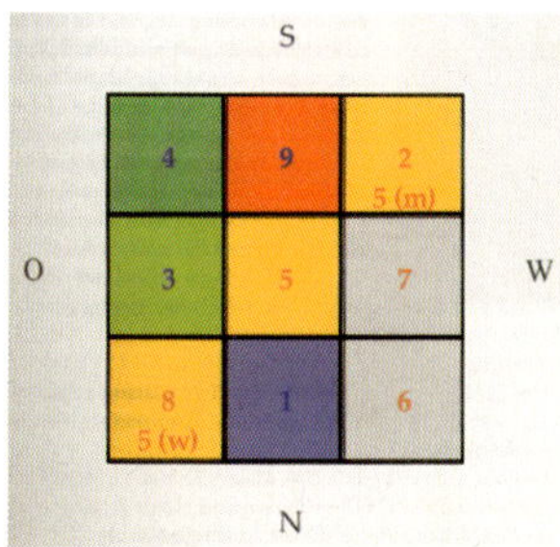

- Östliche Lebensgruppe: 1/3/4/9
  Norden – Osten – Südosten – Süden
- Westliche Lebensgruppe: 2/5/6/7/8
  Südwesten – Westen – Nordwesten – Nordosten

Besonderheit: Die Zahl 5 (BaGua-Bereich Mitte) wird bei einer Frau der Zahl 8 zugeordnet und bei einem Mann der Zahl 2.

Jeder Mensch gehört zu einer der zwei aufgeführten Lebensgruppen. Da wir alle auf die Ströme der Lebensenergie, das Chi, reagieren, ist es günstig, wenn wir mit dem Strom unserer Lebensenergie schwimmen. Die Dinge laufen dann reibungsloser und sanfter, da keine Widerstände aufgebaut werden.

Der Strom ist auf die Energie unseres Körpers und unserer Lebenskraft abgestimmt – was auch mit dem Ausdruck »Atem des Drachen« beschrieben wird – und kann, wie bereits erwähnt, der westlichen oder östlichen Gruppe zugeordnet sein.

Je nachdem, welche → *Kua-Zahl* errechnet wurde, wirken Himmelsrichtungen unterstützend oder abträglich. Nicht nur der Kopf sollte im Liegen (im → *Bett*) in eine dieser förderlichen Richtungen weisen und im Stehen oder Sitzen (→ *Schreibtisch*) in eine dieser Richtungen blicken, sondern auch die → *Eingangstür* und der → *Herd* sollten dorthin weisen.

Wohnen mehrere Menschen in einem Haus/einer Wohnung, so sollten die förderlichen Richtungen der Kua-Zahl der Hauptperson – das ist der Bewohner/die Bewohnerin, die das Geld nach Hause bringt – entsprechen. Trifft dies auf mehrere Personen zu, z.B. Vater und Mutter, so ist darauf zu achten, daß die Richtungen beider Personen unterstützt bzw. ungünstige Richtungen abgeschwächt werden.

Hirsch

In westlichen Kulturen ist der Hirsch ein wichtiges Symboltier, wo er als Wappentier Größe, Kraft und Sanftheit ausstrahlt. Wegen seines baumähnlichen, sich periodisch erneuernden Geweihs, das als Spiegelung der Sonnenstrahlen gedeutet wurde, galt er als Sinnbild des sich immer wieder verjüngenden Lebens, der Neugeburt und der Zeitabläufe. In China gilt er, da der Ausdruck Hirsch ähnlich ausgesprochen wird wie »gutes Einkommen«, als Symbol für Reichtum. Häufiger tritt er jedoch in Verbindung mit dem »Gott des langen Lebens« (→ *langes Leben*) auf und ist somit Sinnbild für Langlebigkeit.

Anwendung

- Um die Energie von Reichtum und Wohlstand zu aktivieren oder zu stabilisieren: als kleine Tischskulptur für den → *Schreibtisch*.
- Um die Aufmerksamkeit in diesen Bereich zu ziehen und die Gesundheit von Bewohnern und Natur zu stärken: als große Gartenskulptur für die Außengestaltung.
- Um das entsprechende Chi zu stärken: als → *Poster*.

BaGua-Bereich

- Reichtum
- Eltern (Gesundheit)

Hufeisen

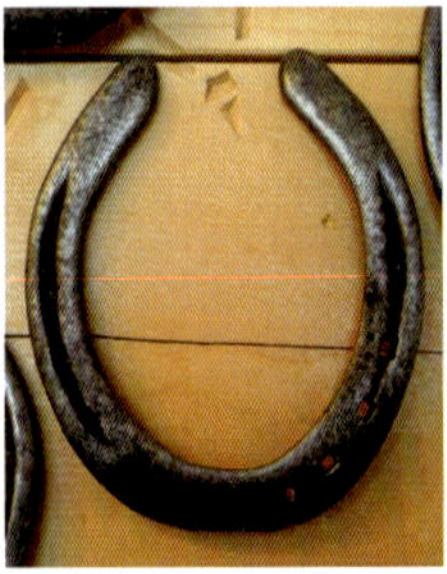

Das Hufeisen gilt bei vielen Völkern als unheilabwehrend und als Glücksbringer. Wir kennen es u.a. als Türschmuck, als Aufkleber auf Autos und, nicht zu vergessen, in Verbindung mit einem rosaroten Marzipanschweinchen, eine Kombination, die hauptsächlich an Silvester verschenkt wird.

Anwendung

- Als Glücksbringer: über der Tür (vorwiegend der → *Eingangstür*, innen), mit der offenen Seite nach oben, damit das Glück nicht herausfallen kann.
- Um Wünsche des Glücks weiterzugeben: als Geschenk.

Kamin

Das Herz des menschlichen → *Körpers* hat seine Entsprechung im Kamin des Hauses. So wie das Herz das Blut durch unsere Adern pumpt, so verteilt der Kamin die Energie im ganzen Haus. Achten Sie deshalb bei einem

Hausbau darauf, daß der Kamin in der Mitte des Gebäudes liegt, damit seine Strahlungswärme nicht nach außen abgeht, sondern allen Wohnräumen zur Verfügung steht. Sollten durch die Ecken eines Kamins spitze, scharfe Kanten in den Raum weisen, so sind diese unbedingt zu entschärfen, denn sie bilden → *Sha*. Um dies abzuwenden, können Sie → *Pflanzen*, Bänder, → *Kristallprismen* oder Stoffe verwenden oder farbige Streifen direkt an die Kanten malen.

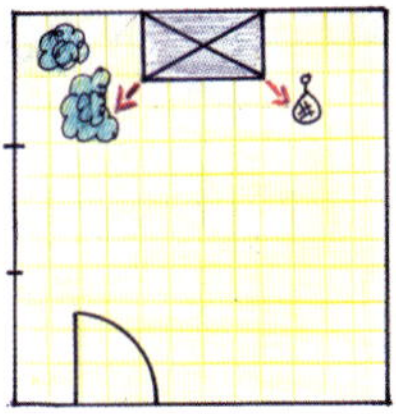

Kalligraphie

Die grazil geschwungenen chinesischen Schriftzeichen sind wie gemalte Sprache und bilden einen großen Teil der Kunst in China. Betrachtet man die Kalligraphie von der künstlerischen Seite, so ist sie mit der Malerei vergleichbar.

Anwendung

- Um den Chi-Fluß zu steigern: ein Original eines chinesischen Künstlers, als Kunstwerk im → *Wohnzimmer*.
- Um den entsprechenden BaGua-Bereich zu stärken: ein selbstgefertigtes Kalligraphiezeichen, z.B. von einem → *Element*.

- Zur Dekoration, als Rahmen, → *Bild* oder Blickfang: ein Kalligraphiezeichen eigener Wahl als → *Borte* an der Wand, wobei der Sinn des Zeichens den Bereich entsprechend belebt.
- Als Energiebild.

Anfertigung eines Kalligraphiezeichens

Kopieren Sie ein chinesisches Zeichen in der gewünschten Größe schwarzweiß auf festeres Papier, und schneiden Sie die schwarzen Linien aus, so daß Sie ein Negativ erhalten. Kaufen Sie einen runden Pinsel, dessen Borsten Sie mit Klebeband abkleben, damit nur noch eine feste Pinselfläche übrigbleibt und die Borsten unflexibel werden. Das Kalligraphiezeichen legen Sie auf den gewünschten Untergrund, kleben es fest und tupfen das Negativ dann mit dem Pinsel in der gewünschten Farbe aus.

BaGua-Bereich

Je nach Motiv im entsprechenden Bereich.

Karriere-Bereich

siehe im Kapitel
»Das BaGua«

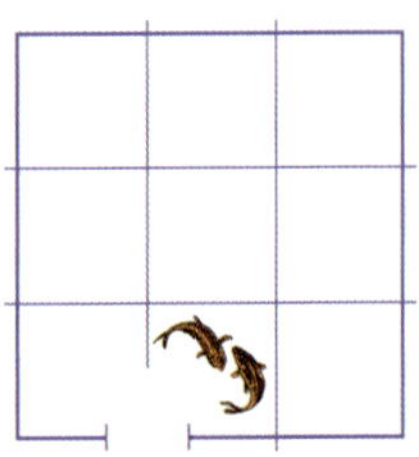

Kasse

Für Ladenbesitzer oder alle, die eine Kasse benötigen, gelten folgende Richtlinien:

- Die Verkaufstheke sollte nicht gegenüber einer Tür stehen.
- Am günstigsten steht die Kasse im BaGua-Bereich Reichtum.
- In der Kasse kann ein kleiner → *Spiegel* angebracht werden, um durch die Reflexion die Geldmenge zu verdoppeln.
- In ein gesondertes Geldfach in der Kasse können drei → *Münzen* gelegt werden, als Symbol für den nie versiegenden Geldfluß.

Katze

Die Katze ist neben dem Hund eines der beliebtesten Haustiere. Einst mißverstanden, gefürchtet und malträtiert, sind Katzen heute aufgrund ihres Unabhängigkeitsdranges, ihrer Freiheitsliebe sowie ihrer Weichheit und Anschmiegsamkeit vielgeliebt und geachtet. Mit diesen geschätzten Eigenschaften schaffen sie eine Verbindung zur katzenhaften, sensiblen und machtvollen Seite der Weiblichkeit sowie zu deren Weisheit und den magischen Kräften. Die verspielte Seite der Katzen wiederum symbolisiert das immer gegenwärtige innere Kind im Menschen. Katzen sind deshalb gute Therapeuten – im Vergleich zu katzenlosen Menschen können Katzenbesitzer Krisen besser bewältigen. Untersuchungen haben ergeben, daß die Anwesenheit einer Katze nicht nur beruhigend und ausgleichend auf die Psyche ihres Besitzers wirkt, sondern daß Katzen zudem Strahlensucher sind und am liebsten Plätze aufsuchen, die mit Erdstrahlen verseucht sind. In Anbetracht dessen sollte der Mensch auf diesen Plätzen nicht ruhen oder schlafen, sie am besten sogar ganz meiden.

Anwendung

- Zur Stärkung bestimmter Eigenschaften: Katzenfiguren gibt es aus den unterschiedlichsten Materialien und in den verschiedensten Haltungen und Formen. Je nach Ausdruck verbindet uns die Figur mit einer ihrer Eigenschaften: Verspieltheit, Grazie, Wildheit, Ruhe, Mystik, Eleganz usw. Auch die verschiedenen Katzenrassen spiegeln die ihnen typischen Eigenschaften.
- Um eine Verbindung zur eigenen Kreativität und Unabhängigkeit zu schaffen: als → *Poster* ins Kinderzimmer oder im BaGua-Bereich Kinder.
- Um Wohlstand und Reichtum zu manifestieren: als ausdrucksvolle, eventuell teilweise vergoldete Porzellanfigur mit einer erhabenen Ausstrahlung im Bereich Ruhm.

BaGua-Bereich

Alle Bereiche sind geeignet. Achten Sie jedoch auf eine

klare Aussage der Figur und Ihrer Definition, sonst könnten Sie Überraschungen erleben.

Keller

Wegen der dort meist spärlichen Beleuchtung, die vieles im Dunkeln ließ und Unbehagen und Unsicherheit erzeugte, war der Keller früher den meisten Menschen unheimlich und für sie mit Angst besetzt. Er ist mit der Symbolik des Unbewußten, des längst Vergessenen oder noch nicht Sichtbaren verbunden. Um einer drückenden und beengenden Atmosphäre im Keller entgegenzuwirken, ist es sehr hilfreich, ihn großzügig auszuleuchten und für genügend frische Luft zu sorgen. Wichtig ist auch das regelmäßige → *Entrümpeln* und Sauberhalten sowie das → *Räuchern*, damit keine stickige Atmosphäre entstehen kann. Mit → *Mobile*, → *Kristallprismen* oder → *Klangspielen* kann von einer Kellertür, die sich im → *Eingangsbereich* befindet und das Chi zu schnell nach unten zieht, abgelenkt werden.

Kerze

Die Kerze ist Sinnbild des Lichtes und des → *Elements* Feuer. Im Christentum ist sie Träger des geistigen Lichtes und Zeugnis tiefer Gottverbundenheit. Heute noch ist es üblich, die Osterkerze und die Hauskerzen zu »Maria Lichtmeß«, am 2. Februar, in der Kirche weihen zu lassen. Die demütige Handlung des Anzündens einer Kerze, verbunden mit einem Gebet, soll vor Unwetter, Überschwemmung, Blitzschlag und Krankheit schützen.

Anwendung

- Als Symbol des Feuers der Liebe zwischen zwei Menschen.
- Als stimmungsvolles Licht für gemeinsame Stunden.
- Um den Bereich Ruhm zu aktivieren: besonders große, farbige oder dicke Kerzen zur dekorativen Raumgestaltung und Beleuchtung.
- Zur Förderung der Meditation, z.B. auf dem Altar.
- Zur Entspannung.

BaGua-Bereich

- Ruhm
- Wissen

Kiefer

Die immergrüne Kiefer, die Wind und Wetter standhält, ist der am häufigsten dargestellte Baum in der chinesischen Kunst. Da sie selbst den kältesten Winter überdauert und ihre paarigen

Nadeln nicht verliert, gilt sie als Symbol für ewige Freundschaft, eheliche Treue, Beständigkeit und Langlebigkeit. → *Bambus*, → *Pflaume* und Kiefer sind die »drei Freunde im Winter«. In den kalten und kargen Wintertagen wird das Haus in China mit einigen Kieferzweigen geschmückt, ähnlich unserem westlichen Brauch, zur Weihnachtszeit Tannenzweige in einer → *Vase* oder einen Christbaum im Haus aufzustellen. Die Kiefer ist zudem ein Symbol für Lebenskraft und Zeichen einer Persönlichkeit, welche die Schwierigkeiten des Lebens unbeschädigt bewältigt.

Im Feng Shui gilt es als vorteilhaft, den → *Eingang* des Hauses oder den → *Garten* mit Kiefern zu bepflanzen. Sie sollten jedoch nicht zu groß werden und sich harmonisch in das Gesamtbild einfügen.

Anwendung

- Als → *Türwächter*: durch die gleichartige Bepflanzung paariger Blumenkübel am Hauseingang.
- Als Schutz: in Form einer größere Einzelpflanze im »Rücken« des Hauses. Hier kann die Kiefer auch die Funktion der »schwarzen → *Schildkröte*« übernehmen.
- Als Symbol für die Verbindung zur Natur und für gute Gesundheit: Zweige in einer → *Vase*.
- Zur Förderung der Gesundheit: als → *Poster* im BaGua-Bereich Eltern.
- Als Sinnbild ehelicher Treue und Beständigkeit: als Gemälde im → *Schlafzimmer* oder im BaGua-Bereich Partnerschaft.

BaGua-Bereich

- Partnerschaft
- Eltern

Kinder-Bereich

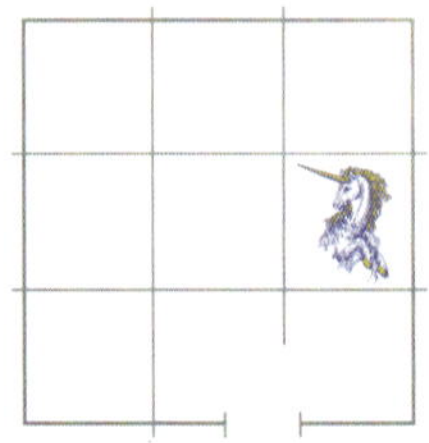

siehe im Kapitel »Das BaGua«

Kinderzimmer

Kinder sind sehr viel sensibler als Erwachsene und daher auch leicht beeinflußbar. → *Farbe,* Einrichtung und eine förderliche Plazierung der Möbel können daher sehr entscheidend auf ein Kind einwirken. Achten Sie als Eltern darauf,

- daß das Kinderzimmer groß genug ist, um die Kreativität Ihres Kindes zu fördern;
- daß Schlaf-, Lern- und Spielbereich klar voneinander getrennt sind (siehe → *Mobile,* → *Klangspiel,* → *Kristallprismen,* → *Paravent*);
- daß die Farben der Wände, Regale, Bettwäsche oder Teppiche einen harmonischen Zyklus zum → *Element* des Kindes bilden;
- daß das → *Bett* in der ruhigsten Zone des Zimmers steht und in einer der günstigen → *Himmelsrichtungen* (siehe → *Kua-Zahl*);
- daß die Gestaltung des Zimmers dem Alter des Kindes entspricht;

- daß der → *Schreibtisch* im Zimmer so aufgestellt ist, daß das Kind nicht abgelenkt wird und Stabilität im Rükken erhält.

Klangschalen

Klangschalen sind aus einer Messinglegierung von fünf bis zwölf verschiedenen Metallen gegossene Schalen. Verwendete Metalle sind u.a. Zinn, Blei, Eisen, Kupfer, Silber, → *Gold* und Quecksilber. Die Schalen werden in Tibet, China, Indien, Thailand und Japan hergestellt, sind zwischen 150 Gramm und mehreren Kilogramm schwer und besitzen einen Durchmesser von 5 bis 35 cm. Ihre einzigartigen Klänge werden durch das Anschlagen mit einem Schlegel oder durch Reiben mit einer bestimmten Art von Klöppel erzeugt. Dabei entstehen die unterschiedlichsten Ober- und Untertöne, die jeder Klangschale einen individuellen Klang entlocken.

Anwendung

- Zur Reinigung von Räumen, auch zusammen mit → *Räuchern*.
- Zur Einleitung einer Meditation: auf dem → *Altar*.
- Zur Klangschalen-Therapie: zum Lösen von Blockaden und Spannungen im Körper.

BaGua-Bereich

- Wissen

Klangspiel

Klangspiele, auch Windspiele genannt, bestehen überwiegend aus hohlen oder massiven Metallröhren, die durch einen Klöppel angeschlagen werden. Ihr Klang sollte klar und rein sein und von dem Menschen, bei dem sie hängen, als angenehm und wohltuend empfunden werden. Aus diesem Grund ist ein Klangspiel ausschließlich nach dem Gehör auszuwählen. Das Angebot ist vielfältig, und die Abstimmung der Klänge erfolgt u.a. nach Tonleitern oder Planeten.

Die Verwendung von Klangspielen ist im Feng Shui sehr vielseitig. So werden sie einerseits eingesetzt, um Energieströme zu bremsen oder zu lenken, und andererseits, um dem in einem Raum Anwesenden eintreffende Menschen anzumelden. Die Wirkung des Klangspiels entsteht auch dann, wenn es nicht durch den Wind bewegt wird. Hier wirkt es über seinen Symbolgehalt.

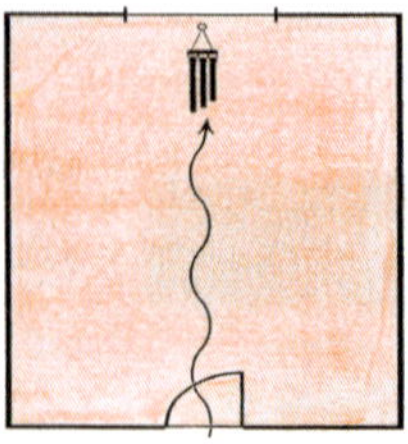

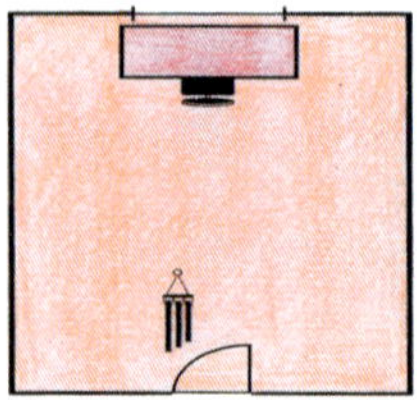

Anwendung

- Um den Energiedurchfluß bei einer direkten Tür-Fenster- oder Tür-Tür-Linie zu bremsen und zu streuen.
- Bei äußeren schädlichen Einflüssen (Häuser- oder Dachkanten, Telefonmasten) auf ein Fenster.
- Als → *Türwächter*, falls man mit dem Rücken zur Tür sitzen oder arbeiten sollte.
- Um den starken Energieabfluß in Wintergärten zu bremsen.
- Um verschiedene Raumzonen klar zu trennen, wenn sich unterschiedlich genutzte Bereiche innerhalb eines Raumes befinden (z.B. Arbeits- und Schlafbereich).
- Um die Gäste willkommen zu heißen: als Türglockenspiel.

BaGua-Bereich

Jeder Bereich, insbesondere aber Eltern, Freunde, Kinder.

Kletterpflanzen

Kletterpflanzen bilden eine gesonderte Gruppe und lassen sich für die vielfältigsten Maßnahmen einsetzen. Zu beachten ist, daß einige Kletterpflanzen Unterlagen oder Kletterhilfen benötigen, um in die Höhe wachsen oder ranken zu können, während andere über Haftwurzeln verfügen.

Anwendung

Alle Maßnahmen dienen dazu, die Aufmerksamkeit von tristen, unschönen oder kahlen Gebäude- oder Gartenteilen abzulenken und den Chi-Fluß zu aktivieren.

- Um den Mast einer Gartenlampe zu kaschieren (Efeu).
- Um das Sha einer kantigen Hausecke abzuschwächen, z.B. mit wildem Wein.
- → *Rosen* als abschirmende Bepflanzung für eine Laube oder ein lauschiges Plätzchen für vertrauliche Gespräche zu zweit.
- Um eine unansehnliche Mauer zu verdecken, z.B. mit Knöterich.
- Zum Beranken von Bögen am Eingang des Gartens oder für gesonderte Durchgänge, z.B. ein → *Rosenbogen*.
- Um unschöne Zäune zu kaschieren, z.B. mit einjährigen Kletterpflanzen.
- An einem Gebäude oder Haus mit einer tristen Wand ohne Fenster.
- Durchgänge zwischen zwei Bereichen – z.B. Garage und Wohnhaus – wirken freundlicher, wenn sie mit einer Kletterpflanze begrünt werden.
- Eine → *Pergola*, bewachsen mit wildem Wein, bildet einen schattigen Platz für den Sommer.

Knoten, der endlose

Bei den Ägyptern war er das Symbol des Lebens und der Unsterblichkeit, weil er ohne Anfang und Ende ist. Bei verschiedenen Hochzeitsriten ist er Sinnbild für das

Band der Liebe. Seine allgemeine Symbolik ist die der Verknüpfung und Verbindung. Die Knoten- oder Flechtbandtechnik eines endlosen, in sich zurücklaufenden Knotens ist ein buddhistisches Symbol für ein ununterbrochenes, langes Leben und in China von großer Bedeutung. Häufig wird er auch als »Glücksknoten« bezeichnet. Als Ornament eingesetzt, wird er zu den verschiedensten Figuren abgewandelt.

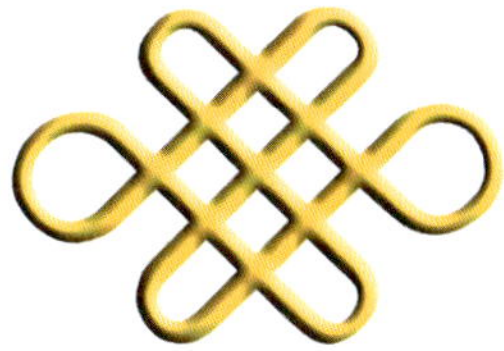

Anwendung

- Um Gesundheit und Langlebigkeit oder den Ehebund auszudrücken: als Einzelornament über dem Bett.
- Um das Glück ins Haus einzuladen: als Endlosornament (→ *Borte*) an Wänden, z.B. durchgehend vom Eingang zu den Wohnbereichen.
- Zur Belebung des Chi: als wellenförmige Borte (laufender Hund).

BaGua-Bereich

- Karriere

Körper

Das → *BaGua* wird nicht nur für Haus, Wohnung oder Garten verwendet, sondern kann auch auf den Körper übertragen werden. Damit besteht die Möglichkeit, bei körperlichen Schwierigkeiten, Mißstimmungen oder Unwohlsein nach der Weisheit, »wie außen, so innen – wie innen, so außen« Rückschlüsse vom Körper auf das Umfeld oder umgekehrt zu ziehen.

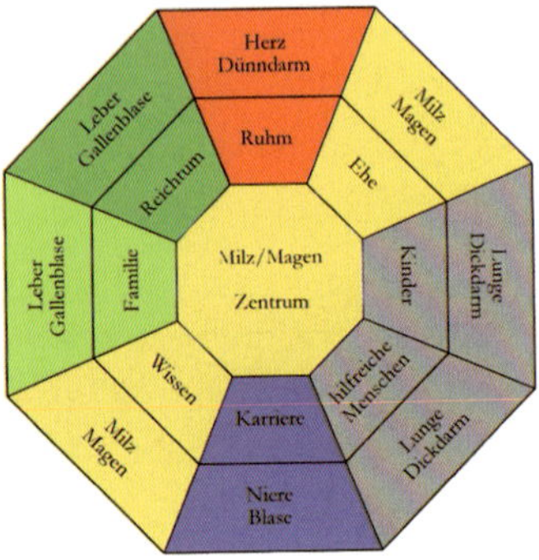

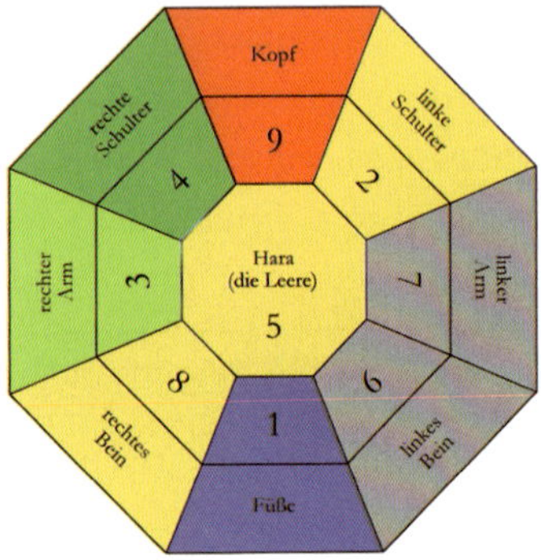

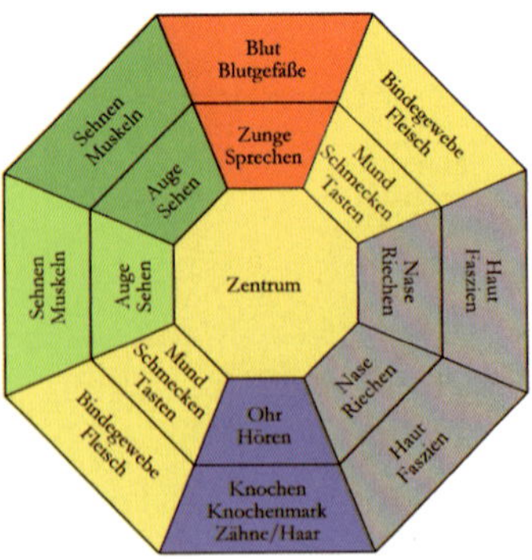

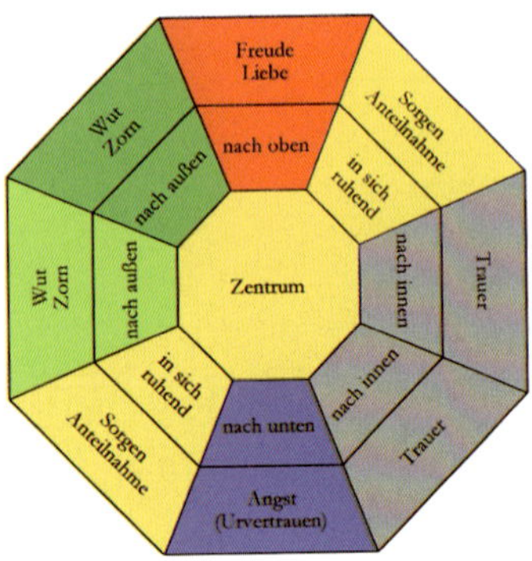

Kompost

Aus Küchen- und Gartenabfällen können wir, durch die richtige Pflege eines Komposthaufens, die beste Gartenerde herstellen, die man als Gärtner benötigt. Der Kompost ist das Sinnbild für Umwandlung und Transformation, aus alt entsteht neu! Wir nutzen damit das uralte Wissen der Natur, und verwandeln etwas Vergängliches in etwas Nützliches. Der Kompost ist der »künftige Reichtum« eines jeden Gärtners und sollte nicht unappetitlich aussehen. So kann er z.B. mit geeigneten Gemüsepflanzen, wie Kürbis, Zucchini oder Kapuzinerkresse bepflanzt werden.

BaGua-Bereich

- Auf keinen Fall im Bereich Reichtum!
- Wenn möglich, im Bereich Wissen

Korb

Der Korb ist ein altes Symbol des Mutterleibes und somit ein Fruchtbarkeitssymbol. Gefüllt mit Früchten und Blumen, ist er Sinnbild des Reichtums und der Schönheit der Schöpfung.

Anwendung

- Als Symbol der Fülle und des Reichtums: mit → *Früchten* und → *Blumen* gefüllt.
- Zur Abwehr störender Energien: ein Blumengesteck im Korb am → *Eingang*.
- Um den Dank an die Natur auszudrücken und die Energie der Fülle zu etablieren: ein Gemälde von einem Stilleben mit Korb, in der Küche aufgehängt.
- Um das Chi des Kranken zu stärken: ein »Freßkorb« mit Obst und stärkenden Lebensmitteln, als Geschenk zur Genesung.
- Als Mitbringsel zu einer Einweihungsfeier: ein Korb mit Brot und Salz, um den Gastgebern symbolisch Gesundheit und Glück ins Haus zu bringen. »Brot und Salz, Gott erhalt's.«

BaGua-Bereich

- Reichtum
- Partnerschaft

Kräuter

Kräuter dürfen in keinem guten Feng-Shui-Garten fehlen. Nicht nur die Blüten verströmen ihren Duft, sondern auch die Blätter, die somit den ganzen → *Garten* mit Chi anreichern. Damit der Duft auch seine ganze Fülle verströmen kann, ist es erforderlich, eine Kräuterspirale oder ein Kräuterbeet im Süden des Geländes anzupflanzen.

BaGua-Bereich

- Eltern (Gesundheit)
- Wissen

Kranich

Der Kranich ist in China und Japan ein Symbol für Langlebigkeit und Unsterblichkeit, da man glaubte, er könne tausend Jahre alt werden. Bei afrikanischen Völkern versinnbildlicht er die Sprache und das Denken. Da er als Zugvogel pünktlich im Frühjahr zurückkehrt, wenn sich die Natur erneuert, gilt er in unseren Breiten als Frühlingsbote und Symbol der Erneuerung. Wegen seines auffälligen Balzverhaltens war er bei Griechen und Römern ein Symbol der Liebe und Lebensfreude. Weithin gilt der Kranich als Verkörperung der Weisheit.

Anwendung

- Eine große Metallfigur im → *Garten* schafft einen besonderen Kraftplatz.
- Als Symbol der Liebe und Lebensfreude: als → *Poster* mit zwei Kranichen.

- Zur Raumdekoration und zur Erhaltung der Lebensfreude: als Abbild auf einem → *Schirm.*

BaGua-Bereich

- Eltern (Gesundheit)
- Wissen

Kreis

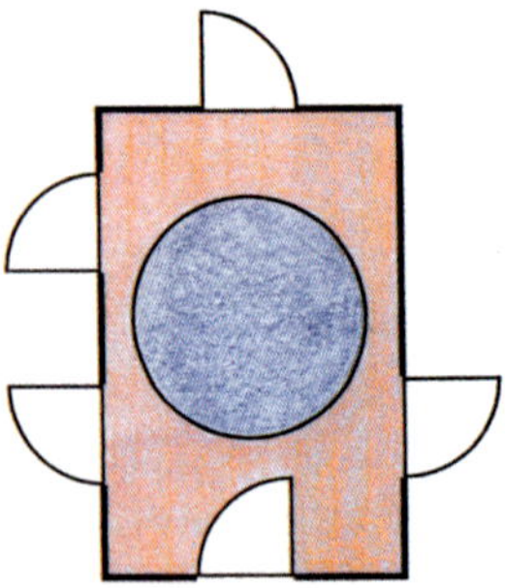

Das wichtigste und am weitesten verbreitete geometrische Symbol ist der Kreis, der als vollkommenste Form gilt. Er hat weder Anfang noch Ende, weder Richtung noch Orientierung. In mystischen Systemen stellt man Gott als Kreis mit allgegenwärtigem Zentrum dar, um seine Vollkommenheit und Unangreifbarkeit für den Menschen verständlich zu machen. Aus diesem Grund steht der Kreis auch für den Himmel und alles Spirituelle.

In den verschiedensten magischen Lehren bot der Kreis Schutz gegen böse Geister, wobei das zu Schützende vom Kreis umgeben wurde und ihn nicht verlassen durfte. Einige Feng-Shui-Schulen stellen ungünstige → *Zahlen* in einem Kreis dar, um deren Wirkung einzuschränken oder zu neutralisieren. Im chinesischen → *Yin/Yang*-Symbol ist die Dualität im Kreis, dem → *T'ai Chi,* eingeschlossen. Im Zen-Buddhismus bedeutet der Kreis Erleuchtung.

Im Feng Shui werden der Kreis und alle kuppelartigen Formen dem → *Element* Metall zugeordnet. Hier steht der Kreis für den Himmel (Yang) und den menschlichen Geist. Runde Räumlichkeiten öffnen zwar den Geist und fördern die Spiritualität, vermitteln jedoch keine Orientierung und Stabilität, weshalb diese Form für Wohnungen weniger geeignet ist.

Anwendung

- Um ungünstige Einflüsse abzuwehren, z.B. die Hausnummer 4.
- Wenn mehrere Türen sich auf engstem Raum treffen: als runder Teppich im Flur.
- Um die kosmische Energie zu sammeln: vor der Haustür in Form eines → *Mandalas* oder einer → *Spirale,*
- Runde Formen in einem → *Bild* unterstützen das → *Element* Metall.
- Rundes Mandala als → *Poster* zur Konzentration und Kontemplation.

BaGua-Bereich:

- Kinder
- Hilfreiche Freunde
- Wissen

Kreuz

Als Schnittpunkt der Linien von oben nach unten und von rechts nach links – ermöglicht das Kreuz die Orientierung im Raum. Es ist keineswegs nur auf den christlichen Bereich beschränkt, sondern verkörpert durch die vier Eckpunkte die Vierheit allgemein und die vier Himmelsrichtungen. Ein Kreuz innerhalb eines Kreises (Radkreuz) steht für den Kosmos und die vier Jahreszeiten. In ein → *Quadrat* gesetzt, teilt es dieses in gleiche Viertel; ein Schema, das früher oft bei der Anlage neuer Städte verwendet wurde – daher übrigens der Begriff Stadtviertel. Das altägyptische Henkelkreuz, das → *Ankh,* ist ein Symbol für »Leben«.

Kreuze finden wir nicht nur in Kirchen, sondern überall im täglichen Leben, sei es als Hauskreuz oder Grenzzeichen, als Verkehrsschild oder Fensterkreuz. Dabei ist zu berücksichtigen, daß sich eine disharmonische Anordnung der Sprossenteilung bei Fenstern auf die Raumenergie und den Menschen ungünstig auswirken kann. Deshalb sollte die Einteilung symmetrisch und harmonisch erfolgen, um ungünstige Einwirkungen möglichst auszuschließen.

römisches Kreuz

Malteserkreuz

Radkreuz

Ankh

Anwendung

- Je nach individueller Symbolik für die Gestaltung der → *Eingangstür* (Einlegearbeit oder Schnitzerei) sowie für die Anordnung der Fenstersprossen.
- Zum Schutz vor ungünstigen Einflüssen: als → *Türkranz* in Form eines Radkreuzes.
- Als Schutzsymbol innerhalb des Hauses oder der Wohnung sowie als Schmuckstück am Körper getragen.
- Als Symbol für die Beziehung zwischen Gott und Mensch: ein gleichschenkeliges Kreuz auf dem → *Altar*.

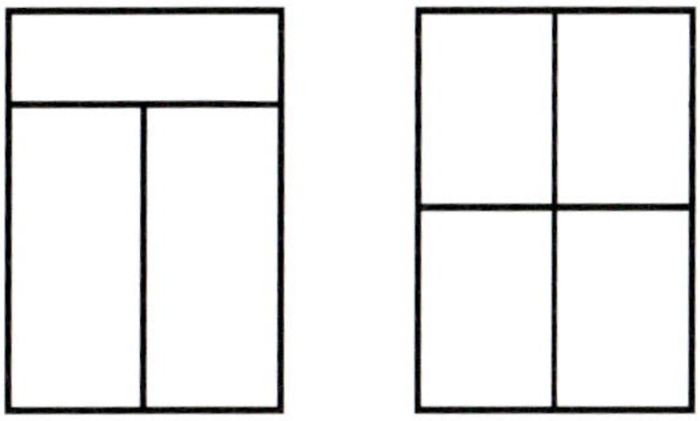

Fensterkreuze

Kristallprismen

Regenbogenkristalle

Kristallprismen oder Regenbogenkristalle sind aus Glas gefertigte Formen, die durch ihren exakten Facettenschliff eine einzigartige Brillanz bekommen, ähnlich wie kostspielige Kristallgläser. Dieser besondere Schliff bewirkt, daß die darauf fallenden

Sonnenstrahlen in ihre verschiedenen Bestandteile, die Spektralfarben, zerlegt werden, welche wir als Regenbogenfarben kennen – daher die Bezeichnung »Regenbogenkristall«.

Um diesen Glanz und die Farben zu verstärken und weiter zu veredeln, wird bei der Glasherstellung dem Grundstoff (Quarzsandgemisch) das Element Blei beigegeben, welches fest im Glas gebunden wird (dadurch hat es auf die Gesundheit keinerlei schädliche Auswirkung). Das Glas verliert damit seine Sprödigkeit, wird weicher und erhält mehr Strahlkraft. Das Blei wiederum, das in reiner Form mit Sauerstoff oxidiert, dunkel wird und schädlich ist, erfährt in dieser Verbindung im übertragenen Sinne eine Art Metamorphose.

Aufgrund ihrer Farbenpracht sind Kristallprismen sehr beliebte Hilfsmittel im Feng Shui. Ihre Verwendungsmöglichkeiten sind fast unerschöpflich: Sie können eingesetzt werden, um Energien zu verteilen, zu zerstreuen, zu lenken oder zu aktivieren – eine Wirkung, deren man sich auch früher schon bewußt war: In Palästen und Schlössern hängte man Kristallüster einst im Eingangsbereich und in den großen Sälen auf, um den Energiefluß zu lenken.

Wichtig ist die Qualität der Kristallprismen. Nur einwandfrei plan geschliffenes und hochwertiges Material kann seinen Zweck erfüllen. Die gebräuchlichsten Prismenformen sind Kugeln (Yin) und Tropfen (Yang), wobei die Kugel auch innerhalb von Räumlichkeiten eingesetzt wird. Zur Dekoration können auch andere Formen, wie Stern, Mond, Herz, Achteck etc., eingesetzt werden.

Anwendung

- Im Fenster, um zu großen Energieverlust zu stoppen.
- Zwischen Tür und Fenster, um die direkte Energielinie aufzulösen.
- In langen Korridoren, um die zu schnell fließende Energie zu bremsen (siehe Abb. rechts).
- Vor Kanten oder Ecken, um das »schneidende Schwert« (aggressive Energie) zu dämpfen (siehe Abb. unten).
- In unbelebten Raumecken, um diese zu aktivieren.
- In kleineren Räumen, um die Energie ins Fließen zu bringen.
- In der Raummitte, um Stabilität und Zentrierung zu erlangen.
- Im Fenster, um äußere schädliche Energieflüsse (Himmelsrichtung, Kanten) zu zerstreuen.
- Im Fenster, um durch das Lichtspiel (Regenbogenfarben) den Raum zu beleben.
- Zwischen Tür und Bett, um eine eventuelle Konfrontation aufzulösen

BaGua-Bereich

Alle Bereiche, insbesondere jedoch Kinder und Hilfreiche Freunde.

Wichtig: Die Oberfläche der Kristallprismen muß regelmäßig gereinigt werden, um die Wirkung aufrechtzuerhalten.

Verschmutzte Kristallprismen reflektieren verschmutzte Energien. Zudem sollte die Größe der Kristallprismen proportional auf das Fenster, den Raum, oder die Kante usw. abgestimmt werden, in dem sie angebracht werden. Weiterhin dürfen Kristallprismen auf keinen Fall mit dem Mineral → *Bergkristall* verglichen werden, denn beide unterscheiden sich in Aussehen und Verwendungsmöglichkeiten grundlegend voneinander. Bergkristalle wirken durch ihr Kristall- (trigonal) und ihr Bildungssystem (primär) auf Mensch und Umgebung; u.a. werden sie zur Raumreinigung und zur Heilung auf vier verschiedenen Ebenen – spirituell, seelisch, mental und körperlich – eingesetzt.

Kröte

In China wird die Kröte dem Prinzip Yin (→ *Yin/Yang*) zugeordnet. Sie ist ein Tier der Dunkelheit und Feuchtigkeit, steht mit dem Mond, mit Fruchtbarkeit und Reichtum in Verbindung. In den Märchen ist die Kröte die Hüterin des Schatzes und wegen ihrer Metamorphose Sinnbild für die Auferstehung und für den (inneren) Reichtum. Ansonsten hat ihre Symbolik Ähnlichkeit mit der des → *Frosches*.

Im Chinesischen werden die Worte »Tod« und »Vier« gleich ausgesprochen. Da der Aberglaube in China noch starke Wurzeln hat, ist die → *Zahl* vier deshalb sehr negativ behaftet und wird sogar einfach ignoriert: Es gibt kein viertes Stockwerk, keine Hausnummer vier usw. Aus diesem Grund werden auch auf einem Geldhaufen sitzende Kunststeinkröten mit nur drei Beinen angeboten, was sehr seltsam anmutet und nicht unserem Verständnis entspricht – auch eine Kröte mit vier Beinen ist Sinnbild für Reichtum.

Anwendung

Um der Natur zu huldigen und deren Fülle (Reichtum) anzuziehen:

- Als Figur in der Nähe der → *Eingangstür*.
- Als wasserspeiende Metall- oder Steinfigur im → *Garten*.
- Als kleine Steinfigur neben dem → *Zimmerbrunnen*.

BaGua-Bereich

- Reichtum
- Karriere

Kua-Zahl

Das System rund um die Kua-Zahl auch »Ming-Kwa-System« genannt. Es ist eine klassische chinesische Form der Feng-Shui-Astrologie, die zur Zeit der östlichen Han-Dynastie (25–220 n. Chr.) entstand.

In Schriften des Wang Ch'ung, der dieses System auch die »Acht Schemata« nannte, werden sowohl Häuser als auch Personen in eine östliche und eine westliche Lebensgruppe aufgeteilt. Den beiden Gruppen sind → *Himmelsrichtungen* zugeordnet, welche günstige Einflüsse auf die Person ausüben.

Jeder Mensch ist einer dieser Lebensgruppen zugeordnet. Zu welcher Sie gehören, das errechnen Sie über die beiden letzten Zahlen Ihres Geburtsjahres nach dem chinesischen Kalender. Beachten Sie dabei, daß der Jahreswechsel (das chinesische Neujahr) anders als bei uns erst etwa um den 5. Februar herum gefeiert wird.

Östliche Lebensgruppe		
Kua-Zahl	*Element*	*Himmelsrichtung*
1	Wasser	N
3	Holz	O
4	Holz	SO
9	Feuer	S

Westliche Lebensgruppe		
Kua-Zahl	*Element*	*Himmelsrichtung*
2/5 (m)	Erde	SW
6	Metall	NW
7	Metall	W
8/5 (w)	Erde	NO

Berechnung der Kua-Zahl

Für Männer und Frauen gibt es unterschiedliche Berechnungen, da der »himmlische« Einfluß auf Mann und Frau unterschiedlich ist.

Berechnung für Männer

1. Die zwei letzten Zahlen des Geburtsjahres durch 9 dividieren.
2. Den Rest von 10 (ab dem Jahr 2000 wird die Zahl 9 als Faktor verwendet) abziehen und das Ergebnis ist die Zahl des zutreffenden Geburtstrigammes. Wenn kein Rest bleibt, wird die Zahl 9 eingesetzt.

Formel

xy : 9 = Z mit Rest z

10 – z = Kua-Zahl

Beispiel

1. Ein Mann, geboren am 3.1.1953. In diesem Fall muß das Jahr 1953 auf 1952 korrigiert werden, da er vor dem 13.1.1953 geboren ist. Nun teilen wir 52 durch 9 und erhalten 5, Rest 7. Dann ziehen wir die 7 von 10 ab und erhalten die Zahl 3. Dieser Mann gehört zur östlichen Lebensgruppe (1/3/4/9).
2. Ein Mann, geboren am 31.5.1981. Wir teilen 81 durch 9 und erhalten 9, ohne Rest. In diesem Fall wird die Zahl 9 eingesetzt, von 10 abgezogen, und wir erhalten die Zahl 1. Dieser Mann gehört zur östlichen Lebensgruppe (1/3/4/9).

Berechnung für Frauen

1. Zu den beiden letzten Zahlen des Geburtsjahres 5 dazuzählen.
2. Die Zwischensumme durch 9 teilen. Der Rest ergibt die Kua-Zahl. Sollte kein Rest bleiben, wird auch hier die Zahl 9 eingesetzt.

Formel
(19) XY + 5 = Z
Z : 9 = N mit Rest z
z = Kua-Zahl

Beispiel

Eine Frau, geboren am 3.5.1954. Wir addieren 5 zu 54 dazu und erhalten 59. Dann teilen wir 59 durch 9 und erhalten 6, Rest 5. Die 5 ist die Kua-Zahl, damit gehört diese Frau zur westlichen Lebensgruppe (2/6/7/8), wobei die 5 bei einer Frau der 8 zugeordnet ist

Sollte bei der Berechnung der Lebensgruppe die Zahl 5 (entspricht im BaGua der neutralen Mitte) errechnet werden, so wird diese beim Mann der Zahl 2 zugeordnet und bei der Frau der Zahl 8.

Die Kua-Zahl gibt ausschließlich darüber Auskunft, welcher Lebensgruppe eine Person angehört und welche günstigen Himmelsrichtungen sich daraus ergeben. Die Elemente sind keine Geburtselemente, sondern werden nur der Zahl und dem → *BaGua* zugeordnet. Die Zahl der Geburtselemente wird mit dem System des → *Neun-Sterne-Ki* ausgerechnet.

Kuan Yin

Ihr vollständiger chinesischer Name heißt »Kuan Shi Yin Po Sa« und wird übersetzt mit »diejenige, welche die Laute (Schreie) der Welt hört«. Ursprünglich war sie eigentlich ein Er, nämlich der buddhistische Bodhisattva Avalokiteshvara (Schirmherr des tibetischen Buddhismus), der mit »tausend Händen und tausend Augen« ausgestattet war und seinen Standort in der Sonne, der Wahrheit, hatte. Nach indischem Schönheitsvorbild wurde er in Darstellungen mit sehr weiblichen Zügen und Formen ausgestattet, einschließlich zwei voll entwickelten Brüsten. Das war wohl der Grund dafür, daß Kuan Yin in China als weiblicher Bodhisattva oder Göttin angesehen wurde (belegt seit dem 9. Jh.). Sie steht für Barmherzigkeit, Gnade und das manifestierte Wissen. Wenn jemand Hilfe braucht, erfährt sie es und bringt Frieden und Mitgefühl, wo immer sie erscheint.

Anwendung

- Um die Kraft einer Meditation zu verteilen: als Porzellanfigur mit einem Drachen zu ihren Füßen, in den man Wasser füllen kann, das nach der Meditation im Raum versprengt werden kann.
- Um die Energie des Friedens und der Barmherzigkeit anzuziehen: als Holzfigur.

BaGua-Bereich

- Hilfreiche Freunde
- Wissen

Küche

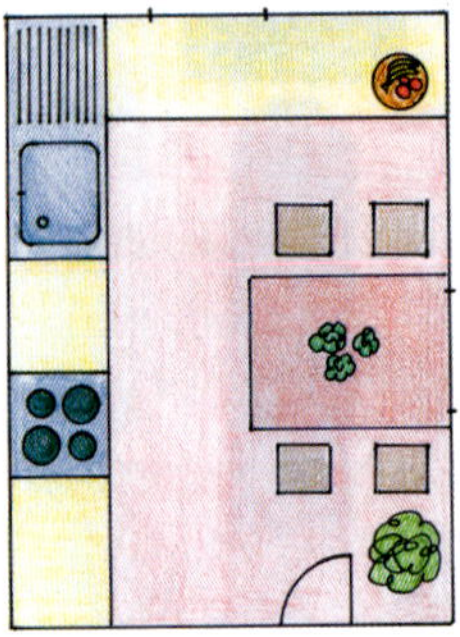

Die Küche ist dem → *Element* Feuer zugeordnet. Sie ist der wichtigste Raum innerhalb eines Hauses oder einer Wohnung, da dort die lebenspendende Nahrung zubereitet wird und die Bewohner viel Zeit in diesem Raum verbringen. Auf diese Weise wird sie zum Treffpunkt aller Familienmitglieder, die darin über die liebevoll zubereitete Nahrung Chi in sich aufnehmen. Innerhalb der Küche ist entsprechend vor allem der → *Herd* von zentraler Bedeutung.

Eine freundliche, offene und helle Atmosphäre, die durch Wandfarben, Anordnung der Arbeitsfläche und Beleuchtung erreicht werden kann, ist in diesem Raum ganz besonders wichtig. Versuchen Sie dort den fünf → *Elementen* in ihren Wandlungsphasen gerecht zu werden. Ansonsten ist es empfehlenswert, sich vor dem Kauf einer Küche eingehend beraten zu lassen.

Kugel

Die Kugel ist ein Symbol des Kosmos, des Universums, der Gesamtheit aller einander aufhebenden Gegensätze und entspricht in ihrer Bedeutung weitgehend dem → *Kreis*.

Anwendung

- Als Symbol für Vollkommenheit: eine Kugel aus Bergkristall (→ *Edelsteine*).
- Um zu großen Energieverlust zu stoppen: eine → *Kristallprismen*-Kugel im Fenster.
- Zum Energetisieren: aus Edelstein für einen → *Zimmerbrunnen*.

Labyrinth

Im Labyrinth, einem der wichtigsten geomantischen Formen, gibt es – im Gegensatz zum Irrgarten – nur einen Weg, der sich hin und her windet und schließlich in der Mitte endet. Durch die Begehung des Labyrinths wird die Energie im Zentrum gesammelt und freigesetzt. Es ist ein Symbol für den menschlichen Lebensweg von der Geburt bis zum Tod und zur Wiederauferstehung, mit allen Prüfungen, Verzögerungen und Komplikationen.

Eines der berühmtesten Labyrinthe befindet sich in der Kathedrale von Chartres und hat einen Durchmesser von ca. zwölf Metern. Auch in den Kölner Kirchen St. Gereon und St. Severin gab es einst Labyrinthe, doch leider sind nur noch Bruchstücke davon erhalten.

Fast geriet die Bedeutung des Labyrinths in Vergessenheit, doch Anfang der siebziger Jahre wurde es vorzugsweise in Städten wieder zum Leben erweckt. Dort wurden Plätze neu gestaltet und in deren Mittelpunkt ein Labyrinth eingesetzt. Auch in der Gartengestaltung greift man vermehrt auf dieses alte Motiv zurück, um mehr Lebensenergie und Kraft zu erhalten.

Anwendung

Für mehr Lebensenergie und Kraft, indem der Energiefluß gesammelt und gleichmäßig verteilt wird:

- im Garten, aus Kies oder Rasensteinen oder aus Buchsbaum;
- für Vorplätze, aus farbigen Pflastersteinen;
- bei größeren Gebäuden als Raummittelpunkt.

BaGua-Bereich

- Zentrum (T'ai Chi)

Langes Leben

In Gesundheit ein hohes Alter zu erreichen, so daß man die Früchte seines Lebens ernten kann, ist für viele Chinesen der wichtigste Aspekt von Glück. Daher finden wir zahlreiche Abbildungen und Symbole, die dieses erstrebenswerte Ziel um- oder beschreiben. Nachfolgend finden Sie die wichtigsten Symbole nebst deren Bedeutung – sofern sie nicht an anderer Stelle im Buch erläutert werden (siehe →).

Götter

P'eng-tsu: der chinesische Methusalem → *Sau*: Hausgott des langen Lebens Shou-hsing: Gott der Lang-lebikeit

Tiere

→ *Hirsch*
→ *Kranich*
→ *Schildkröte*

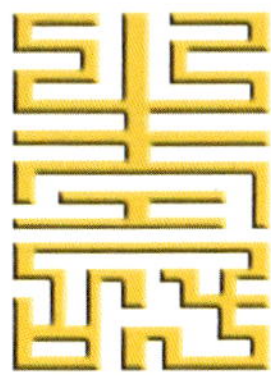

Pflanzen

→ *Bambus*
→ *Kiefer*
→ *Pfirsich*

Anwendung

- Als Symbol für ein langes und gesundes Leben: in Form einer Skulptur (Gott oder Tier) innerhalb des Hauses.
- Als Schutzsymbol und zur Stärkung des Bereiches: in Form einer Pflanze im Gartenbereich.

- Um die Gesundheit zu stärken: als Kalligraphiezeichen oder als Wandornament.

BaGua-Bereich

- Eltern (Gesundheit)

Licht

Licht ist Energie, und die größte Lichtquelle ist die Sonne, die mit ihrer Kraft alles Leben auf der Erde ermöglicht. Helles und warmes Licht gilt daher im Feng Shui als Grundvoraussetzung für das Vorhandensein von genügend Lebensenergie (Chi). Die Qualität und die richtige Wahl der Beleuchtung sind entsprechend wichtig. Dunkle Räume dämpfen den Chi-Fluß und üben eine träge und depressive Wirkung aus. Derselbe Raum erhält durch die richtige Beleuchtung Kraft und Leben.

Durch verschiedene Lichtquellen wie Hänge- oder Stehlampen, Deckenfluter, Spots oder indirektes Licht kann die Beleuchtung eines Raumes ganz speziell auf die jeweiligen Bedürfnisse und Erforderlichkeiten abgestimmt werden. Dabei ist darauf zu achten, daß keiner vom Licht geblendet wird. Eine gute Feng-Shui-Maßnahme ist es, den Eingangsbereich, die Tür und den Weg zum Haus zu beleuchten. Dadurch wird der Chi-Fluß kräftig unterstützt und kann leichter ins Haus gelangen. Diesen Effekt nutzen vielfach Hotels oder Restaurants, die so die Gäste regelrecht zu sich ziehen.

Das geeignete Licht ist das Vollspektrumlicht. Es enthält die Regenbogenfarben und wirkt sich so zusätzlich positiv auf die Gesundheit aus. Herkömmliche Glühlampen sind ebenfalls geeignet, Räume zu beleuchten. Vor allem in Aufenthaltsräumen, wie Wohn- und Schlafzimmer, Kinderzimmer und Büro, sollte auf eine Beleuchtung mit Leuchtstoffröhren und Niedervolt-Halogenlampen verzichtet werden, da diese unser Wohlempfinden stören.

Anwendung

- Um den Energiefluß in dunklen Ecken und Nischen zu unterstützen: innerhalb aller Räume.
- Zur Neutralisierung der bedrückenden Wirkung von niedrigen oder dunklen Decken: Deckenfluter einsetzen.
- Um den Energiefluß zu steigern: in Räumen ohne Fenster (Bad, Flur).
- Um Aufmerksamkeit zu erzielen (Geschäfte): Beleuchtung des Eingangs.
- Um den Chi-Fluß gezielt zu lenken: Beleuchtung von Wegen.
- Um Fehlbereiche auszugleichen: z.B. bei einem L-förmigen Grundriß.

BaGua-Bereich

Jeder Bereich des BaGua kann mit Licht gezielt verstärkt werden. Insbesondere eignet sich Licht aber für den Bereich:

- Ruhm

Wichtig: Defekte Leuchtkörper sollten Sie sofort ersetzen!

Lilie

Die weiße Lilie ist im Christentum ein weitverbreitetes altes Lichtsymbol und Sinnbild der reinen jungfräulichen Liebe, der Reinheit und Unschuld. In China gilt sie als die Pflanze, die einen die Sorgen vergessen läßt. Der angenehme Duft und die volle Blüte der Lilie stehen für gutes Feng Shui.

Da die Lilie auch böse Geister abwehrt, wird sie zum Drachenbootfest unter anderem an der Tür angebracht. »Dieses Fest, auch »Poetenfest« genannt, wird am fünften Tag des fünften Monats gefeiert und soll daran erinnern, daß sich der frühere Patriot und Poet des Staates Ch'u, Ch'ü Yüan, aus Verzweiflung über die Zukunft seines Landes in den Milou-Fluß stürzte. In der Legende heißt es, daß die Menschen nach Ch'ü Yüans Selbstmord Boote ins Wasser ließen, um seinen Leichnam zu suchen, denn sie wollten ihm ein richtiges Begräbnis geben. Als sie keinen Erfolg hatten, fütterten sie die Fische mit Reisknödeln, damit sie den Körper nicht verstümmelten. Das war der Ursprung der Drachenbootkämpfe und des Brauchs, Tshung Tzu zu essen, gefüllte Knödel, die aus klebrigem Reis gemacht und in Bambusblätter gewickelt werden. Außerdem werden zu diesem Anlaß Zweige duftender Kräuter, chinesischer Beifuß oder Kalmus, an die Häuser gehängt, was ebenfalls die bösen Geister vertreiben und Glück bringen soll. Kinder tragen deshalb bunte, mit Kräutern gefüllte Säckchen um den Hals, und Männer trinken aus demselben Grund »Kräuter«-Wein.

Anwendung

- Damit ihr Duft das Chi der Umgebung anreichert: als Pflanze zur Dekoration.
- Um das gesamte Chi des Raumes zu veredeln und anzuheben: als stilisiertes Emblem auf Wänden, Möbeln oder Stoffen.
- Als Sinnbild der Reinheit: auf dem → *Altar*.
- Um einen Bereich ein- oder abzugrenzen: als → *Borte* an der Wand.

BaGua-Bereich

- Ruhm
- Wissen

Löwe

Der Löwe, bei uns der »König der Tiere«, wurde in vielen Kulturen aufgrund seiner Mähne, seines Mutes und seiner Stärke der Sonne zugeordnet und entsprechend dargestellt. Seine männliche Ausstrahlung machte ihn zum polaren Gegenstück großer Göttinnen. In zahlreichen Mythen mußten große Helden einen Löwen überwinden, um selbst größere Kraft zu erlangen und damit den Sieg über die (ihre) animalische Natur zu erringen. Dieser Aspekt wurde auch in christlichen Darstellungen immer wieder eingesetzt.

Um im weltlichen Bereich Reichtum, Macht und Ansehen nach außen hin sichtbar werden zu lassen, wurden von Königen und Amtspersonen Löwen als Statuen am Portal oder am Durchgang zu einem Schloßgarten aufgestellt. Als Türwächter hatten sie dort die Aufgabe, jedem, der zwischen ihnen hindurchschritt, bewußt zu machen, daß hier eine hohe Persönlichkeit residierte, die mit dem nötigen Respekt bedacht werden mußte. Je nach Rang des Beamten hatten die Löwen vor seinem Amtsgebäude eine größere oder kleinere Anzahl von beulenartigen Auswüchsen auf dem Kopf.

Bei den Chinesen ist der Löwe das Schutzsymbol schlechthin. In dieser Funktion treten die Löwen immer als Paar auf; der zur rechten Seite plazierte Löwe ist männlich (→ *Yang*) und läßt seine linke Pfote auf einem gestickten Ball ruhen, der linke Löwe ist weiblich (→ *Yin*), und seine rechte Pfote berührt den Bauch eines auf dem Rücken liegenden Löwenbabys. Dieses Wächterpaar wird stets vor dem Haus aufgestellt (wie wir es bei jedem China-Restaurant beobachten können), damit das Unglück rechtzeitig abgewehrt wird. Eingänge, die von Löwen bewacht werden, werden auch als »Löwentor« bezeichnet. Das grimmige Aussehen der Torhüter dient dazu, schädliche Einflüsse aus der Umgebung und seitens übelwollender Menschen abzuwehren.

Anwendung

- Als → *Türwächter*: vor der → *Eingangs-* oder Gartentür.
- Zum Schutz der Bewohner eines Hauses: als Abbildung im Eingangsbereich, z.B. auf dem Spruchband oder in Form eines selbstgestalteten Wappens mit Löwe auf Holz gemalt.

- Als Schutzsymbol für ein Haus und/oder um Wohlstand und Gesundheit ins Haus einzuladen: als kleine Figuren im Eingangsbereich.
- Um sich der Löwenenergien bewußt zu werden: als → *Poster*.
- Als symbolisches Krafttier: für kleine Kinder z.B. in Form eines Stofftiers, das sie bewacht.
- Um durch Aufmerksamkeit das Chi des Bereiches aufzuwerten: das Symbol des Tierkreiszeichens, z.B. mit feurigen → *Farben* auf ein Seidentuch gemalt und aufgehängt.
- Als Ausdruck von Mut, Optimismus und Stärke: die Tarotkarte »Kraft« mit einem Löwen, auf ein T-Shirt oder ein Seidentuch übertragen.

BaGua-Bereich

- Karriere
- Hilfreiche Freunde
- Eltern (Familie)
- Ruhm

Lorbeer

Es ist ein wahres Dufterlebnis, durch einen italienischen Garten zu bummeln, wenn der Lorbeer blüht. Er duftet angenehm herb-frisch und erwärmend. Das ätherische Lorbeeröl wird für

Badezusätze, Seifen- und Herrenparfüms verwendet. Als Strauch ist der Lorbeer wegen seiner immergrünen Blätter ein Symbol der Unsterblichkeit und Jugend. Lorbeerkränze waren einst ein Zeichen für Sieg und Triumph, ein Lorbeerzweig ein Symbol des Friedens.

Anwendung

- Als Symbol für Frieden: in einem → *Türkranz* eingebunden.
- Für Reinigungs- und Heilzwecke: zum → *Räuchern* mittels seines klärenden Dufts.
- Als Sinnbild der Unsterblichkeit und Jugend: im → *Garten* als immergrüner Strauch.

BaGua-Bereich

- Eltern (Gesundheit)
- Ruhm (Anerkennung)

Lotus

Der Lotus schließt am Abend seine Blüte und zieht sich ins trübe, sumpfige Wasser zurück, um erst bei Sonnenaufgang wieder aufzutauchen und sich strahlend zu öffnen. Damit versinnbildlicht er die unbefleckte Schönheit und die unberührte Reinheit in einer verschmutzten Umgebung. Im Buddhismus ist der Lotus das Symbol für Buddhas

Erleuchtung. Zwei Lotuspflanzen sind in China Symbol für die Ehe – sie stehen für: »gemeinsames Herz und Harmonie«. Im Feng Shui wird der Lotus gerne zur Teichbepflanzung verwendet, denn es gilt als besonders glückverheißend, wenn er blüht. Bildet sich dann auch noch eine Frucht, so wird einem Heim großes Glück beschert.

Anwendung

Um sich der Schönheit und Reinheit im Inneren jedes Wesens zu vergegenwärtigen und damit das Chi der Umgebung aufzuwerten:

- als Teichbepflanzung, ähnlich der Seerose;
- als chinesische Malerei in Form eines Bildes;
- als stilisiertes Ornament (→ *Borte*) auf Wänden oder in Verzierungen;
- als Bild beim → *Altar*.

BaGua-Bereich

- Partnerschaft/Ehe
- Wissen

Mäander

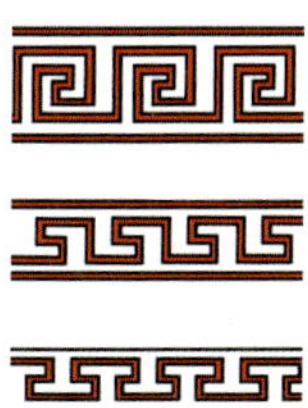

Häufig findet man Mäander (die stilisierte gewundene Form eines Flußlaufs) als Ornamentband für Randverzierungen auf Teppichen oder Keramiken, aber auch als Wandverzierung in Räumlichkeiten. Im Chinesischen ähnelt das Schriftzeichen für Mäander dem von »zurückkehren«, weshalb es dort für »Wiedergeburt« und »Ewigkeit« steht.

Es gibt sehr unterschiedliche Formen von Mäandern. Oft besteht das Muster aus ineinandergeschachtelten Quadraten, Spiralen oder mehreren Hakenkreuzen. Die immer wiederkehrende Verwendung eines Zeichens deutet auch auf die Unendlichkeit hin. Im Feng Shui können wir Mäander als Gestaltungselement einsetzen, wobei das gewählte Zeichen die für einen Raum gewünschte Thematik unterstreicht.

Anwendung

Als Ausdruck der ständigen Wiederkehr und der Tatsache, daß das Leben ein Auf und Ab beinhaltet:

- im Bad, als Fliesenborte;
- als Muster auf Tapeten oder Vorhängen;
- als kreativer Wandabschluß.

BaGua-Bereich

- Karriere
- Reichtum
- Eltern

Magisches Quadrat

(Lo Shu)

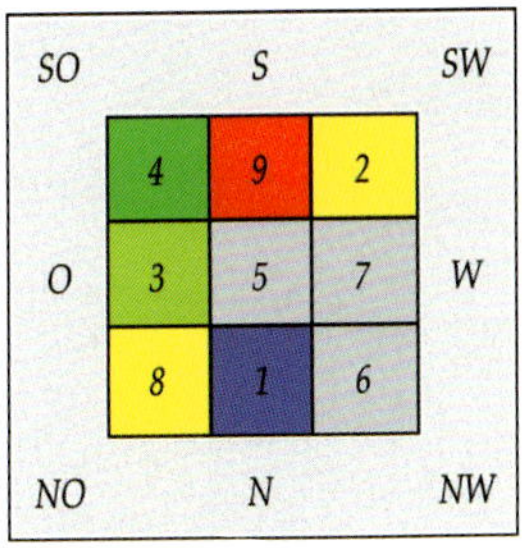

Magische Quadrate, in denen Zahlen schachbrettartig so angeordnet sind, daß die Summe der Vertikalen, Horizontalen und Diagonalen stets die gleiche ist, sind sowohl in der östlichen als auch in der westlichen Mystik bekannt; ihr Ursprung liegt in Indien.

Der westliche Begriff »Magisches Quadrat« wurde sehr wahrscheinlich geprägt durch das Tragen von bestimmten Talismanen. Diese waren oft Planeten zugeordnet, wobei der Wert der Summe die Eigenschaft des jeweiligen Planeten ausdrückte; sie wurden deshalb auch Planetensiegel genannt. Die kleinste Planetentafel ergibt sich aus drei mal drei Feldern, also insgesamt neun, in denen die Grundzahlen von eins bis neun so angeordnet sind, daß die Summe jeder Zeile, Spalte und Diagonale stets 15 ergibt. Dieses Quadrat wird dem Saturn zugeordnet. Als Talisman soll es Sicherheit und Macht verleihen.

In China heißt dieses Quadrat »Lo Shu« und »Plan des Flusses Lo«. Das Lo Shu dient im Feng Shui als Grundstruktur für viele Berechnungen. So ist es Ausgangspunkt für das → *BaGua* oder die acht → *Trigramme* sowie die Grundlage für das → *Neun-Sterne-Ki* oder die »fliegenden Sterne« (astrologische Berechnungen und Analysen für Menschen und Gebäude). Das auch im Westen bekannte I Ging (Buch der Wandlungen) wurde von König Wen (ca. 1000 v. Chr.) ebenfalls aus dem Lo Shu entwickelt.

Anwendung

- Als Schutzsymbol: über oder neben der → *Eingangstür*.
- Als → *Amulett* zum Schutz oder zur Unterstützung der durch das Siegel verkörperten Eigenschaften.

Mandala

Der Begriff Mandala kommt aus dem Sanskrit und bedeutet »heiliger« oder »magischer Kreis«. Die symmetrische Verbindung von mehreren Kreisen und Quadraten führt zu den unterschiedlichsten Formen und Mustern, die als Konzentrationshilfe und zur Meditation verwendet werden.

Im ursprünglichen Sinn sind Mandalas geistige Abbilder der Weltordnung (Kosmogramme), und drücken über den Kreis den Himmel und über das Quadrat die vier Weltenrichtungen aus. Das Wissen über die kosmische Kraft dieser Abbildungen wurde in Tempelanlagen verwendet, indem diese architektonisch entsprechend konstruiert wurden.

Die im Westen bekanntesten bildlichen Darstellungen sind die tibetischen Mandalas. Ihr Zentrum besteht oft aus einer Lotusblüte, in der eine Gottheit dargestellt ist. Die symmetrische Form vermittelt den Eindruck von Harmonie und Gleichgewicht, was in uns eine innige Verbindung zu Ruhe und Stille herstellt.

Mandalas können auf eine Wand oder auf Seide aufgemalt sein, kunstvoll aus Holz geschnitzt und nach eigener Eingebung bemalt oder auch mit sehr feinem, farbigem Sand oder Pulver auf den Boden aufgestreut werden. Diese speziellen Sand-Mandalas werden vor allem von Mönchen zu rituellen Anlässen gefertigt und anschließend zerstört und der Natur wieder übergeben.

Anwendung

- Um die kosmische Kraft wirken zu lassen: als Wandbild oder als Holzschnitzerei zum Aufhängen.
- Um kosmische Energie aufzubauen und in die Wohnung einströmen zu lassen: als Bodenmosaik im Eingangs- oder Vorplatzbereich.
- Um Ruhe und Stabilität zu erzeugen: als Bodenmosaik im Zentrum (→ *T'ai Chi*) des Hauses/der Wohnung.
- Als Energiebild.
- Um Energieverlust zu verhindern: als Fensterbild.

BaGua-Bereich

- Wissen
- Karriere
- Zentrum (T'ai Chi)

Maske

Mit dieser besonderen Art von Gesichtsumhüllung, aus Holz geschnitzt und oft auch bemalt, wurden zum einen Geister und zum anderen spezielle Kräfte von Tieren

und Menschen dargestellt. Masken dienten dazu, böse Dämonen und Feinde abzuschrekken und das Fürchten zu lehren. Unsere Faschingsbräuche erinnern immer wieder an diese Hintergründe.

Anwendung

- Um Energie in einen Bereich zu ziehen: als Dekoration aufgehängt.

BaGua-Bereich

Je nach Art der Maske und deren Gesichtsausdruck, im entsprechenden → *BaGua*-Bereich:

- eine goldene, königliche Maske in den Bereich Ruhm;
- eine Paarmaske im Bereich Partnerschaft;
- eine Karnevalsmaske im Bereich Kinder;
- eine Heiligen- oder Engelsmaske im Bereich Wissen;
- längliche Holzmasken im Bereich Reichtum.

Maße

So wie jede Farbe und jede Form eine bestimmte Schwingung besitzt, so schwingt jeder Gegenstand entsprechend seiner Abmessung. Je nachdem, wie die Proportionen eines Gegenstandes gewählt wurden, schwingt dieser für uns günstig oder ungünstig. Oft sagt uns schon der erste Blick auf ein Objekt, ob dieses nach »harmonischen« Maßen gebaut wurde oder nicht, denn die Empfindung oder das Gefühl für die harmonische Größe ist in uns allen vorhanden.

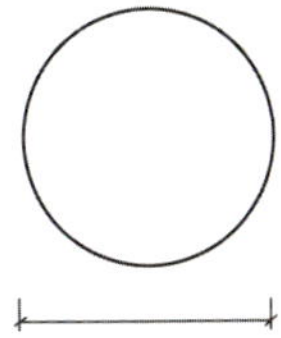

Entstanden ist das chinesische Maßsystem in der Sung-Dynastie (960–1279). Ein Zimmermann des kaiserlichen Palastes fertigte seine Arbeiten für die königliche Familie entsprechend diesen Regeln an, die bis in unsere heutige Zeit ihre Gültigkeit haben. Sie werden von vielen Feng-Shui-Meistern in China und Hongkong verwendet, u.a. um Büroräume, Möbel und Schreibtische danach zu entwerfen.

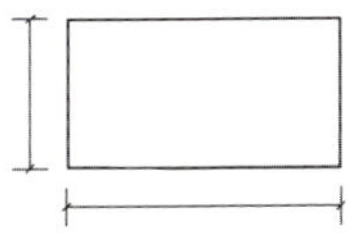

Als praktisches Werkzeug dient ein »Ting Lan«, ein Lineal oder Maßband, auf dem die günstigen oder die zu vermeidenden Maße aufgezeichnet sind. Die Maßeinheit dieses Lineals ist einzigartig. Die Länge ist 1 Chih (1 Feng-Shui-Fuß) oder 42,96 cm, was der Diagonalen eines Quadrates entspricht, dessen Seitenlänge ein chinesischer Fuß (ca. 30,3 cm) beträgt. Dieser Feng-Shui-Fuß wird, entsprechend dem I Ging oder den acht Trigrammen in acht gleiche Abschnitte aufgeteilt, wobei jeder Abschnitt (Tsun) eine Länge von ca. 5,4 cm hat. Nach dem achten Abschnitt wiederholt sich der ganze Zyklus, so daß wir die 8 Abschnitte auf alle Maßlängen übertragen können.

In China wird sehr großer Wert auf die Abmessungen eines Gegenstandes gelegt. Daher ist es auch kein Zufall, daß die Aktentasche der Chinesen genau dem Maß im Feng Shui entspricht, was für Erfolg, Glück und Gedeihen steht: Es soll sichergestellt sein, daß der Inhalt der Aktentasche von diesen Aspekten umgeben ist.

Abschnitt	*Maße in cm*	*Bereich*	*Bedeutung*
1	0,00 – 5,37	Ts'ai	glückliches Maß
2	5,38 – 10,74	Ping	Krankheit
3	10,75 – 16,11	Li	Trennung
4	16,12 –21,48	I	Glück durch helfende Menschen
5	21,49 – 26,85	Kuan	Kraft/ Macht der Behörden
6	26,86 –32,22	Chien	Unglück
7	32,23 – 37,59	Hai	Schaden
8	37,60 – 42,96	Pen	Kapital

Mistel

Die Mistel ist ein Halbschmarotzergewächs, und ihre Besonderheiten hinsichtlich Wachstum und Gedeihen machten aus ihr eine »heilige« Pflanze. Die Kelten z.B. stellten fest, daß sie sich nur über ganz bestimmte Wirte ernährt, z.B. die → *Eiche*. Sie ist weder Baum noch Strauch, und ihre Früchte sind im Winter reif. Unabhängig von ihrem

Wirt bildet sie ihren Blattfarbstoff und bleibt dadurch immer grün. Zwar braucht sie Licht zum Keimen, doch sie gedeiht am üppigsten in der Dunkelheit und in der Nähe von Wasser.

Die Pflanze selbst wurde wegen ihrer immergrünen Natur als Symbol der Unsterblichkeit angesehen, und der zähe Saft der Beeren galt als Flüssigkeit mit stark verjüngenden Kräften. Von den Engländern wird die Mistel zur Weihnachtszeit, in der sie Früchte trägt, über der Eingangstür aufgehängt. Dies soll das Glück ins Haus einladen. Außerdem heißt es, daß ein Kuß von Liebenden unter einem Mistelzweig Glück für die Verbindung bedeutet und daß jede/r »ungestraft« geküßt werden darf, der unter einem Mistelzweig steht.

Anwendung

- Um unerfreuliche Energien abzuhalten und segensreiche anzuziehen: in einem → *Türkranz* mit eingebunden.
- Um das Glück für ein ganzes Jahr ins Haus zu holen: mit Bändern geschmückt zur Weihnachtszeit über einer Tür aufgehängt.

BaGua-Bereich

Alle Bereiche

Mobile

Die durch den Luftzug in Bewegung versetzten Mobiles stimulieren die Zirkulation des Chi und bringen harmonische Dynamik in Räume mit schwachem Energiefluß. Über ihre dreidiensionale Wirkung verteilen sie die Energie gleichmäßig im Raum. So eignen sie sich gut zur Aktivierung jener Raumbereiche, die wenig Bewegung und Aufmerksamkeit erfahren, wie z.B. Ecken und »tote Winkel«.

Neben der Aktivierung werden Mobiles auch dazu verwendet, ungünstige Energieflüsse (Sha) zu bremsen oder zu verlangsamen, indem sie vor großen Fenstern oder in langen Korridoren aufgehängt werden. Über das jeweilige Motiv erhält das Mobile eine besondere Zusatzschwingung, die auf die jeweiligen Bedürfnisse abgestimmt werden kann.

Eine besondere Art von Mobile stellen die »Harmony Wings« dar, mehrere farbige Windschwingen unterschiedlicher Größe aus Holz, übereinander aufgefädelt. Sie beleben wie die anderen Mobiles den Energiefluß im Raum.

Verschiedene Ausführungen

- → *Fische*: Wohlstand und Fülle
- → *Delphine*: Liebe und Harmonie
- → *Vögel*: Freiheit und Leichtigkeit
- → *Schmetterlinge*: Wandlung/Transformation
- Selbstangefertigte Mobiles, z.B. mit farbigen Federn, ausgeschnittenen Figuren, → *Münzen* oder Naturmate-

rialien, wie Muscheln, Perlen und anderem (Anregungen und Material sind erhältlich im Bastelbedarf) für den entsprechenden Bereich.

Anwendung

- Um den Energiefluß in Bewegung zu bringen: in wenig genutzten Räumen (Abstellraum, → *Toilette*).
- Um bestimmte Bereiche zu aktivieren: in Ecken oder toten Winkeln.
- Um den Energiefluß zu verlangsamen: vor großen Fenstern, in langen → *Fluren*.

BaGua-Bereich

- Partnerschaft/Ehe: Delphin-Mobile
- Ruhm: Schmetterlings-Mobile
- Reichtum: Fisch-Mobile
- Karriere: Mobile aus kleinen → *Spiegeln*
- Hilfreiche Freunde: Mobile mit kleinen → *Engeln*
- Kinder: Mobile mit → *Fotografien* von Kindern
- Wissen: Mobile mit bestimmten Zeichen (→ *Kalligraphie*, Formen wie → *Quadrat*, Rechteck, → *Kreis*, → *Dreieck* oder Platonische Körper) aus Holz oder Papier
- Eltern: Mobile aus kleinen grünen Papierdrachen oder Edelsteinen (Gesundheit)

Mülltonne

Es ist ein wenig schöner Anblick, wenn uns die Mülltonne bereits am Eingang begrüßt! Wir werden dann mit der Energie von Abfall und verwesendem, totem Unrat sowie dem damit einhergehenden Geruch konfrontiert. Auch wenn wir es nicht bewußt wahrnehmen, so tragen wir diese Energie doch mit ins Haus. Abhilfe schafft ein »Häuschen« für die Mülltonne, das außerdem noch mit → *Pflanzen* oder einer → *Hecke* umgeben wird, um die Energie aufzubessern. Bei einem Standortwechsel sollte darauf geachtet werden, daß der Müllplatz nicht im Blickfeld von Fenstern und Eingang ist und daß er unbedingt ordentlich und sauber gehalten wird.

Münzen

Seit dem 7. Jahrhundert sind in China Metallmünzen bekannt. Wie in unserer und vielen anderen Kulturen gelten sie auch in China als besondere Glücksbringer. Die antiken chinesischen Münzen haben in der Mitte ein quadratisches Loch, das die empfangende Energie (→ *Yin*) der Erde darstellt. Die runde Gesamtform entspricht der himmlischen, schöpferischen Kraft (→ *Yang*). Spezielle Glücksmünzen wurden mit verschiedenen Symbolen und Schriftzeichen versehen, die deren Verwendung näher beschrieben. Neun Münzen an einer Schnur aufgereiht gelten als »ununterbrochenes Glück«.

Im Feng Shui werden die Münzen ebenfalls als Glücksbringer oder Schutzsymbol eingesetzt. Mehrere Münzen (drei, fünf, sieben oder neun) werden auf zwei rote (die Farbe der Freude) Seidenbänder aufgereiht. Die Bänder werden durch die quadratischen Löcher gezogen und verknotet. Diese »Glücksschnüre« werden dann z.B. über den Hauseingang gehängt, um das Glück anzuziehen und Übel abzuwehren.

Anwendung

Um Glück anzuziehen und Übel abzuwehren oder um den Geldfluß in Bewegung zu bringen und darin zu halten:

- als größere Einzelmünze in einer Glasschale, mit rotem oder blauem Samt dekoriert;
- eine große Münze mit einem roten Band im Bereich Reichtum aufgehängt;
- acht Münzen an einer roten Schnur aufgereiht, über oder neben der → *Kasse* aufgehängt;
- fünf Münzen als »Glücksschnur« außerhalb über der → *Eingangstür* waagerecht oder senkrecht angebracht;
- drei Münzen in einem Schälchen auf dem → *Schreibtisch.*
- Um symbolisch das Geld wachsen zu lassen: drei Münzen in einem quadratischen roten Umschlag unter eine kräftig wachsende Pflanze gelegt.
- Um das Glück zu stabilisieren: vier Münzen in einem quadratischen roten Umschlag unsichtbar an jedem Bettbein angebracht.

- Damit der Geldfluß nie versiegt: drei Münzen in die Kasse gelegt.

BaGua-Bereich

- Reichtum; innerhalb eines Raumes auf dem Schreibtisch, auf der Verkaufstheke oder in der Kasse.

Namensschild

Mit dem Namensschild richtet sich der Bewohner des Hauses an die Außenwelt und schafft die Möglichkeit, identifiziert zu werden. Deshalb sollte dieses Schild, genauso wie die Hausnummer, gut sichtbar und lesbar sein. Wenn nötig, wäre es von Vorteil, darüber oder dahinter eine Lichtquelle anzubringen. Achten Sie außerdem darauf, daß Sie für das Schild wetterfestes Material verwenden. Weitere Richtlinien finden Sie unter → *Firmenlogo*.

Anwendung

- Verwenden Sie für Ihr Namensschild doch Material und Farbe, die Ihrem Element und/oder Ihrer persönlichen Ausdrucksweise entsprechen.

- Aus Salzteig, evtl. selbst gefertigt und angemalt mit den entsprechenden Farben.
- Aus Metall mit Gravur, für das Element Metall.
- Aus Naturholz mit aufgemaltem Namen, für das Element Erde.

Neun-Sterne-Ki

Das Neun-Sterne-Ki ist ein astrologisches System, das in China entwickelt und von Japan übernommen wurde (der japanische Ausdruck für Chi, die Lebensenergie, ist Ki). Es ist auf der Tatsache aufgebaut, daß unser Leben auf der Erde durch die kosmische Energie (Solarwind) von neun Sternen – Wega, Polaris und die sieben Sterne des Großen Wagens – beeinflußt wird. Dieser Energiestrom wiederholt seinen Einfluß in einem 9er-Zyklus: alle 9 Tage, 9 Monate und 9 Jahre. Damit wird jeder Tag, jeder Monat und jedes Jahr von einem anderen → *Trigramm* und damit einem bestimmten Element regiert, das Aufschluß über die entsprechende Energiequalität gibt.

Die Berechnung der Geburtselementezahl und ihre Interpretation ist eine Möglichkeit, die dieses System bietet, dabei ist die Vorgehensweise für Mann und Frau die gleiche. Benötigt wird dazu das Geburtsjahr, wobei zu beachten ist, daß das Jahr Anfang Februar beginnt (vgl. Tabelle nächste Seite), also für einen Menschen, der am 15.1.1960 geboren wurde, das Jahr 1959 als Grundlage für die Berechnung verwendet werden muß.

Berechnung

Von den beiden letzten Zahlen des Geburtsjahres – z.B. der 5 und der 9 aus 1959 – wird eine einstellige Quersumme gebildet und diese von der Zahl 10 (ab dem Jahr 2000 ist diese Konstante die 9) abgezogen.

Beispiel

1959: 5 + 9 = 14 Quersumme = 5 5 – 10 = 5,
d.h., das Element ist Erde
oder
1953: 5 + 3 = 8 Quersumme = 8 8 – 10 = 2,
d.h., das Element ist Erde (Herr Huber)
oder
1978: 7 + 8 = 15 Quersumme = 6 6 – 10 = 4, d.h., das Element ist Holz (Frau Gruber)

Den Elementen sind in einer sehr einfachen Interpretationsform bestimmte Charakterzüge zugeordnet, die, je nachdem, wie sie gelebt werden, verschiedene Qualitäten aufweisen.

Zum Ausgleichen des Geburtselementes können die Wandlungsphasen der fünf → *Elemente* zu Hilfe genommen werden.
Hier ein Beispiel, das eine von vielen Möglichkeiten zeigt:

Herr Huber leidet unter seinem Ungleichgewicht Element Erde, da er überall mit seiner Kritiksucht aneckt und außerdem sehr konservativ ist, für seinen Beruf allerdings

Tabelle zum schnellen Ablesen der Geburtselementezahl:

9 Feuer	*8 Erde*	*7 Metall*	*6 Metall*	*5 Erde*	*4 Holz*	*3 Holz*	*2 Erde*	*1 Wasser*
1901	1902	1903	1904	1905	1906	1907	1908	1909
1910	1911	1912	1913	1914	1915	1916	1917	1918
1919	1920	1921	1922	1923	1924	1925	1926	1927
1928	1929	1930	1931	1932	1933	1934	1935	1936
1937	1938	1939	1940	1941	1942	1943	1944	1945
1946	1947	1948	1949	1950	1951	1952	1953	1954
1955	1956	1957	1958	1959	1960	1961	1962	1963
1964	1965	1966	1967	1968	1969	1970	1971	1972
1973	1974	1975	1976	1977	1978	1979	1980	1981
1982	1983	1984	1985	1986	1987	1988	1989	1990
1991	1992	1993	1994	1995	1996	1997	1998	1999
2000	2001	2002	2003	2004	2005	2006	2007	2008
2009	2010	2011	2012	2013	2014	2015	2016	2017
2018	2019	2020	2021	2022	2023	2024	2025	2026
2027	2028	2029	2030	2031	2032	2033	2034	2035

9 Feuer	kommunikativ, aktiv, ausdrucksvoll, extrovertiert, sehr gesellig	überempfindlich, hysterisch, manischdepressiv, oberflächlich, keine Selbstkontrolle
8 Erde	bodenständig, still, ruhig, ernsthaft, tiefe Denker	konservativ, mißtrauisch, stur
7 Metall	intuitiv, spirituell, therapeutisch begabt, sensibel	eingeengt, engstirnig, unsensibel, depressiv
6 Metall	introvertiert, selbstdiszipliniert, intellektuell, analytisch, klar	engstirnig, kriegerisch, machtbesessen, anhänglich
5 Erde	sehr ausgeglichen, verläßlich, klarer Standpunkt	nicht anpassungsfähig, stur, starr
4 Holz	gesellig, praktisch, lebendig, organisationssüchtig	streng, diktatorisch, eingeengt, festgefahren
3 Holz	neugierig, spontan, beweglich, sozial	zweifelnd, unkonzentriert, nervös
2 Erde	ausgeglichen, stabil, häuslich, sicher, intelligent	konservativ, kritiksüchtig, zynisch, wütend, kalt
1 Wasser	kommunikativ, kreativ, flexibel, anpassungsfähig	faul, behäbig, unflexibel, abhängig, zerstörerisch

mehr innovatives Denken benötigt. Ihm kann kurzzeitig der Einfluß der Holzenergie helfen, z.B. indem er Spaziergänge in der Natur unternimmt, mehrere grüne Gegenstände und/oder ein großes Bild von einem Bambus in die Gestaltung seiner Umgebung aufnimmt. Diese Energie kann ihm dabei helfen, die festgefahrenen Strukturen aufzulockern und so eine Änderung herbeizuführen, die dann mit Hilfe des Elementes Metall – weiße Farbe, runde Gegenstände, eine Kristallprismenkugel – Ausrichtung und Struktur findet.

Om

Das Om (Aum) ist eine heilige Meditationssilbe in Hinduismus und Buddhismus. Sie gilt als unvergänglich. Wiederholt als Mantra gebetet oder gesungen, soll es zu tiefer Meditation, Erkenntnis, Ruhe und tiefem Frieden führen. Das Om ist Sinnbild für den Schöpfergeist, das Wort, und wird zudem als Keim- oder Ursilbe der Schöpfung betrachtet.

Anwendung

- Zur Unterstützung von Ruhe und Frieden in diesem Bereich: aus Metall in verschiedenen Größen zum Aufhängen oder Hinstellen zum/auf den → *Altar*.
- Zum Schutz: als Schmuckanhänger um den Hals getragen.

- Als Blickfang und Energiebremse: in Form eines → *Fensterbildes*.

BaGua-Bereich

Vorwiegend im Bereich Wissen – ansonsten für jeden Bereich geeignet.

Orchidee

Die Orchidee – bei uns aufgrund der hodenförmigen Wurzelknollen auch Knabenkraut genannt – galt als Fruchtbarkeitssymbol. Entsprechend wurde sie gelegentlich zu Liebeszaubern verwendet. In China wurde der Duft der Orchidee mit dem Atem einer schönen Frau verglichen. Allein auf einem Bild abgebildet, bedeutet sie Reinheit, Tugend und Unschuld. Außerdem verwendeten die Chinesen die Orchidee an Frühlingsfesten zum Austreiben böser Geister. Orchideen in einer Vase können auch »Eintracht« bedeuten, wie im I Ging (Buch der Wandlungen) beschrieben: »Wenn zwei Menschen einträchtig sind, so bricht ihre Schärfe, denn Worte der Eintracht duften wie Orchideen.«

Anwendung

- Als Geschenk nach Streitigkeiten: in Form einer Topfpflanze oder als Schnittblumen für die → *Vase*.
- Als Fruchtbarkeitssymbol: → *Bild* einer chinesischen Malerei.
- Als Sinnbild der Reinheit und Liebe: auf dem → *Altar* oder im → *Schlafzimmer*.

BaGua-Bereich

- Partnerschaft (Ehe)

Papierkorb

Oft steht der Papierkorb an einer eher unzugänglichen Stelle und wird deshalb häufig vergessen. Wer keine Putzfrau hat, die das regelmäßige Entleeren des Papierkorbes übernimmt, muß selbst darauf achten, daß er ihn nicht vergißt. Achten Sie darauf, daß er nicht überquillt und sich zu einer »Müllhalde« unter dem Schreibtisch entwickelt, die den Chi-Fluß bremst oder staut. Nutzen Sie die Aufgabe des Entleerens ganz bewußt für eine geistige Pause und dafür, Altes freizugeben, damit Neues nachfolgen kann.

Paravent

Paravents (zusammenklappbare Wandschirme) oder sogenannte spanische Wände werden im Feng Shui dazu eingesetzt, den Chi-Fluß zu lenken oder einzelne Bereiche zu schützen bzw. abzuschirmen. Als Raumteiler eingesetzt, trennt der Paravent z.B. in einem Mehrfunktionsraum den Schlafbereich vom Wohnbereich ab und schafft eine beruhigte Zone, die damit vor unerwünschter Einblicknahme geschützt wird. Dabei ist die jeweilige Konstruktion des Paravents auf die entsprechende Situation abzustimmen: Bei massiven Einflüssen sollte auch ein massiver Paravent, z.B. aus Holz, verwendet werden. Die Aufstellung erfolgt immer quer zur Energielinie oder zum Sha-Pfeil.

So sollte ein Paravent eher nicht eingesetzt werden.

Anwendung

- Zum Ausbremsen der Energie: als Unterbrechung der direkten Energielinie von → *Eingangstür* zu Hintertür.
- Zum Schutz: um in kleineren Räumen (→ *Kinderzimmer*) den Schlafbereich gegenüber der Tür abzuschirmen.

- Als Raumteiler, um zwei Bereiche, den Wohn- und den Arbeitsplatz (→ *Arbeitszimmer*), voneinander zu trennen und abzuschirmen.

Partnerschafts-Bereich

siehe Kapitel »Das BaGua«

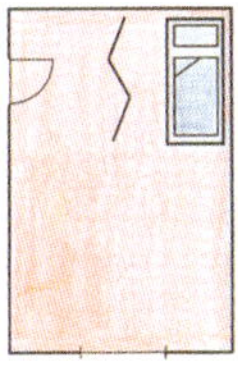

Pergola

Eine Pergola vermittelt einer Terrasse nicht nur eine südländische Atmosphäre, sondern sie bietet auch noch Schutz vor Sonne oder Blicken. Als Abgrenzung nach mehreren Seiten verleiht sie dem Sitzplatz Intimität. Diese schattenspendende Balkenkonstruktion eignet sich außerdem hervorragend als Gerüst für die verschiedensten → *Kletterpflanzen*, z.B. Efeu oder wilden Wein.

Anwendung

Als Sonnen-, Sicht- und Regenschutz, Schattenspender und Abgrenzung:

- zur Überdachung der → *Terrasse*, als Sonnenschutz;
- zur Überdachung eines Sitzplatzes innerhalb des Gartens;
- zur Überdachung eines Weges.

Tip: Denken Sie daran, daß eine immergrüne Bepflanzung der Pergola, die direkt ans Haus anschließt, einem Wohnraum zuviel Licht wegnehmen kann. Wollen Sie dies vermeiden, dann verwenden Sie z.B. Pflanzen, die ihre Blätter im Herbst verlieren.

Pferd

Das Pferd begegnet uns in vielen Sagen und Mythen in unterschiedlichster Form: als Einhorn, als Zentaur oder als Pegasus. Seiner tiefsinnigen, erd- und triebhaften Symbolik steht dabei seine Intelligenz, seine mutige und vornehme Haltung und die durch Vernunft gebändigte Kraft gegenüber, durch die das Pferd zum Sonnensymbol und Reittier der Götter wurde. Seine Kraft, Stärke und Treue machten es als Nutztier lange Zeit unentbehrlich, und mancherorts dient es heute noch oder gar wieder als Transportmittel und Arbeitstier. Reiten als Freizeitbeschäftigung und der Pferdesport erfreuen sich noch heute größter Beliebtheit. Seit einiger Zeit wird der therapeutische Wert des Kontaktes mit dem Pferd und der des Reitens, vor allem für behinderte Kinder, intensiv erforscht.

Anwendung

- Um die Erdenergie (Stabilität, Struktur und Konzentration) zu unterstützen: als → *Poster* im Kinderzimmer (junge Mädchen sind oft vernarrt in Pferde).

- Als Symbol der Treue und Wahrhaftigkeit: in Form einer Porzellanfigur eines einzelnen Pferdes.
- Als Symbol der Fürsorge und Mütterlichkeit: als Figur eines Pferdes mit Fohlen.
- Als Sinnbild von Souveränität, Selbstbewußtsein und Disziplin: ein Gemälde, z.B. von Zuchtpferden mit Reitern.
- Als Ausdruck des → *Elementes* Feuer: ein → *Bild* von einer Gruppe wilder Pferde.

BaGua-Bereich

- Ruhm
- Partnerschaft
- Kinder
- Hilfreiche Freunde

Pfirsich

Im 1. Jh. n. Chr. wurde der Pfirsich aus dem Orient in China eingeführt, weshalb er dort auch persischer Apfel genannt wird. Baum, Blüte und Frucht des Pfirsichs sind in China das stärkste Symbol für Unsterblichkeit und Langlebigkeit. Sau, einer der wichtigsten → *Hausgötter*, hält einen Pfirsich als Sinnbild der Unsterblichkeit in der Hand. Die Pfirsichblüte ist zudem Sinnbild der Jungfräulichkeit, und mit dem Begriff

»Pfirsichblüten-Irrsinn« beschreibt man die verwirrten Gefühle in der Pubertät. Dem Holz des Pfirsichbaumes sagte man nach, es könne Dämonen bannen, und so stellte man zu Neujahr vor die Haustür Pfirsichzweige, welche böse Geister vertreiben sollten. Entsprechend wurden aus Pfirsichbaumholz die göttlichen Türhüter geschnitzt, die man zum Schutz vor schlechten Einflüssen links und rechts des Tores plazierte.

Anwendung

- Als Sinnbild für die Fülle der Natur und die Gesundheit: Früchte, dekorativ in einer Obstschale arrangiert und in der Küche oder am Eßtisch aufgestellt.
- Als Symbol für die Unsterblichkeit der Liebe: in Form einer chinesischen Malerei ins Schlafzimmer gehängt.
- Um die Aufmerksamkeit und somit das Chi in einen Bereich zu ziehen und ihn zu beleben: als Kunstbaum mit Naturstamm in einer Ecke ohne natürliches Licht.

BaGua-Bereich

- Eltern (Gesundheit)

Pflanzen

Der Bereich der Pflanzen umfaßt ein breites Spektrum, dazu gehören Bäume, Sträucher, Stauden und Blumen. Eingesetzt werden Pflanzen sowohl im Außenbereich in der Gartengestaltung als auch zur Dekoration der Innenräume. Ihre Verwendungsmöglichkeiten sind vielseitig.

An dieser Stelle folgen nun die wichtigsten Hinweise und Verwendungen.

Pflanzen als Lebewesen und Energiespender

Pflanzen haben ein eigenes energetisches Feld, das je nach Art und Wachstum unterschiedlich ist. Viele Menschen kommunizieren mehr oder weniger direkt mit ihnen, fühlen sich in ihrer Nähe angeregt oder geborgen, umschmeichelt oder fasziniert. Dieser Austausch auf feinstofflicher Ebene wurde mittlerweile durch viele wissenschaftliche Untersuchungen bestätigt und zeigt, wie sehr uns Pflanzen physisch und psychisch beeinflussen.

Gesunde und kräftige Pflanzen sorgen für einen intensiven Energieaustausch und beleben den Bereich, in dem sie sich befinden. So können wir ihre Vitalität und Stärke dazu nutzen, z.B. Räume mit ausreichend → *Chi* zu versorgen.

Pflanzen als Luftfilter und -befeuchter

Durch den Stoffwechsel der Pflanze und den damit verbundenen Luftaustausch ist es möglich, toxische Luft, die durch verwendete Materialien wie Farben, Putzmittel oder Arbeitsgeräte entstanden ist, in Räumlichkeiten teilweise wieder zu reinigen. Somit erhält die Raumluft eine für den Menschen bessere und verträglichere Qualität, was sich in einem verbesserten allgemeinen Wohlbefinden ausdrückt. → *Chrysanthemen*, Gerbera, Schwertfarn und Birkenfeigen absorbieren sehr effektiv das Gift Formaldehyd, wohingegen das beliebte Einblatt die Atmosphäre besonders gut von Aceton, Benzol und Trichlorethylen reinigt.

Durch die Transpiration der Blätter wird die Raumluft

zusätzlich mit Feuchtigkeit angereichert, was ein ausgeglichenes Raumklima zur Folge hat.

Pflanzen als Schutz

Durch die gezielte Plazierung einzelner oder mehrerer Pflanzen können wir regelrecht eine Art Schutzschild erzeugen – sei es, um die Rückseite des Hauses (→ *Schildkröte*) zu stärken oder Mauerkanten innerhalb oder außerhalb des Hauses zu neutralisieren. Dabei sollte man darauf achten, keine spitzblättrigen Pflanzen, wie z.B. die Yuccapalme, zu wählen, da diese Pflanze über ihre Blattform »Giftpfeile« aussendet. Günstiger sind Efeu, Bambus oder Philodendronarten.

Pflanzen den Elementen zuordnen

Die Vielfalt der Arten und ihre jahreszeitlich wechselnde Erscheinung macht es teilweise schwierig, Pflanzen eindeutig einem bestimmten → *Element* zuzuordnen. Hier greift die Wandlung, die Veränderung der Natur. So kann eine Pflanze über das Jahr hinweg mehreren Elementen zugeordnet werden. Dennoch gibt es Grundformen, die einem bestimmten Element entsprechen.

Holz: säulenartig oder hochstrebend wachsende Pflanzen, Kletterpflanzen

Feuer: spitz nach oben zulaufende Arten oder/und solche mit spitzen Blättern oder Stacheln

Erde: flach- und breitwüchsige Arten, Bodendecker, oder Pflanzen, deren Blätter und/oder Äste zur Erde zeigen

Metall: kugelige, runde oder halbrunde Wuchsformen, sei es natürlich oder durch Zuschnitt

Wasser: unregelmäßig wachsende Pflanzen und Arten mit stark gewellten Blättern

Symbolgehalt der Pflanzen

Mit jeder Pflanze, besonders älteren und einheimischen Arten, verbinden wir eine Empfindung, einen Eindruck, eine Bedeutung. So können wir über die Verwendung der ausgesuchten Pflanze unseren ganz persönlichen Bedürfnissen Ausdruck verleihen.

Allgemein gelten spitzblättrige Pflanzen wie Yuccapalme, Aloe, Agave oder Bogenhanf als ungünstig, da diese Pflanzen durch die Form der Blätter abwehrende und »faß mich nicht an«-Energien auslösen und/oder zum Ausdruck bringen. Deshalb ist zu empfehlen, diese Pflanzen nicht im Schlafbereich und innerhalb von Wohnbereichen möglichst weit entfernt von Sitzplätzen aufzustellen.

Birkenfeige (Ficus benjamin)

Die Birkenfeige ist eine beliebte klassische Zimmerpflanze. Sie wirkt anregend, vermittelt Leichtigkeit und ist außerdem ein guter Luftbefeuchter. Außerdem hilft sie beim Abbau von Giften, vor allem von Formaldehyd.

Bonsai

Die aus Japan stammende Kunst, Pflanzen oder Bäume durch Zuschnitt am Wachstum zu hindern, können wir von zwei Seiten betrachten. Auf der einen, eher ungünstigen Seite, die

Tatsache, daß durch diesen Vorgang das Chi der Pflanze in seiner Kraft und Vitalität stark gemindert scheint. Auf der anderen Seite der Umstand, daß sich die Pflanze trotz starker Widerstände und Eingriffe in ihrem vorgegebenen Plan arttypisch entwickelt. Der Bonsai bringt uns immer wieder das Wunder »Natur« nahe!

Efeu

Wegen der Fähigkeit seiner Ranken, sich festzuhalten und anzuschmiegen, verbindet er uns mit Freundschaft. Zudem ist er Ausdruck von Beständigkeit und Ausdauer.

Einblatt

Diese immergrüne, weißblühende Topfpflanze wirkt harmonisierend, indem sie extreme Schwingungen ins Gleichgewicht bringt. Auch sie baut Schadstoffe ab und ist für jeden Platz geeignet.

Forsythie

Als einer der ersten blühenden Sträucher im Frühling verkörpert die Forsythie Lebenskraft, Optimismus und Freude.

Fuchsie

Ihre roten Blüten wirken wie kleine leuchtende Laternen und vermitteln uns kräftigendes Yang. Aus diesem Grund werden sie auch gern als Glückssymbol verwendet.

Geldbaum

Der Geldbaum, dessen runde und fleischige Blätter an Münzen erinnern, ist die symbolstärkste Zimmerpflanze für Reichtum und Wohlstand. Er blüht erst nach etwa 10 Jahren, und das nur bei bester Pflege, doch dann soll der Geldsegen unbegrenzt fließen. Weiterhin verbindet uns der Geldbaum mit der Energie von Ausdauer und Beständigkeit.

Grünlilie

Die Grünlilie ist eine anspruchslose Zimmerpflanze und für jeden Bereich im Raum geeignet. Die Form ihrer Blätter erinnert an einen Springbrunnen, und entsprechend vermittelt die Grünlilie Freude und Lebendigkeit. Außerdem vermag sie Wohngifte effektiv zu binden und umzuwandeln.

Hibiskus

Seine überaus üppigen Blüten verbinden uns mit Fülle, Ruhm und Reichtum.

Kakteen

Um zu überleben, müssen sich Kakteen mit Hilfe von Stacheln oder Dornen vor unliebsamen, »lebensgefährdenden« Besuchern schützen. Sie zeigen damit Grenzen auf, und genau deshalb erinnern sie uns an die lebenswichtige Energie, »Nein« sagen und sich abgrenzen zu können. Ihre kräftigen, phantasievollen Blüten zeigen uns außerdem, welche Kraft und Schönheit im Unscheinbaren und Einfachen steckt.

Magnolie

Ein Magnolienbaum im Vorgarten symbolisiert in China Zufriedenheit und Glück. Steht er allerdings hinter dem Haus, so verweist er auf »versteckte Juwelen« oder die stetige Anhäufung eines großen Vermögens.

Narzisse

Die Narzisse wird in China als »Die Wasserunsterbliche« bezeichnet und zum Neujahrsfest Anfang Februar zur Blüte gebracht. Sie ist ein Symbol für Glück im neuen Jahr.

Zypresse

Die Zypresse ist eine immergrüne Pflanze, die auch bei uns häufig, meistens als Grabbepflanzung, zu finden ist. Da Zypressen sehr alt werden und dabei stets aufrecht wachsen, versinnbildlichen sie langes Leben und Erhabenheit.

Pflanzgefäße

Um auf Terrasse und → *Balkon*, am → *Eingang*, auf Wegen oder in bepflasterten Bereichen auch in den Genuß von → *Pflanzen* und → *Blumen* zu kommen, kann man verschiedenartigste Pflanzgefäße benutzen und dabei eine noch größere Vielfalt und ein abwechslungsreiches Farbenspiel erzeugen. So kann ein öder, monotoner Bereich ohne viel Aufwand verschönert und mit → *Chi* angereichert werden. Bezieht man die → *Elemente* und die → *Farben* der Pflanzgefäße noch mit ein, kann der entsprechende → *BaGua*-Bereich gestärkt werden. Holz, Stein, Ton, Korb, Dosen, Terrakotta oder Glas, natur oder angemalt – für jeden Geschmack läßt sich das Richtige finden.

Anwendung

Gefäße in naturbelassenem, klassischem Zustand:

- Erdelement: Ton- bzw. Terrakottatöpfe, Holz- und Steingefäße wie Bottiche, Tröge und Balkonkästen;
- Wasserelement: verschiedene Arten von Körben, Glasgefäße;
- Metallelement: Dosen, Metalleimer und -gießkannen.

Sobald die klassischen Formen verändert und durch eine bestimmte Farbe oder verschiedene Muster Akzente gesetzt werden, entsteht eine neue Zuordnung zu einem Element. So verliert ein knallrot angemaltes Holzgefäß die Erdschwere und trägt nun Feuerenergie. Ein großes kugelförmiges Glasgefäß verliert durch die eingefüllte Erde seine Durchsichtigkeit und die Form, die einer Metallenergie entspricht, tritt in den Vordergrund.

Pflaume

In China steht die fünfblättrige Pflaumenblüte für die fünf Glücksgötter (Wu fu). → *Kiefer*, → *Bambus* und Pflaume sind die »drei Freunde im Winter«, denn alle drei sterben in der kalten Jahreszeit nicht ab, sondern sind beständig und treiben schon neu aus, bevor der Frühling beginnt. Der Pflaumenbaum ist zudem Symbol des Frühlings, der Jugend und der Reinheit. Ein blühender Pflaumenzweig, mit anderen Frühlingsboten in einer einfachen Schale arrangiert, vermittelt eine zarte Stimmung des Erwachens.

Anwendung

- Als Frühlingsboten, die neue Energie ins Haus bringen: Pflaumenblütenzweige zur Tischdekoration.
- Um das Glück einzuladen: eine Pflaumenblütenschlinge (siehe Abb.) als → *Borte*
- Als Symbol des Frühlings und der beständigen Erneuerung: eine Abbildung des Pflaumenbaumes.

Phönix

Die Symbolik des Phönix in China (Feng huang) darf nicht mit der in der westlichen Welt bekannten verwechselt werden. In China steht er nämlich nicht in Zusammenhang mit der Auferstehung aus der reinigenden Flamme, sondern war ursprünglich eine Gottheit des Windes, was unter anderem auf das Schriftzeichen »feng« – Wind – zurückzuführen ist. Sein Körper stellt die fünf menschlichen Qualitäten dar: der Kopf die Tugend, die Flügel die Pflichten, der Rücken das richtige Verhalten, die Brust die Menschlichkeit und der Bauch die Zuverlässigkeit. Darstellungen von → *Drache* und Phönix verkörpern die männliche (Yang) und weibliche (Yin) Natur und sind Symbol des Ehepaares. Als eines der → vier *Himmlischen Tiere* im Feng Shui steht der Phönix für die Richtung Süden – die Richtung der stärksten Yang-Energie –, den Tag und den Sommer, Stärke und Aktivität.

Einige Texte sprechen von einem zinnoberroten Phönix, der in einer Zinnoberhöhle des Südpols geboren und Phönix des Zinnoberberges genannt wurde. Hieraus entstand vermutlich die im Feng Shui gebräuchliche Bezeichnung des »roten Phönix« oder »roten Vogels«. Der »rote Phönix« ist Sinnbild der Freiheit, der Sonne, der Anerkennung und des Ruhmes. Er weckt die Gefühle von Freude und Zuversicht. So, wie der Phönix alles aus der Luft betrachten kann und frei fliegt, so sollte die ihm zugeordnete Hausseite, die Vorderseite (bzw. die Seite, welche die Hauptausrichtung des Hauses anzeigt), offen und frei gestaltet sein, damit die kräftige Yang-Energie einströmen und das Haus versorgen kann. Sehr vorteilhaft würde sich hier ein ruhig fließender Bach auswirken.

Anwendung

Damit das Chi frei und ungehindert in den Bereich/Raum fließen kann und dieser mit Energie versorgt wird, ist

- in der Raumgestaltung darauf zu achten, daß die Vorderseite des Raumes offen und frei zugänglich ist, so daß keine Blockaden im Weg stehen;
- es bei der Gartengestaltung günstig, wenn die Vorderseite flach gehalten oder mit einer sehr niedrigen Bepflanzung ausgestattet wird. Hier kann sich unter anderem auch der Gartenteich befinden.

Poster

Poster, angeboten in unterschiedlichsten Größen und mit vielfältigen Motiven, sind eine preiswertere Variante von → *Bildern*, haben jedoch dieselbe Wirkung.

»Bilder sind im Zusammenspiel aus Farbe und Form eine Sinfonie aus reiner Schwingungsenergie, die wir nicht nur mit den Augen, sondern auch über die Haut aufnehmen. Wir merken selbst, mit welchen Bildern wir uns wohlfühlen.«

DR. PETER SCHOLZ

Dies gilt ganz besonders für Naturaufnahmen, die beruhigend oder stärkend auf unseren Körper und die Psyche wirken. Der amerikanische Psychiater John Diamond hat dieses Phänomen, wissenschaftlich untersucht und festgestellt, daß unser Immunsystem durch alles, was uns seelisch aufbaut, gestärkt wird.

Anwendung und BaGua-Bereich

- Karriere und Eltern (Gesundheit): → *Wasserfallposter*, alle Wassermotive; Pflanzen, z.B. → *Bambus*; Motive, die das → *Element* Holz wiedergeben.
- Wissen: Poster von einem → *Berg*, einer → *Eiche*, → *Mandalas*; religiöse Abbildungen, z.B. → *Buddha*, → *Om*; Motive, die das → *Element* Erde vermitteln.
- Karriere: Wasserfallposter, chinesische Abbildung von → *Fischen*; Motive, die das → *Element* Wasser ausdrükken.

- Hilfreiche Freunde und Kinder: → *Delphine*, eine Aufnahme von → *Pferden*, religiöse Abbildungen, z.B. → *Engel*; Motive, die das → *Element* Metall unterstützen.
- Partnerschaft: → *Enten*; alle Motive, die Partnerschaft, Liebe, Polarität, Zweisamkeit, Weiblichkeit oder Männlichkeit und das → *Element* Erde darstellen.
- Reichtum: Vulkanausbruch, Sonnenauf- oder -untergang; alle Motive, die das → *Element* Feuer symbolisieren.

Poster mit Motiven von Blumen oder Tieren, Kunstdrucke und Poster mit Landschaftsaufnahmen sind immer individuell zu interpretieren und nach ihrer Wirkung auf den einzelnen zu definieren.

Wichtig: Nehmen Sie sich öfter Zeit, und betrachten Sie die Poster und Bilder, die in Ihrem Haus/Ihrer Wohnung hängen, und lassen Sie sich – je nach Motiv – stärken, beruhigen oder inspirieren.

Quadrat

Das Quadrat oder Viereck ist ein geometrisches Symbol, das die Orientierung des Menschen im Raum ausdrückt. Anders als der → *Kreis* beschreibt das Quadrat ein Ordnungssystem, das dem Menschen angeboren zu sein scheint. So wie beim →

Kreuz steht auch beim Quadrat das Bestreben im Vordergrund, in einer scheinbar chaotischen Welt Richtungen und Koordinaten festzulegen, weshalb das Quadrat auch für die Erde und die Materie steht.

Die bekannte Formulierung »die Quadratur des Kreises« drückt den innigen Wunsch aus, die beiden Elemente Himmel und Erde zu einer harmonischen Verbindung zu führen. Viele wichtige Bauwerke, wie Tempel und Paläste, wurden in einem quadratischen Grundriß ausgeführt. Selbst Städte wurden einst schachbrettartig angelegt, um über sie bzw. ihre Einwohner eine effektivere Kontrolle ausüben zu können, als Beispiele seien Peking und Mannheim genannt.

Auch im Feng Shui wird das Quadrat dem → *Element* Erde zugeordnet. Es steht zudem für den Planeten Erde (Yin) und den menschlichen Körper. Das Quadrat gilt als die ideale Grundrißform für Wohnungen und Häuser und vermittelt Ruhe, Geborgenheit und Stabilität. Eine Besonderheit ist das → *»magische Quadrat«*, welches in der westlichen ebenso wie in der östlichen Zahlenmystik bekannt ist; im Feng Shui findet es als Berechnungs- und Deutungsgrundlage Verwendung.

Anwendung

- Um Ruhe auszustrahlen: als quadratischer Blumenkübel vor der → *Eingangstür*.
- Als symbolische Darstellung von Himmel und Erde, Yang und Yin: in Verbindung mit dem → *Kreis*.
- Als Sinnbild für die Verbindung von Himmel und Erde: in Form einer äußeren Begrenzung eines selbstgemalten → *Mandalas* auf einem Seidentuch.

- Um einen Bereich klar abzugrenzen: eine → *Borte* an der Wand.
- Um den Abfluß von Chi zu verhindern: als Fensterbild.
- Um Struktur zu vermitteln: als quadratischer Wandteppich.
- Um das → *Element* Erde zu stärken: ein → *Bild* in einem quadratischen Bilderrahmen.
- Um Ruhe und Konzentration zu fördern: als → *Poster* (Mandala) im → *Kinderzimmer*.

BaGua-Bereich

- Wissen
- Hilfreiche Freunde
- Kinder

Quelle

Die Quelle galt als Stätte der Götter, denn sie war der Ort, an dem das Göttliche aus der Erde hervorquoll und sichtbar wurde. Bei den Griechen waren die Quellen weibliche Gottheiten und wurden als Spenderinnen der Fruchtbarkeit, als Heilgöttinnen und als Schutzgottheiten der Ehe verehrt. Das Wasser der Quellen ist ein Geschenk der Erde, es birgt Fruchtbarkeit, Regenerationskraft und Heilung in sich. So verwundert es auch nicht, daß den Menschen viele Heilige an Quellen erschienen, die daraufhin zu Wallfahrtsorten wurden. In der Bibel ist die Quelle das Symbol des ewigen, nie versiegenden Lebens, aber auch der Wiedergeburt.

Anwendung

- Als Symbol für Fruchtbarkeit: ein Quellstein in einem → *Zimmerbrunnen* oder Gartenteich kann die Energie der Quelle deutlich machen.
- Um das Chi in einem Bereich anzureichern und damit Fülle und Gesundheit zu erlangen: ein Landschaftsbild mit einer Quelle.

BaGua-Bereich

- Reichtum
- Eltern (Gesundheit)
- Karriere

Räuchern

Seit jeher war duftender Rauch, der sich so schnell wieder verflüchtigt, ein faszinierendes Symbol für Leben, Tod und Transzendenz. Schon vor Urzeiten hat der Mensch im Zusammenhang mit reinigenden und religiös-rituellen Zeremonien »Weih-Rauch« in Form von Rinden,

Harzen, Wurzeln, Blättern oder Blüten verbrannt. Den Göttern – von denen er sich vorstellte, daß sie im Himmel lebten – opferte er edelstes Räucherwerk. Aus den großen Räucherbecken stieg der Rauch in dicken Schwaden langsam zum Himmel empor, bis er schließlich die Schwelle der sichtbaren Welt überschritt, um die Bitten um Gnade und Wohlwollen für die verschiedensten Anliegen ins Jenseits zu tragen.

In China wurde Räucherwerk im Ahnenkult, zur ästhetischen Wohnraum- und Kleiderbeduftung, zur Ehrung der Götter und zum Vertreiben von bösen Dämonen verwendet. Um beispielsweise die geeignete Stimmung für eine Orakelbefragung mit dem I Ging zu schaffen und damit die göttliche Weisheit oder den reinen Atem der Götter anzurufen, war ein Räucherritual unerläßlich.

In Japan entstand der Koh-do (= Weg des Räucherns), der meist unter der Leitung von Zen-Mönchen zelebriert wurde. Die verschiedenen Herrscherfamilien veranstalteten regelrechte »Räucherfeste« und je nach Schule wurden dabei unterschiedliche Regeln und Rezepte bevorzugt. Japanische Räucherstäbchen und Räuchermischungen sind von feinster Ausgewogenheit und Harmonie und ein außergewöhnlicher Genuß für die anspruchsvolle Nase.

In jüngster Zeit schuf die Aromatherapie für den »Duft« mit seinem Einfluß auf unsere Seele wieder eine Stellung in unserem Alltag. Durch Feng Shui erhält die Räucherung zur Reinigung unserer Räume von bestimmten Energien noch weitere Bedeutung. Vor allem energetisch stark belastete Räume, z.B. Krankenzimmer, Aufenthaltsorte von vielen Menschen, Meditations- und Therapiezimmer, sollten täglich ausgeräuchert werden.

Der Fachhandel (Duft-, China- oder Esoterikläden) bietet ein umfangreiches Angebot an Räucherwerk. Zur Grundausrüstung gehören eine feuerfeste Räucherschale, Räucherkohle, eventuell Sand sowie entsprechende Räuchermischungen. Wird die stark riechende Kohle nicht vertragen oder erwünscht, so kann auch ein Stövchen mit einem entsprechenden Drahtaufsatz verwendet werden, bei dem ein Teelicht für die Hitze sorgt und das Räucherwerk langsam verbrennt.

Anwendung

- Um die Energien der Vormieter zu verabschieden und eine neutrale Atmosphäre zu schaffen: vor dem Einzug in eine neue/andere Wohnung oder ein Haus.
- Zur Unterstützung der »Heilung« auf körperlicher und seelischer Ebene: nach Krankheit oder Streit.
- Um die vorhandene Stimmung zu verändern oder anzuheben: je nach eigenem Empfinden oder als regelmäßiges Ritual.
- Als Unterstützung zur Meditation oder zur Entspannung: täglich, z.B. auf dem → *Altar*.
- Um die Energien zu reinigen, die daran haften: alte Möbel oder alte Kleidung abräuchern.
- Zur Konzentration, vor Entscheidungen.
- Um Situationen zu etwas Besonderem zu machen.

Anleitung zum Räuchern

Ein altes klassisches Ritual ist das Räuchern unter Verwendung der fünf Elemente: das Gefäß für die Erde, der Sand für das Wasser, die Kohle für das Feuer, der Rauch für die Luft, der Duft für den Äther.

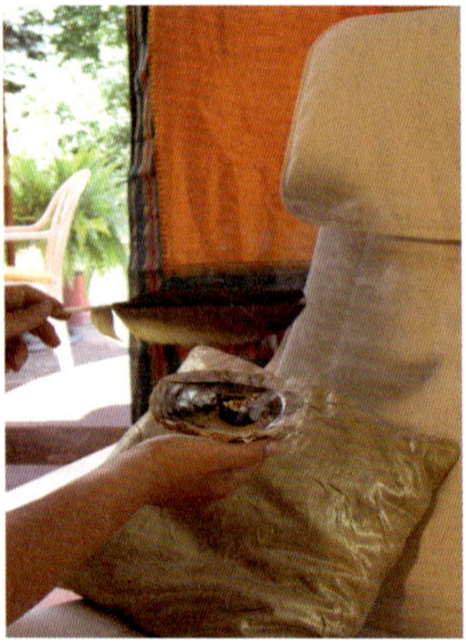

Geben Sie Sand in ein feuerfestes Gefäß, bis es zur Hälfte gefüllt ist. Nehmen Sie mit einer speziellen Räucherzange ein Stück Räucherkohle, und halten Sie es fest. Zünden Sie die Kohle an, und warten Sie, bis das ganze Stück durchgeglüht ist. Legen Sie es anschließend mit der Wölbung nach oben auf den Sand. Nun müssen Sie warten, bis die Kohle leicht gräulich wird und aussieht wie Asche, denn erst dann hat sie die richtige Temperatur erreicht. Jetzt können Sie die Räuchermischung auf die Kohle geben. – Auf die heiße Kohle können Sie übrigens beliebig oft von Ihrer Räuchermischung oder dem Weihrauch nachlegen, Reste sollten Sie jedoch zuvor von der Kohle abstreichen, da diese sonst verbrennen und einen beißenden Geruch verursachen.

Gehen Sie nun mit dem so vorbereiteten Gefäß durch das ganze Zimmer/die ganze Wohnung/das ganze Haus, und verteilen Sie den feinen Rauch, den Sie mit einer Feder, Fächer oder der Hand bis in die hintersten Ecken fächeln. Öffnen Sie danach unbedingt die Fenster, und lüften Sie gut durch, damit alle alten Energien entweichen können.

Regenbogen

Diese eindrucksvolle Himmelserscheinung, die Erde und Himmel zu verbinden scheint, ist in vielen Kulturen Sinnbild für göttliche Offenbarung. Frühgeschichtliche keltische Goldmünzen wurden als »Regenbogenschüsselchen« bezeichnet. In der griechisch-römischen Mythologie ist Iris die Göttin des Regenbogens, eine Botin der Götter. Die Regenbogenhaut des menschlichen Auges trägt heute noch ihren Namen. In China ist diese Synthese der fünf Regenbogenfarben die Vereinigung von → *Yin/Yang.*

Anwendung

Um die gesundheitsfördernden Kräfte der Regenbogenfarben wirken zu lassen:

- als Wandmalerei in Wohn- oder Schlafbereich;
- ein Regenbogen als → *Bild* oder → *Fotografie;*
- als Seidentuch mit den Farben des Regenbogens, an der Wand angebracht;
- → *Kristallprismen,* ins Fenster gehängt;
- eine aus Ton selbstgefertigte Figur mit einem Regenbogen.

BaGua-Bereiche

Da alle Farben im Regenbogen enthalten sind, können alle BaGua-Bereiche damit aktiviert werden.

Reichtums-Bereich

siehe im Kapitel »Das BaGua«

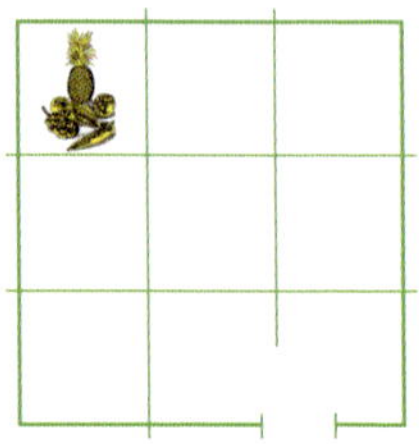

Rose

»Die Königin der Düfte« ist nicht nur aufgrund ihres lieblichen Duftes, sondern auch wegen ihrer Schönheit und ihrer Eigenwilligkeit (Dornen) eine der häufigsten Symbolpflanzen und wurde im Laufe der Geschichte mit vielen wichtigen Ereignissen und Qualitäten verbunden. Heute ist sie nicht nur in Dichtung und Kunst das traditionelle Symbol der Liebe, der Schönheit und Verbundenheit. Außerdem sollen Rosen das Energiefeld des Menschen reinigen können.

Anwendung

- Um Zuneigung und Liebe auszudrücken: als Blumenstrauß.
- Um den Duft der Rosenblüten im Raum zu verteilen: als Potpourri.
- Als Ausdruck der Liebe: in Form eines stilisierten Symbols in einer → *Borte* an der Wand des → *Schlafzimmers*.
- Als Sinnbild für das Besondere: auf einem → *Poster* oder → *Bild*.
- Um das Chi der Umgebung anzuheben: einen Rosenstrauch im → *Garten*.

- Als Sinnbild für Schönheit und Perfektion: in einer → *Vase* auf dem → *Altar*.
- Zur Förderung der Herzöffnung und Beruhigung: als ätherisches Öl auf einem Duftstein, in Form einer Rose.
- Als Symbol für das Edle und die Schönheit: in Verbindung mit dem → *Rosenbogen*.

BaGua-Bereich

- Partnerschaft/Ehe
- Ruhm (rote Rosen)
- Wissen

Rosenbogen

Verschiedene Märchen verwenden den Bogen oder das Tor als Symbol für einen Übergang von der Außen- zur Innenwelt. So können wir mit einem mit Rosen berankten dekorativen Rosenbogen eine klare Abgrenzung oder eine Schwelle zwischen verschiedenen Bereichen schaffen. Außerdem bietet er auch noch Schutz.

Anwendung

Damit wir uns bewußt werden, daß wir von einem Bereich in einen anderen wechseln und sich damit die Energien des Menschen verändern oder gereinigt werden:

- als Eingang zum Garten;
- als Bogen über einem Weg in einen anderen Bereich;
- über der Pforte zum Grundstück;
- als Zugang zu einem Sitzplatz im Garten.

Rosenkugel

Diese in den letzten Jahren wieder beliebt gewordene Dekoration für den Garten ist ein sehr wirksames Hilfsmittel im Feng Shui, mit dem schädliche Einflüsse (Sha) aus der Umgebung abgewehrt oder förderliche Energien angezogen werden können. Die aus farbigem Glas gefertigten Kugeln haben eine konvexe Spiegelwirkung, wodurch die ganze Umgebung reflektiert bzw. nährendes Chi aus dem Umfeld angezogen wird.

Anwendung

- Um gezielte Farbakzente zu setzen und dadurch den entsprechenden Bereich zu beleben: in der Gartengestaltung.
- Um schädliche Einflüsse (Häuserkanten, Masten usw.) auf das Haus zu mindern: im Garten oder im Blumenkasten/-kübel so plaziert, daß jene reflektiert werden.
- Um förderliche Energien anzuziehen oder schädliche Einflüsse abzuwehren: paarweise Anordnung (als Tür-

wächter) am Gartentor oder vor der Haustür (auch im Blumenkübel).

- Zur Belebung und Stabilisierung des Zentrums (→ *T'ai Chi*) eines Gartens.

BaGua-Bereich

Alle Bereiche, wobei Sie die Farbe der Rosenkugeln nach dem tatsächlichen oder nährenden → *Element* dieses Bereiches auswählen.

Wichtig: Achten Sie immer darauf, daß die Rosenkugeln sauber sind, damit sie die Wirkung beibehalten.

Ruhm-Bereich

siehe im Kapitel
»Das BaGua«

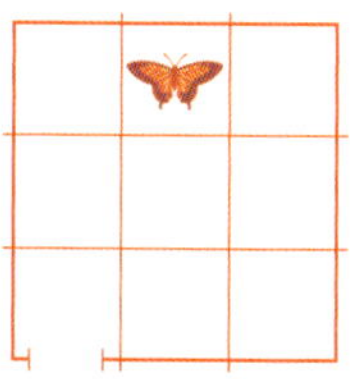

Runen

»Durch inneres Erleben klingen die Tongewalten des Weltalls mit, die in den Rhythmen der Runen schwingen.«

KARL SPIESBERGER

Runen sind buchstabenartige Zeichen altnordischer Herkunft. Ihr Ursprung wird von vielen Forschern sogar auf das sagenumwobene Atlantis zurückgeführt: Runen und runenähnliche Inschriften in Felsbildern oder in Dolmen, Waffen und Geschmeide geritzt, finden wir auch in

Name	Bedeutung*
Fa	*Lenkung*
Ur	*Erfaßtes*
Thorn	*Ziel*
Os, Othil	*Gebotenes*
Rit	*Verfließendes*
Kun	*Bestehendes*
Hagal	*Ewiger Wechsel*
Not	*Trennung*
Is	*Lauf*
Ar	*Wandlung*
Sig	*Wille*
Tyr	*Erregung*
Bar	*Befruchtung*
Laf	*Bestimmung*
Man	*Trieb*
Yr	*Vollendung*
Eh	*Vereinigung*
Gibor	*Erfüllung*

*nach Dr. Ing. Fr. Teltscher

Landstrichen von Frankreich, Portugal, Kreta und sogar im fernen Indien sowie im nördlichen China. Das Alter der aufschlußreichen Funde wird auf fünf- bis zehntausend Jahre v. Chr. und mehr geschätzt.

Die Anwendung der altnordischen Runen als Orakel reicht vermutlich bis zu Christi Geburt zurück, und erst im frühen Mittelalter wurden sie in Skandinavien und Jütland schriftartig gebraucht. Jedem einzelnen Symbol werden magische Kräfte zugesprochen, jedes steht mit transzendenten Kraftfeldern, mit kosmischen Ideenmächten in enger Beziehung.

Der österreichische Physiker Dr. Ing. Teltscher vertritt gar die Ansicht, Runen seien die symbolische Wiedergabe feinstofflicher kosmischer Energieströmungen, wobei sich drei Verbindungsmöglichkeiten ergäben:

- der senkrechte Energiestrom, ausgedrückt durch die senkrechten Runenstriche, vor allem durch die Is-Rune;
- die Verbindung zweier sich kreuzender Energieströme, wie bei der Eh-Rune und Not-Rune;
- das Zusammenfließen dreier Energieströme, wie es die Hagal-Rune zeigt. An diese »Grund-Energieströme« lagern sich gewisse Nebenströme an, ausgedrückt durch Halbstriche, wie bei der Fa-, Ka-, und Laf-Rune.

Anwendung

- Als Schutz- oder Kraftsymbol: am Eingang in der Türschwelle oder im Türstock.
- Als stärkender Gestaltungsaspekt: im → *Firmenlogo* oder Familienwappen.
- Zur Abgrenzung: als → *Borte* an der Wand.
- Zur Unterstützung dem Thema der Rune entsprechend: als → *Bild* von einer Rune.
- Entsprechend dem Symbolgehalt der Rune: als Schmuckstück bzw. Amulett.

BaGua-Bereich

Alle Bereiche

Salzkristallampe

Die Salzkristallampen bestehen aus Steinsalz, das vor etwa 250 Millionen Jahren entstanden ist. Das Steinsalz ist ein farbloses oder durch Eisenoxid rotes bis gelbes Mineral, das überwiegend aus Natriumchlorid und geringen Mengen an Kaliumchlorid besteht. Durch die Erwärmung des Salzsteins mittels Kerze oder Strom werden vermehrt lebenswichtige Negativionen an die Raumluft abgegeben; die dadurch erzeugte rechtszirkulierende bioenergetische Schwingung verbreitet eine energetisierende Wirkung. Die bei Betrieb entstehenden Farbschwingungen (Rot, Gelb oder Orange, auch Weiß) verstärken zudem die aufbauende und wohltuende Wirkung. Der Wirkungskreis einer Salzkristallampe beträgt je nach Größe mehrere Meter; dieses Feld verdoppelt sich, wenn die Lampe eingeschaltet wird.

Da sich der Mensch in unserer heutigen Zeit überwiegend in Räumen (Wohnung, Arbeit) aufhält, wirkt sich das dort befindliche Raumklima sehr stark auf sein Empfinden aus. Bei wissenschaftlichen Untersuchungen wurde festgestellt, daß die lebenswichtigen Negativionen in geschlossenen Räumen, vor allem auch durch Elektrogeräte (Fernseher, Radio, Computer, Mobiltelefon), stark reduziert werden, was schlechtes Befinden, Müdigkeit, Konzentrationsschwäche und Niedergeschlagenheit, also eine Schwächung der körperlichen und psychischen Leistungsfähigkeit, mit sich bringt.

Anwendung

- Um einen Raum mit Negativ-Ionen anzureichern, bzw. zur wirkungsvollen Dekoration: in Wohn- und Schlafräumen.
- Um den Positivionen-Überschuß (verursacht durch technische Geräte) auszugleichen: in Büro- und Arbeitsräumen.
- Um eine angenehme und aufbauende Atmosphäre zu schaffen: in Arzt- und Heilpraktikerpraxen oder ähnlichen Räumlichkeiten.
- Um den Heilungsprozeß zu unterstützen: in Krankenzimmern.
- Zum Abschirmen der linkszirkularen Energiefelder von Fernsehgeräten und Computern.

BaGua-Bereich

- Wissen (Gelb, Orange, Weiß)
- Partnerschaft (Gelb, Orange, Weiß)
- Ruhm (Rot)

Säulen

In der Antike waren Säulen zum einen architektonische Bauteile und wurden als Stützen eines Gebäudes oder als Tempeltore errichtet, zum anderen wurden sie als Denkmal für Triumphe aufgestellt. Sie werden mit der Baumsymbolik in Verbindung gebracht und sind durch ihre senkrechte schlanke Form der Holzenergie zugeordnet.

Stehen Säulen in der Mitte eines Raumes oder in der Nähe von Eingängen oder Fenstern, so führen sie zu Chi-Blockaden, die durch Hilfsmittel wie Hänge- oder → *Kletterpflanzen*, → *Kristallprismen* oder Tücher aufgehoben werden können. Dasselbe gilt für quadratische Säulen, die durch ihre Kanten Sha aussenden können.

Anwendung

- Um das Chi zu aktivieren: Wassersäule (→ *Element* Wasser nährt Holz).
- Um einen separaten Kraftplatz zu erhalten: im Garten zwei Säulen (Baumstämme) aufgestellt wie ein Tor, um Bereiche voneinander abzugrenzen.
- Um die Wachstumsenergie zu aktivieren: eine Säule als Raumteiler in einem großen Raum, als Kunst- oder Dekorationsobjekt.
- Um im geschäftlichen Bereich die Aufmerksamkeit zu lenken und das Chi anzuziehen: eine Lichtsäule oder Säulen als Werbeträger.
- Zur Schaffung eines separaten Zentrums, eines eigenen Raums: in einem Restaurant, indem ein übergroßer Raum mit mehreren Säulen unterteilt wird.
- Um Kraft und Energie aufzubauen: halbhohe Säulen für Blumen.
- Um das Element Feuer zu aktivieren: eine mit kräftigen Farben angemalte oder dekorierte Säule.

BaGua-Bereiche

- Eltern (Element Holz)
- Reichtum
- Ruhm (Element Feuer)

Schale

Die Schale wird dem Kelch gleichgestellt, sie verkörpert die überströmende Fülle der Schöpfung und ist ein kosmisches Symbol, weil sie sich dem Himmel öffnet. Da sie auch zur Aufbewahrung verschiedenster Dinge gebraucht wird, ordnet man sie dem Mütterlichen, dem Nährenden zu.

Anwendung

- Als Symbol für den Überfluß der Natur: gefüllt mit frischen Früchten.
- Für beständigen Reichtum: gefüllt mit goldenen → *Früchten* aus Holz.
- Um einen BaGua-Bereich zu aktivieren oder zu stärken: mit Wasser und Schwimmkerzen oder Blumen zur Dekoration.
- Als Symbol für Schönheit und Ästhetik: eine besonders kunstvolle leere Glasschale.
- Je nach Material und → *Farbe* in dem entsprechenden BaGua-Bereich, siehe unter → *Elemente*.

BaGua-Bereich

Jeder Bereich, jedoch im speziellen:

- Wissen
- Reichtum
- Karriere

Schildkröte

In vielen Kulturen gilt die Schildkröte als ein Symbol der Ruhe, Geborgenheit, des Schutzes und des Rückzugs. In zahlreichen chinesischen Legenden tritt die Schildkröte als Held auf. So half sie dem ersten Kaiser, den Gelben Fluß zu bändigen, damit das Land fruchtbar wurde. Gemäß dem altchinesischen Weltbild trug die riesenhafte Schildkröte »Ao« die Erde auf ihrem Rücken. Wegen dieser kosmischen Zusammenhänge und der auffälligen Zeichen auf dem Panzer wurde Schildpatt schon sehr früh als Orakelwerkzeug verwendet.

Wegen ihrer Langlebigkeit verkörpert die Schildkröte »langes Leben«, und mit ihrer sprichwörtlichen Unverwundbarkeit gilt sie als Sinnbild für die unverrückbare Ordnung. Als eines der vier Himmlischen → *Tiere* im Feng Shui repräsentiert die Schildkröte hier den Norden – die Richtung der stärksten Yin-Energie –, die Nacht und als Jahreszeit den Winter sowie die Ruhe und die Regeneration. Als »schwarze Schildkröte« steht sie für Schutz, Geborgenheit und Rückendeckung. Für ein einzeln stehendes

Haus bedeutet dies, daß ein ausreichender Schutz in Form eines Berges, eines Hügels, eines Waldes oder eines höheren Hauses auf seiner Rückseite vorhanden sein sollte. Innerhalb der Räumlichkeiten gilt diese Schutzanordnung für Sitz- und Schlafpositionen: Der Kopf oder der Rücken einer Person sollte durch eine Wand, eine Pflanze oder einen Raumteiler ausreichend Schutz und damit Ruhe und Geborgenheit erhalten.

Anwendung

Um eine stabile »Schildkröte« als Schutz zu erhalten, sollte ...

- das Bett mit dem Kopfteil immer an einer stabilen Wand stehen;
- der Schreibtisch so im Raum aufgestellt werden, dass sich entweder im Rücken eine Wand befindet oder der Rücken durch Möbel oder Pflanzen gestützt wird;
- die Rückseite des Hauses einen ausreichenden Schutz besitzen, zum Beispiel in Form eines Hügels. Ist dieser nicht vorhanden, so kann er mit einer Mauer, Hecke oder mit Sträuchern hergestellt werden.

Weiterhin ...

- als Sinnbild für langes Leben, Ordnung, Schutz und Glück: an gut sichtbarer Stelle auf dem → *Schreibtisch,* als Briefbeschwerer oder im → *Eingangsbereich,* als Figur;
- als Symbol für Stabilität und Ruhe: im Garten als Steinfigur.

BaGua-Bereich

- Wissen

Schirm

In China ist der zusammenklappbare Schirm schon über 2000 Jahre bekannt. Mit »Schirm« ist hier nicht der im Westen gebräuchliche Regen- oder Sonnenschirm gemeint, sondern vielmehr eines der acht buddhistischen Glückssymbole. Der Schirm gilt auch als Zeichen der Würde und versinnbildlicht die Reinheit und Würde eines Beamten; entsprechend finden wir oft Darstellungen von »Würdenträgern«, über die ein Schirm gehalten wird. Bekannt ist auch der Begriff »Schirmherr« oder »beschirmt«, was immer die Gedankenverbindung zu Schutz, Unterstützung und Hilfe hervorruft. Der Schirm wurde auch bei Hochzeiten eingesetzt, um den Bräutigam zu bedecken, oder er wurde über dem Kindbett aufgehängt, um die bösen Geister von Mutter und Kind fernzuhalten.

Die asiatischen Schirme sind oft sehr kunstvoll gestaltet, farbig bemalt und eignen sich vor allem zur Dekoration.

Anwendung

Um einen Bereich zu aktivieren: je nach Motiv in die entsprechende Ecke gehängt. Die Aufhängung ist so zu wählen, daß die jeweils bemalte oder beschriftete Seite (innen oder außen) sichtbar ist.

BaGua-Bereich

Alle Bereiche

Schlafzimmer

Ruhe und Regeneration von Körper, Geist und Seele stehen im Schlafzimmer im Vordergrund, da der Mensch immerhin ein Drittel seiner Lebenszeit im Schlafzustand verbringt. Deshalb möchte ich Ihnen folgendes empfehlen:

- Plazieren Sie das Schlafzimmer in der ruhigsten Region der Wohnung/des Hauses.
- Achten Sie besonders auf eine behagliche und beruhigende Atmosphäre, indem Sie warme, sanfte → *Farben* für Wände, Teppiche, Bettzeug, Vorhänge oder sonstiges Mobiliar verwenden.
- Überlasten Sie Ihr Schlafzimmer nicht mit unnötigen Möbeln.
- Möchten Sie Pflanzen aufstellen, so sollten diese unbedingt für ein Schlafzimmer geeignet sein (Zimmerlinde oder Palmfarn). (Siehe Literaturhinweise)
- Verwenden Sie angenehmes, weiches → *Licht*.
- → *Bilder* sollten entweder eine beruhigende oder stimulierende (Liebe, Partnerschaft, Erotik) Wirkung besitzen.
- Stellen Sie das → *Bett* an den ruhigsten und sichersten Platz im Raum, und achten Sie auf genügend Schutz (siehe auch → *Himmelsrichtungen* und → *Kua-Zahl*).
- Halten Sie elektrische Einflüsse so gering wie möglich (Zentralschalter!).
- Vermeiden Sie → *Spiegel* oder Spiegelschränke in Ihrem Schlafzimmer, sie verursachen Unruhe und Irritationen.

Schlange

Die Schlange ist in ihrer Symbolik ein überaus mehrdeutiges Tier. Einerseits wird sie aufgrund ihrer Giftzähne und weil sie sich lautlos und fast unsichtbar vorwärts bewegt, gefürchtet, andererseits fasziniert sie durch ihre reizvollen filigranen und farbigen Zeichnungen auf ihrer Haut, die sie zu bestimmten Zeiten abstreift, um sie zu erneuern.

Als »Uroboros« (die sich in den eigenen Schwanz beißende Schlange) ist sie eines der ältesten Symbole für Ewigkeit und Wiedergeburt. Im Hinduismus verkörpert die zusammengerollte Schlange die Kundalini, die Schöpferenergie, die, einmal geweckt, alle Chakras erblühen läßt und die »Erleuchtung« ankündigt.

Im modernen Feng Shui finden wir immer wieder Erklärungen, gemäß denen die Schlange als fünftes Tier das → *Zentrum*, das → *T'ai Chi*, des → *BaGua* bewacht, wo sie von den vier Himmlischen → *Tieren* umgeben und geschützt wird. Im klassischen Feng Shui ist jedoch das Zentrum ein neutraler Platz, ein Ort der Ruhe und Stille.

Anwendung

- Als Sinnbild der Ewigkeit: eine Abbildung des Uroboros.
- Eine schlangenartige → *Borte*. Das Symbol der Wiedergeburt verbindet uns mit dem Bewußtsein, daß es kein Ende und keinen Anfang gibt.

BaGua-Bereich

• Wissen

Schmetterling

Wegen seiner Wandlungsfähigkeit wurde der Schmetterling schon in der griechisch-römischen Antike als Symbol für die unsterbliche Seele angesehen (das griech. Wort »psyché« steht für Schmetterling, Sinnbild des beseelten Lebens; die Göttin Psyche wird auf Kunstwerken meist mit Schmetterlingsflügeln abgebildet). Seine »Flatterhaftigkeit« verbindet ihn auch mit Geschöpfen anderer Ebenen, jenen elfenartigen Wesen, Traumgestalten und Phantasiefiguren, die oft mit Schmetterlingsflügeln abgebildet werden.

Der Schmetterling fordert uns Menschen auf, uns mit dem Augenblick zu verbinden, und macht uns die Vergänglichkeit von Freude und Genuß bewußt. Er verbindet uns mit der Leichtigkeit des Seins. In der Traumdeutung zeigt sich der Schmetterling als Symbol der Metamorphose (Verwandlung/Entwicklung), die der Mensch zu durchlaufen hat, will er zu seinem geistigen Ursprung zurückkehren.

Anwendung

- Um den Chi-Fluß zu aktivieren: als Mobile.
- Als Sinnbild von Freude und Lebendigkeit: in Form

eines Seidenschmetterlings zur Dekoration in Blumengestecken.

- Um eine Tür zu versiegeln: als Figur aus Holz mit Magnet, erhältlich mit oder ohne Klangspiel, zum Befestigen z.B. an einer Tür (siehe → *Spiegel*).

BaGua-Bereich

- Ruhm

Schrank

Zur Aufbewahrung von Kleidung und Wäsche, für Werkzeug, Bastelbedarf, für Schuhe, in der Küche, im Badezimmer, Kinderzimmer und für vieles mehr ermöglichen uns Schränke aller Art, Ordnung und Übersichtlichkeit zu schaffen und zu erhalten.

Wichtig: Halten Sie die Schranktüren geschlossen. In Schlafräumen sollten keine Spiegelschränke stehen, da sie Unruhe verursachen. Begehbare Schränke sind unbedingt gut zu beleuchten, damit die Energie darin nicht zu Sha wird; achten Sie auch darauf, daß dort stets aufgeräumt ist, damit sich dieser Bereich nicht in einen Abstellraum verwandelt.

Schreibtisch

Um konzentriert und gewissenhaft arbeiten zu können, ist es nach Feng-Shui-Kriterien wichtig, bestimmte Regeln beim Plazieren des Schreibtisches zu beachten:

- Stellen Sie den Schreibtisch auf einen Kraftplatz im Zimmer.
- Achten Sie darauf, daß der Schreibtisch nicht zwischen Tür und Fenster steht.
- Setzen Sie sich mit dem Rücken zur Wand. Das gibt Sicherheit, und Sie werden dadurch gestärkt.
- Sorgen Sie dafür, daß Sie im Sitzen in die für Sie günstige Richtung (→ *Kua-Zahl*) blicken. Von den vier → *Himmelsrichtungen* sind die Sheng-Chi-Richtung und die Fu-Wei-Richtung die idealen Richtungen zum Lernen und Arbeiten.
- Alle Zimmeröffnungen (Türen, Fenster) sollen von diesem Platz aus im Blickfeld sein.
- Achten Sie bei einem Kind darauf, daß es vom Schreibtisch aus durch den Blick aus dem Fenster nicht abgelenkt und zu Träumereien verführt wird.
- Hängen Sie ein ruhiges, inspirierendes und motivierendes → *Bild* in Blickrichtung.
- Stellen Sie ein Kraftbild, einen → *Fluorit* auf Ihren Schreibtisch oder einen → *Briefbeschwerer*, um die Kommunikation und die Zentriertheit zu fördern.
- Halten Sie die Arbeitsfläche so frei wie möglich, und räumen Sie täglich Ihren Schreibtisch auf.
- Sollten Sie nicht anders als mit dem Rücken zur Tür sit-

zen können, so hängen Sie ein → *Klangspiel* in der Nähe der Tür auf, damit Sie hören, wenn jemand den Raum betritt. Das gibt Ihnen die sonst fehlende Sicherheit.

- Ist Ihr Schreibtisch in ein → *Wohnzimmer* oder einen Schlafraum integriert, trennen Sie beide Bereiche durch einen → *Paravent* oder ein Klangspiel voneinander ab.
- Das → *BaGua* können Sie auch auf Ihren Schreibtisch anwenden. Nehmen Sie als Ausgangspunkt Ihren Sitzplatz (Karriere), und blicken Sie dann auf Ihren Schreibtisch. Sie können nun Arbeitsmaterial, Telefon, persönliche Gegenstände und alles, was Sie sonst noch benötigen, entsprechend den BaGua-Bereichen auf ihrem Schreibtisch plazieren, z.B. ein Bild der Kinder oder einen Briefbeschwerer im Kinderbereich.
- Eine Lieblingspflanze in der Nähe Ihres Schreibtisches kann den Chi-Fluß aktivieren.
- Sollte Ihr Schreibtisch unter einem → *Balken* stehen, wirken Sie mit glänzenden oder metallenen Gegenständen auf Ihrem Schreibtisch der drückenden Wirkung entgegen.
- Benötigen Sie einen Computer an Ihrem Arbeitsplatz, so achten Sie darauf, daß Sie genügend Bewegungsfreiraum und Ablagefläche zum Arbeiten zur Verfügung haben und daß Sie den Überblick behalten können. Da der Computer viel Yang-Energie ausstrahlt, sollten Sie einen Ausgleich schaffen, z.B. mit einem → *Rosenquarz*, einer Zimmerazalee, einem Usambaraveilchen oder einer anderen Pflanze (siehe Buchhinweis).

Sha

Ist der Chi-Fluß in irgendeiner Weise blockiert oder stagniert er, so wandelt sich lebensförderndes Chi in stagnierendes oder tötendes Sha (vgl. Kapitel »Die universelle Lebensenergie«).

Shiva

Shiva ist der mächtigste und meistverehrte hinduistische Gott. Er ist ein Gott der Gegensätze: einerseits mild, freundlich, andererseits schrecklich und unheilvoll. Ein Zerstörer, der zugleich auch Erneuerer und Schöpfer der Welt ist. Er ist sowohl Gott des Tanzes und der Feste, als auch der Gott der Meditation und völligen Keuschheit. Häufig wird Shiva auch als Nataraja, König des Tanzes, dargestellt, der alles, was nicht auf Wahrheit und Liebe aufgebaut ist, mit seinem Tanz zerstört und die Welt von Ignoranz und Unwissenheit befreit. Auf den meisten dieser Nataraja-Darstellungen ist er von einem Feuerbogen umgeben, der für die Ursilbe der Schöpfung, → *Om*, steht.

Anwendung

- Zur Unterstützung der Meditation: als Bronzefigur auf dem → *Altar*.
- Um die Energie der Erneuerung zu stärken: eine indische Abbildung Shivas in einem passenden Rahmen.

BaGua-Bereich

- Wissen
- Hilfreiche Freunde

Skulptur

Diese künstlerischen, dreidimensionalen Objekte werden durch die Bearbeitung von festen Materialien wie Stein (Marmor, Granit), Gips, Metall (Bronze), Terrakotta, Porzellan, Wachs, Ton, Holz, Glas, Keramik oder Textilien geschaffen. Die Herstellung erfolgt durch Schnitzen, Gießen oder Meißeln. Dargestellt werden unter anderem Menschen, Tiere oder abstrakte Formen.

Anwendung

- Als Sinnbild der Partnerschaft: in Form eines Reliefs, z.B. eine → *Delphingruppe* aus Holz.
- Um die Energie der Erneuerung zu aktivieren: als Bronzefigur, z.B. ein → *Kranich* am Gartenteich.
- Um den Bereich Hilfreiche Freunde zu aktivieren: eine Keramik eines → *Engels* bei den Blumen im Wintergarten.

BaGua-Bereich

Je nach Bedeutung der Skulptur im entsprechenden Bereich.

Sonne

Naturvölker ebenso wie Hochkulturen verehrten die Sonne als Gottheit, als kosmische Intelligenz. Doch vor allem ist sie Quelle des Lichts, der Wärme (Feuer) und des Lebens. Da ihre Strahlen die Dinge sichtbar machen, ist sie auch noch zum Symbol der Gerechtigkeit geworden. In der Alchemie wird sie dem → *Gold* gleichgestellt. Zusammen mit dem Mond wird die Sonne ein Sinnbild der Polarität, des Gegensatzes zwischen Weiblichem und Männlichem, zwischen → *Yin* und *Yang*. So hat sie auch ihre negativen Seiten, wie Dürre und Trockenheit. Ihr täglicher Zyklus mit Sonnenauf- und -untergang ließ sie außerdem noch zu einem Sinnbild für den Kreislauf von Ende und Neubeginn und damit für Hoffnung werden.

Anwendung

- Um eine Tür zu versiegeln: als Sonnenspiegel, z.B. an die → *Badezimmertür* gehängt.
- Als Symbol der Partnerschaft: eine Holzscheibe mit einer geschnitzten Sonne auf der einen und einem Halbmond auf der anderen Seite, farbig angemalt mit einem → *Klangspiel*.
- Um die Feuerenergie, Lebensfreude und Optimismus zu aktivieren:
  – als → *Bild* eines Sonnenaufgangs.

- Sonne, aus Holz geschnitzt, natur oder vergoldet.
- Sonne aus Metall, für den → *Garten*.
- Sonne aus Wachs auf einem Stab für den Blumenkasten.
- Stoffe mit Sonnen, für Tischdecken oder Vorhänge.

Das Sonnenrad (auch: Hakenkreuz, Swastika) besteht aus zwei über Kreuz liegenden Stäben, deren Enden nach links bzw. nach rechts gebogen sind. Geboren aus der Erkenntnis vom göttlichen Ursprung des Lebens, wird dieses Kreuz seit vielen tausend Jahren als Sinnbild des Lebens und schützendes Heilzeichen verwendet. Überdies ist es, wie das einfache christliche Kreuz, ursprünglich ein Symbol der Wiederkehr, der Sonne und des Kosmos.

Das rechtsdrehende Kreuz (die Haken an den Strahlenenden zeigen nach links) bedeutet das aufsteigende Leben (Yang), das linksdrehende (Haken zeigen nach rechts) das absteigende Leben (Yin). Steht das Sonnenrad in einem Kreis, so zeigt es den Kreislauf des Lebens.

In China bedeutet das Sonnenrad Unendlichkeit. Hier finden wir es in vielen Formen als Ornament, sei es auf Kleidungsstücken oder als Wanddekoration. So bedeuten fünf Sonnenräder, die mit fünf Fledermäusen um das Zeichen für Langlebigkeit angeordnet sind, ein »fünffach gesteigertes Glück und langes Leben«. Im Buddhismus ist das rechtsdrehende Sonnenrad »das Siegel von Buddhas Herz« und daher oft auf der Brust von Buddhastatuen sichtbar.

Anwendung

Um die Lebenskraft in einem Raum wirken zu lassen:

- in Verbindung mit anderen Symbolen als Wandornament;
- als selbstgefertigtes → *Bild* auf Leinwand, Papier oder Seide;
- als Holztafel, entweder bemalt oder ausgesägt.

BaGua-Bereich

- Eltern (Gesundheit)

Speicher

Ein Speicher ist ein zusätzlicher Raum, in dem wir »Krempel«, also unwichtige Dinge oder alte Gegenstände, aufbewahren. Doch symbolisch steht er für unseren Verstand. Überlegen Sie also genau, was Sie aufheben wollen und wieviel und in welcher Ordnung! Vergessen Sie Ihren Speicher nicht einfach, sondern misten Sie darin immer wieder aus, und trennen Sie sich allmählich von Ihren Altlasten – wir müssen uns ständig von Altem befreien, damit Neues nachkommen kann. Sorgen Sie in diesem Raum außerdem für genügend Licht, Ordnung und Belüftung. Auch gelegentliches → *Räuchern* wäre angebracht, um den alten »Mief« zu entfernen; dann fällt es Ihnen auch leichter, sich von nicht mehr Gebrauchtem zu lösen.

Spiegel

Der Volksmund berichtet, daß »das Böse«, sobald es sich selbst erkennt, vor seiner eigenen Häßlichkeit erschrickt und deswegen entweder sein böses Treiben läßt oder gebannt bzw. handlungsunfähig wird. In China besagt ein alter Volksglaube, daß ein Spiegel die Geister sichtbar macht. In Märchen symbolisiert der Spiegel Wahrheit und Klarheit. In der Traumdeutung steht er für das Selbstbild und die Selbsterkenntnis: Er zeigt uns unser wahres Wesen, und durch ihn können wir uns selbst in die Augen schauen.

So ist es nicht verwunderlich, daß bereits früh reflektierende Scheiben aus poliertem Messing oder Silber zum Schutz gegen negative Energien, Geister und das allgemein »Böse« verwendet wurden. Heute finden ausschließlich Glasspiegel Verwendung. Das Hauptanwendungsgebiet eines Spiegels liegt in der Beeinflussung des Chi-Flusses, da der Spiegel das Chi reflektiert. Ganz gleich, wo ein Spiegel hängt oder wie er ausgerichtet ist, in jedem Fall beeinflußt, lenkt oder verstärkt er den Chi-Fluß. Daher sollte in einem → *Schlafzimmer* auf einen Spiegel möglichst verzichtet werden, um hier eine ruhige Atmosphäre zu erhalten. Aufgrund der vielfältigen Einsatzmöglichkeiten des Spiegels folgt nun eine Auflistung entsprechend der gewünschten Wirkungsweise:

1. Ausgleich von Fehlbereichen

Durch die moderne und verwinkelte Bauweise entstehen häufig Fehlbereiche, welche die Harmonie der Bewohner beeinträchtigen. Mit einem Spiegel haben wir die Möglichkeit, Räume zu öffnen bzw. zu vergrößern. Im Feng Shui wird dieser Effekt dazu genutzt, Fehlbereiche auszugleichen.

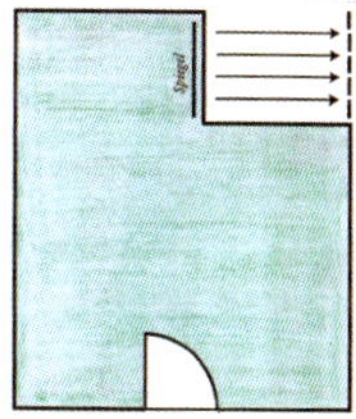

Bei einem L-förmigen Raum ist dabei ein größerer Spiegel auf die Wand zum Fehlbereich zu montieren. Durch die »Tiefenwirkung« wird nun die Wand symbolisch aufgelöst, und der Fehlbereich ist zugänglich.

2. Als Rückspiegel (zur Kontrolle)

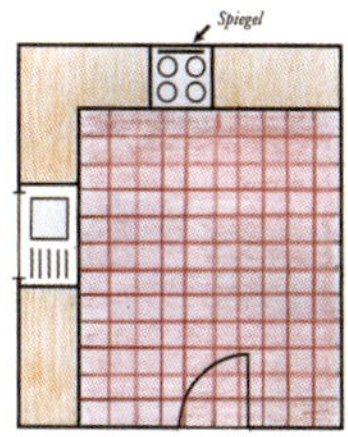

Falls jemand mit dem Rücken zur Tür oder zum Raum am → *Schreibtisch* sitzt oder beim Kochen mit dem Rücken zur Tür steht, reagiert das Unterbewußtsein mit dem Gefühl »Ich bin ungeschützt« und empfindet diesen Platz als unangenehm. Dies hat häufig zur Folge, daß die Konzentrationsfähigkeit bei der Arbeit oder beim Studium stark nachläßt oder das Essen nicht immer gelingen mag.

Sollte ein Umstellen der Möbel nicht möglich sein, und zwar so, daß der-/diejenige die Tür im Blick hat und der Rücken geschützt ist, dann schafft ein kleiner »Rückspiegel« am Schreibtisch oder über dem → *Herd* Abhilfe. Ähnlich wie beim Auto verleiht er mehr Übersicht und Kontrolle. Die Auswahl des richtigen »Rückspiegels« kann ganz individuell vorgenommen werden. → *Briefbeschwerer* mit einer glänzenden Oberfläche oder ein Standbild mit reflektierendem Bilderrahmen wären eine eher unauffällige Lösung zur Kontrolle z.B. für den Schreibtisch.

3. Vergrößerung von Räumen

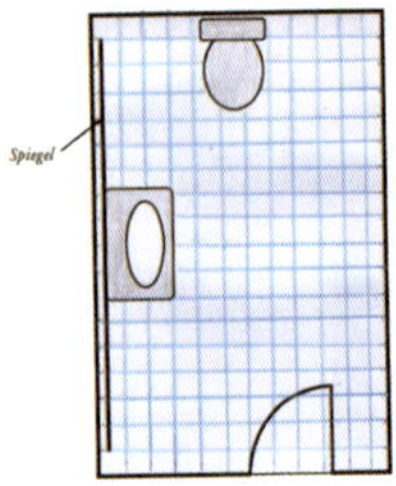

Kleine → *Badezimmer* oder → *Toiletten* stellen oft ein Problem dar, insbesondere, wenn darin kein Fenster ist und dadurch der Energiefluß stagniert. Wird eine Wand mit einem großen Spiegel versehen, so erscheint dieser Raum doppelt so groß und wirkt offen und frei. Der Chi-Fluß wird angeregt, und der Raum wirkt belebt.

4. Versiegeln einer Tür

Oft befinden sich Nebenräume wie → *Badezimmer*, → *Toilette* oder → *Abstellraum* unmittelbar neben oder gegenüber der Eingangstür. Diese Situation bewirkt, daß es hier zu starken Energieverlusten kommen kann und die Wohnung oder das Haus energetisch unterversorgt ist. Als Schutz dienen kleine Spiegel, die in Blickhöhe von außen auf die Tür angebracht werden, um den Chi-Fluß zu lenken bzw. ihn davon abzuhalten, über die Tür zu entweichen. Neben dem klassischen Spiegel sind auch glänzende Türschilder oder goldene → *Sonnenspiegel* als Schutzsymbol geeignet.

5. Ausgleich von versetzten Türöffnungen

Versetzt gegenüberliegende Türen gelten im Feng Shui als ungünstig, da sie sich gegenseitig »spalten«. Abhilfe bringen hier zwei schmale Spiegel, die jeweils seitlich an der Tür montiert werden, um die Spannung auszugleichen und den Chi-Fluß zu lenken.

6. Verdoppelung

Spiegel reflektieren alles in ihrer Umgebung, was einer Verdoppelung gleichkommt. Dieser Effekt wird genutzt, um eine größere Fülle und mehr Wohlstand zu bewirken. In der Küche z.B. versinnbildlicht der → *Herd* die Finanzen des Haushalts. Spiegel hinter oder neben dem Herd angebracht, sollen den Wohlstand verdoppeln. Diese Spiegel können gleichzeitig als Rückspiegel (siehe Punkt 2.) genutzt werden, falls man beim Kochen mit dem Rücken zur Tür steht. In der Geschäftswelt wiederum ist es üblich, neben, hinter oder in der → *Kasse* einen Spiegel anzubringen, so daß sich jeder Geldschein, der in die Kasse kommt oder sich darin befindet, verdoppelt.

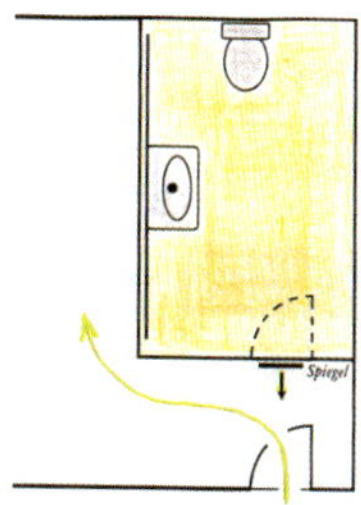

7. Bremsen des Chi-Flusses

Um den Chi-Fluß in einem langen → *Flur* zu bremsen, können Spiegel in bestimmten Abständen versetzt angebracht werden.

8. Lenken der Energie

Durch die gezielte Ausrichtung eines Spiegels kann das Chi in die unbelebten Ecken eines Raumes, in dunkle Flure oder über steile → *Treppen* geleitet werden, um diese zu aktivieren.

Wichtig:

- Hängen Sie Spiegel nicht direkt gegenüber von Türen oder Fenstern auf, sonst kann das Chi nicht fließen, da es auf sich selbst zurückgeworfen wird.
- Die regelmäßige Reinigung der Spiegel ist notwendig, damit sie nur »reine« Energie reflektieren.

- Installieren Sie keine Spiegel im Schlafbereich, damit Ihre Nachtruhe nicht gestört wird.
- Ankleidespiegel sollten nicht unterteilt sein, damit das eigene Spiegelbild nicht geteilt wird. Gleiches gilt auch für den Spiegel im Badezimmer.
- Die Größe der Spiegel ist nach der jeweiligen Situation zu bestimmen.
- Bringen Sie in Augenhöhe kleine Spiegel an Badezimmer- und Toilettentür an.
- Kontrollieren Sie, was vom Spiegel zurückgeworfen wird. Es sollte nur Positives reflektiert werden.

Spirale

Die Spirale ist ein sehr altes und weitverbreitetes Symbol, eng verwandt mit dem → *Kreis*. Ihre Dynamik drückt, je nach Betrachtungsweise, die Kraft des »Zusammenballens« oder des »Entwickelns« aus, wobei die Bewegung entweder zur Mitte, dem Zentrum (T'ai Chi), hin- oder von dort herausführt. Wie das klassische → *Labyrinth* verbindet die einfache Spirale uns mit dem ewigen Fluß des Lebens von »Sterben und Auferstehung« oder der Erneuerung des Lebens. Vor allem die romanische Kunst zeigt uns die Symbolik der Spirale in Form von unterschiedlichsten Ornamenten mit beeindruckenden Aussagen.

Durch die Geomantie wissen wir, daß Spiralen ein pulsierendes und wellenartiges Energiefeld besitzen. Dies wird im Gartenbau oft gezielt genutzt, denn spiralförmige Beete bringen nachweislich einen größeren Ertrag als rechteckige. Diese Aspekte lassen sich unter anderem damit erklären, daß unsere gesamte Welt aus Spiralformen besteht. Betrachten wir den Kosmos, so sehen wir spiralförmige Galaxien, die Wolken und Meere ziehen in Spiralen ihren Weg, Muscheln und Schnecken wohnen in einem spiralförmigen »Haus« und die DNS, der Code allen Seins, windet sich gar in einer Doppelhelix. Die Kraft und die Symbolik der Spirale sind im modernen Feng Shui ein praktikables Hilfsmittel, mit dem man den Makrokosmos auf Erden darstellen kann.

Anwendung

- Um das Chi anzuziehen und damit gesündere Pflanzen zu erhalten: im → *Garten* als Kräuterspirale.
- Als Sammelplatz der Energie: vor dem Haus in Form eines Pflastermosaiks.
- Zur Sammlung der kosmischen Kräfte: innerhalb des Hauses in dessen Zentrum (T'ai Chi, Mitte).
- Als Symbol der Erneuerung: Muscheln in einer Obstschale als Dekoration.
- Um einen Kraftplatz zu schaffen: eine Tischdecke mit keltischen Spiralornamenten.
- Als Sinnbild des Lebensflusses: Spiralen als → *Borte* an der Wand.

BaGua-Bereich

- T'ai Chi (Zentrum)
- Wissen

Spruchtafel

Ähnlich wie bei der → *Affirmation* wirken Sprüche verstärkend und unterstützend auf den entsprechenden BaGua-Bereich. Mein Vorschlag: Basteln Sie doch einfach Ihre eigene Spruchtafel, und hängen Sie sie anschließend im gewünschten → *BaGua*-Bereich auf!

Man nehme z.B.:

1. eine Holzplatte in der gewünschten Größe und Form;
2. einen Stift, einen Pinsel oder einen Lötkolben (zum Einbrennen), je nachdem, wie die Schrift aussehen soll;
3. die entsprechende/n → *Farbe/n* (siehe auch → *Elemente*);
4. einen Spruch, einen Vers oder einen Reim, den man gerne auf seine Tafel malen oder schreiben möchte.

Meine Lieblingssprüche:

- »Wer andere kennt, ist weise. Wer sich selbst kennt, ist erleuchtet.« Lao-tse
- »Das Beste an der Zukunft ist ihre Entwicklung in Tagesportionen.« Abraham Lincoln
- »Wirkliches Leben findet statt, wenn es zu winzigen Veränderungen kommt.« Leo Tolstoi
- »Es ist gut, wenn man ein Ende hat, auf das man sich zu bewegen kann; doch am Ende ist der Weg dorthin das Entscheidende.« Ursula K. Le Guin

Wichtig! Achten Sie darauf, daß Ihr Spruch immer eine positive Aussage hat.

Anwendung

- Als Schutz: über der → *Eingangstür* innen.
- Als Erinnerung: für alle lesbar in der Wohnküche oder dem Wohnraum.
- Als Leitspruch: im → *Kinderzimmer*.
- Jedes Haus hat für die Bewohner eine Bestimmung. Eine Spruchtafel kann daran erinnern.
- Als Motivationshilfe: im → *Arbeitszimmer*.
- Als Motto!

Steine

Im Feng Shui werden Steine dem → *Element* Erde zugeordnet, wobei schroffe Steine Yang- und abgerundete, glatte Steine Yin-Dynamik verkörpern. Steine stehen für Ruhe, Stabilität und Sicherheit.

Größere Steine oder Felsen in der Form eines Hügels oder Berges hinter dem Haus dienen als Rückendeckung. Dadurch erhält es einen stabilen und soliden Charakter, was Erfolg verspricht. Dabei ist jedoch darauf zu achten, daß die Steine nicht bedrohlich wirken und darin keine bösen Gesichter oder Fratzen zu erkennen sind.

Bei der Gestaltung eines → *Teiches* oder größeren → *Zimmerbrunnens* wirkt ein sichtbarer Stein innerhalb der Wasserfläche (Yin) als Yang-Ausgleich und führt somit zur Harmonie zwischen Yin und Yang.

Innerhalb der Gartengestaltung sowie innerhalb der Räumlichkeiten werden Steine dazu verwendet, Ruhe und Geborgenheit zu vermitteln, und auch dazu, den Energiefluß, falls nötig, zu bremsen, zu lenken oder zu sammeln.

Polierte Steinplatten als Bodenbelag, wie Granit oder Marmor, beschleunigen den Chi-Fluß und sorgen so für Dynamik. Deshalb eignen sie sich besonders für Badezimmer und Vorratsräume, jedoch nicht für ein Schlafzimmer.

Anwendung

- Um unregelmäßige Grundstücksgrundrisse auszugleichen: indem die Fehlbereiche mit Steinen abgegrenzt werden.

- Um bei abschüssigen Grundstücken (Hanglage) die Energie auf dem Grundstück zu halten: oberhalb und am Ende des Hangs je nach Größe des Grundstücks einen oder mehrere Steine.
- Als Ausgleich einer unausgewogenen Grundstücksbebauung: als Gegenpol, ähnlich einer Waage.

- Um das Haus oder das Grundstück zu schützen bzw. gegenüber der Umgebung abzugrenzen: größere Einzelsteine beiderseits des Eingangs.
- Als Symbol von Ruhe und Geborgenheit: mehrere Steine dekorativ innerhalb der Wohnung plaziert.
- Zur Stabilisierung und Sammlung des Zentrums (T'ai Chi).

BaGua-Bereich

- Wissen
- Ehe/Partnerschaft
- Zentrum (T'ai Chi)

T'ai Chi

Das innere Feld des → *BaGua* bildet das → *Zentrum*, zu dem alle Energien, ähnlich wie bei der → *Spirale*, hinfließen und aus dem sie wieder hinausströmen. Diese Zone symbolisiert die Zentriertheit, die absolute Harmonie und unser inneres Potential, das durch die anderen Bereiche sichtbar wird.

Dieser BaGua-Bereich braucht Ruhe und Ausgeglichenheit. Sollten sich in diesem Bereich Blockaden befinden, z.B. in Form von Mauern, → *Treppen* oder Räumen, in denen viel Energie abfließt (z.B. WC), sollte besonders auf einen harmonisierenden Ausgleich geachtet werden. Sollte der Ausgleich nicht möglich sein oder im T'ai Chi ein Fehlbereich liegen, so muß in anderen Räumen Ersatz geschaffen werden, indem das Zentrum dort gestärkt wird.

Anwendung

- Innerhalb des Hauses oder der Wohnung sollte das Zentrum frei und unbelastet sein, damit die Energie, das → *Chi*, frei fließen kann.

- Betonung des Zentrums durch Stuckstrukturen an der Decke, durch ein rundes, spiralförmiges, achteckiges oder sternförmiges Bodenmosaik, eine Borte in Spiralformen oder einen Kristallüster.
- Aufwertung des Zentrums durch helles → *Licht*, helle Erdfarben, durch → *Kristallprismen* oder eine → *DNS-Doppelspirale*.
- Sollte kein klares, ruhiges Zentrum vorhanden sein (→ *Treppenhaus*, Abstellraum, → *Toilette*), so kann im Zentrum von zwei anderen Räumen ein Ausgleich geschaffen werden.

Wichtig: Bedenken Sie auch, daß jede Etage ein eigenes Zentrum besitzt!

Taube

Ihre Symbolik reicht zurück bis ins alte Griechenland, wo sie das heilige Tier von Aphrodite, der Göttin der Schönheit, war. In Vorderasien war sie der Fruchtbarkeitsgöttin zugeordnet. Mit dem Christentum wurde sie zum Symbol der Einheit, Reinheit und des Friedens. Bis heute ist ein weißes Taubenpaar ein populäres Liebessymbol.

Anwendung

- Als Symbol des Friedens in der Partnerschaft: zwei Figuren aus Holz.

- Als Symbol der Liebe und Partnerschaft: in Form eines → *Bildes* oder → *Posters* im → *Schlafzimmer*.

BaGua-Bereich

- Partnerschaft

Teich

Ein Teich im Garten vertritt das → *Element* Wasser, das als großer Energieträger den Bewohnern Reichtum, Wohlstand, Glück und Gesundheit bringen soll. → *Fische* im Teich verstärken diese Wirkung zusätzlich.

Bei der Gestaltung eines Teiches sollten folgende Merkmale beachtet werden:

- Bevor Sie einen Teich planen, sollten Sie sich darüber im klaren sein, daß ein Teich Pflege und deshalb auch Zeit erfordert. Haben Sie diese nicht, verzichten Sie lieber auf einen Teich, denn trübes oder brackiges Wasser zieht Unglück sowie finanzielle und gesundheitliche Probleme an.
- Die Größe und Lage des Teiches muß sich harmonisch in die Umgebung einfügen, indem seine Größe in einem ausgewogenen Verhältnis zu Grundstück und Haus steht. Der Teich kann bis zu einem Drittel der Grundstücksfläche einnehmen, sollte jedoch nicht größer sein, als die Grundfläche des Hauses ausmacht.

Befindet sich bereits ein zu großer Teich in einem Garten, so kann er durch eine üppige Bepflanzung begrenzt werden. Bei einem zu kleinen Teich kann z.B. ein zweiter angelegt werden; hier dient dann eine → *Brücke* als Verbindungsglied.

- Der Teich sollte nicht zu nahe am Haus angelegt werden, da sonst das starke Chi des Wassers das Haus überschwemmt und die Bewohner buchstäblich ertränkt. Ist bereits ein Teich angelegt, der zu nahe am Haus liegt, kann durch einen Steg ein optischer Abstand geschaffen werden. Ist er zu weit vom Haus entfernt, schafft ein Weg aus Steinen oder vom Haus zum Teich die nötige Verbindung; die kann auch durch eine kleine Sitzecke hergestellt werden.
- Eine natürliche oder runde Form ist zu bevorzugen. Sehr positiv wirkt sich die Nierenform aus, die das Haus symbolisch umarmt. Achten Sie bei rechteckigen oder quadratischen Teichen unbedingt auf → *Sha* (Pfeile!); wo nötig, schaffen Sie Abhilfe durch eine entsprechende Bepflanzung an Ecken, die zu scharfe Winkel bilden.
- Soll der Teich ein eigenständig funktionierendes ökologisches System aufbauen können, so muß seine Wasseroberfläche ca. 25 qm und die Wassertiefe zwischen 80 bis 100 cm betragen (siehe auch → *Maße*).
- Damit das ökologische Gleichgewicht im Teich aufrechterhalten bleibt, statten Sie diesen mit Wasserpflanzen, Gräsern, eventuell → *Fischen* aus. Dadurch wird gewährleistet, daß das Wasser frisch und sauber bleibt.
- Ein Quellstein erzeugt leise plätscherndes Wasser, was beruhigend und ausgleichend wirkt.

- Ein Springbrunnen belebt und wirkt anregend, besonders wenn er zusätzlich beleuchtet wird.
- Legen Sie keinen Teich in der Nähe eine Baumes an, der im Herbst die Blätter verliert, da sonst viel Arbeit entsteht, wenn Sie die Blätter aus dem Teich fischen müssen.

Anwendung

- Um das Element Wasser in der Umgebung und auf dem Grundstück zu stärken.
- Als Symbol für Reichtum und Wohlstand.
- Als möglicher Ausgleich von → *Yin* (ruhiger Teich) oder → *Yang* (Teich mit Springbrunnen).
- Innerhalb der Gartengestaltung, zum Ausgleich eines Fehlbereiches am Haus, z.B. Reichtum.

BaGua-Bereich

- Reichtum
- Karriere (fließendes Wasser)

Wichtig: Das Wasser im Teich sollte rein und sauber sein.

Telefon

Das Telefon ist als Kommunikationsmittel aus unserem Alltag nicht mehr wegzudenken. Es stellt eine Verbindung zur Umwelt her und gibt uns damit die Möglichkeit, erreichbar zu sein und Mitteilungen und Informationen in verschiedene Richtungen auszutauschen. Besonders bei einer beruflichen Nutzung können Sie den Standort des Telefons auf Ihrem → *Schreibtisch* entsprechend Ihrer Tätigkeit in das jeweilige BaGua plazieren und die Energie des Bereiches nutzen:

BaGua-Bereich und Anwendung

Die nachfolgenden Ausführungen sind keine festen Vorgaben, sondern als Anregung gedacht. Hier sind Ihre eigene Kreativität und Ihre individuelle Einschätzung gefordert. Jedes Gespräch hat seinen Energieschwerpunkt, und ausgerichtet auf diesen, können Sie auch die Standorte wechseln. Viel Spaß beim Experimentieren!

- *Reichtum*: Finanzen
- *Partnerschaft*: Tätigkeiten, die sich mit der Vermittlung verschiedener Bereiche befassen (Speditionen, Heiratsvermittlung, Kundenakquise, Terminplanung).
- *Karriere*: Bewerbungsgespräche, Einschätzungen, Berufsberatung.
- *Wissen*: alle Tätigkeiten, die mit dem Begriff »lernen« zu tun haben, außerdem Informationsaustausch, Produkterklärung.
- *Ruhm*: Organisation, Management, Gespräche zur Motivation und Anerkennung.
- *Kinder*: alle künstlerischen, kreativen Tätigkeiten, Innovationen.
- *Hilfreiche Freunde*: Hilfe und Unterstützung, schwierige Gespräche, Klärungen.
- *Eltern, Gesundheit*: medizinische Berufe, sportliche Tätigkeiten.

Terrasse

In den warmen Sommermonaten wird die Terrasse zur Erweiterung des Wohnraumes und bildet die Verbindung zwischen drinnen und draußen. Gestalten Sie die Terrasse deshalb nach Ihren persönlichen Bedürfnissen entweder als Sonnenterrasse, als Familiensitzplatz, als Kinderspielplatz oder als Entspannungsoase. Eine → *Pergola* oder eine Markise sorgen für den nötigen Schatten und Blumen oder Pflanzen für Energie und gutes Chi. Im Winter können Koniferen in Töpfen oder → *Pflanzgefäßen* mit → *Rosenkugeln* zur Belebung der Terrasse dienen.

BaGua-Bereich

Entsprechend des jeweiligen → *BaGua*-Bereichs können Sie die Anregungen unter → *Elemente* zur Gestaltung der Terrasse umsetzen.

Tiere, die vier Himmlischen

»Wo sich Drache und Tiger umarmen, da ist Chi.«

Dieser einfache Ausspruch zeigt uns, wie sich die Umgebung in Form der »vier Himmlischen Tiere« im Sinne von Feng Shui symbolhaft darstellt. Jedes Haus und jeder

Platz oder Ort erhält durch die Gestalt der Umgebung seinen Charakter – sein Flair. Wie das gemäß Feng Shui im einzelnen zu deuten ist, kann mit der Symbolik der »vier Himmlischen Tiere« beschrieben werden:

→ Schildkröte

Sie schützt den Rücken des Hauses oder Grundstücks und sorgt so für Ruhe, Stabilität und Sicherheit.

→ Drache

Er regiert die linke Seite von Haus oder Grundstück (mit dem Rücken zum Haus gewandt) und sollte sich optisch stark hervorheben. Als Bewacher des Hauses sorgt er für Glück und Wohlstand.

→ Tiger

Er beherrscht die rechte Seite des Hauses oder Grundstücks und sollte sanfter und niedriger gestaltet sein als der Drache. Ein übermächtiger Tiger zieht Streit und Unglück an.

→ Phönix

Er befindet sich auf der Vorderseite des Hauses oder Grundstücks und muß ungehindert frei fliegen können, weshalb hier die Gestaltung flach und offen zu sein hat. Der Phönix vermittelt Lebensfreude und Anerkennung.

Werden alle vier charakteristischen Energien der »vier Himmlischen Tiere« verwirklicht, so spricht man im Feng

Shui vom »idealen Standort«. Dieses Prinzip gilt sowohl für das Haus als auch für den einzelnen Raum im Haus.

Ausgangspunkt bei der Betrachtung eines Gebäudes oder eines Raumes ist immer die Schildkröte – die Rükkendeckung. Dabei ist der freie Blick auf den Phönix gerichtet. Der Drache befindet sich somit links und der Tiger rechts. Betrachten wir diese Formation näher, so können wir ein stilisiertes Hufeisen erkennen, ein Symbol für Glück und Wohlstand.

Innerhalb von Räumlichkeiten ist auch der Begriff des »Lehnstuhls« gebräuchlich, um den besten Platz für Bett oder Schreibtisch festzulegen. Ähnlich einem gemütlichen Sessel sollte sich hier im Rücken die stabile Wand befinden, die Seiten sollten Halt und Stütze geben und die Vorderseite frei zugänglich sein.

Die ausführlichere Symbolik der »vier Himmlischen Tiere« kann unter dem jeweiligen Begriff nachgeschlagen werden.

Anwendung

- Beim Kauf oder Anmieten eines Haus oder einer Wohnung sollten Sie darauf achten, daß möglichst alle Attribute der »vier Himmlischen Tiere« vorhanden sind.
- Sorgen Sie bei der Gestaltung des Schlafzimmers auf jeden Fall für eine gute Rückendeckung (Schildkröte) und auf einen freien Blick nach vorn zu Tür und/oder Fenster.
- Plazieren Sie Ihren Schreibtisch so, daß Sie mit dem Rücken nicht zur Tür sitzen, sondern ihn mit einer geschlossenen Wand schützen.

Tierkreis, chinesischer

Der chinesische Mondkalender besteht aus einem vollen Zyklus von sechzig Mondjahren, dieser unterteilt sich in fünf einfache Zyklen zu je zwölf Jahren. Das chinesische Neujahrsfest ist, anders als bei uns, ein gleitender Feiertag, der in der Zeit um den 5. Februar herum liegt. Jedem der zwölf Jahre des Mondkalenders ist ein Tier zugeordnet, ein → *Element* und eine der Qualitäten → *Yin* und → *Yang*. Hier möchte ich mich auf eine kurze Interpretation des Tierkreises in Auswirkung auf das Jahr beschränken (eine Empfehlung zu weitergehender Literatur finden Sie im Anhang).

Ratte

... 1948, 1960, 1972 ... Fülle, Gelegenheiten, Geselligkeit, Vergnügen, Aufschwung. Keine Risiken eingehen, sondern gut planen.

Ochse

... 1949, 1961, 1973 ... Verantwortung, Disziplin, Geduld. Ohne Fleiß kein Preis. Ernten, was man gesät hat. Keine großen Entscheidungen treffen.

Tiger

... 1950, 1962, 1974 ... Änderungen; explosive und unberechenbare, aber auch reinigende Energien; Streitereien, von einfachen Meinungsverschiedenheiten bis zu Kriegen; unerwartete Rückschläge.

Hase (oder Katze)

... 1951, 1963, 1975 ... Rückzug, Ruhe, Gelassenheit; keine neuen Unternehmungen starten. Vorsicht vor zuviel Trägheit und Genußsucht!

Drache

... 1952, 1964, 1976 ... Ehrgeizige und kühne Projekte können in Angriff genommen werden, doch es gilt, die Begeisterung zu zügeln. Wohlstand und Glück stehen im Vordergrund. Günstig für Eheschließungen.

Schlange

... 1953, 1965, 1977 ... Nachdenken und planen; Frieden; günstig für künstlerische Aktivitäten, Unberechenbarkeit. Vorsicht vor Betrug!

Pferd

... 1954, 1966, 1978 ... Lebhafte und vitale Energien; Leichtsinnigkeit, Sorglosigkeit. Aufschwung in wirtschaftlichen Bereichen. Sprunghaftigkeit, Impulsivität. Vernunft in Geldangelegenheiten.

Schaf (oder Ziege)

... 1955, 1967, 1979 ... Entspannen ist angesagt. Familienangelegenheiten stehen im Vordergrund. Auch: Pessimismus, Überempfindlichkeit und Gereiztheit. Stürmische Aktivitäten bremsen, nach Innen gehen!

Affe

... 1956, 1968, 1980 ... Aussichtslose Vorhaben können erfolgreich sein. Amüsante und aufregende Zeit. Optimismus und Einfallsreichtum, neue Ideen, Fortschritt.

Hahn

... 1957, 1969, 1981 ... Übermäßiges Selbstvertrauen, Energieverschwendung, Streitlust; zu kompliziertes Denken, Umständlichkeit. Jeder ist mit sich selbst beschäftigt. Vorsicht, nicht zu kleinlich werden!

Hund

... 1958, 1970, 1982 ... Unerschütterliche Treue, idealistisches Denken, Nachdenklichkeit, Glück, aber auch Zwietracht. Starre Willenskraft führt zu Konfrontationen. Umbrüche und Rebellion, doch Großmut und Warmherzigkeit bringen alles wieder ins Lot.

Schwein

... 1959, 1971, 1983 ... Guter Wille, Freigebigkeit, Zufriedenheit und Sicherheit; süßes Leben, Müßiggang. Freie und gelöste Energien erzeugen ein Gefühl von Überfluß.

Tiger

Ursprünglich nahm der Tiger in China den Platz des Löwen als »König der wilden Tiere« und »Herr der Erde« ein. Erst später, durch den Buddhismus, wurden diese Attribute dem Löwen zugeteilt, wodurch sich die Symbolik des Tigers veränderte.

Als »weißer Tiger« wird er dem Yin und der Unterwelt zugeordnet, wobei er immer mit dem Tod verbunden wird. Er gilt als Götterbote; und in der chinesischen Kunst finden wir oft Abbildungen, auf denen Götter, Magier oder Unsterbliche, die den Tod bezwangen, den Tiger reiten. Er ist Symbol für kriegerische Tapferkeit, Mut und Stärke, aber auch Wildheit und Zerstörung.

Als eines der vier Himmlischen → *Tiere* stellt der Tiger im Feng Shui den Westen dar, die Richtung des Sonnenuntergangs und des Herbstes, der Zeit der wilden Stürme und turbulenten Winde. Im Feng Shui gilt weiterhin der Grundsatz: »Wo ein Drache ist, ist auch ein Tiger.« Der Tiger zeigt uns also die Gegenseite des Drachen und wird in dieser Beziehung mit List, Täuschung und Unruhe in Verbindung gebracht. Daher gilt für ein Haus oder Grundstück, daß die rechte Seite, die Tigerseite, zurückhaltender gestaltet wird, mit niedrigen und runden Formen, um dem Tiger nicht zuviel Kraft und Macht zu geben. Ausgangspunkt für die Ortung ist die → *Schildkröte* im Rücken. Entsprechend ist auch innerhalb der Räumlichkeiten die rechte Raumseite ebenfalls möglichst ruhig und schwächer zu gestalten als die linke Seite.

Anwendung

Lesen Sie dazu ergänzend den Text: → *Tiere, die vier Himmlischen.*

- Bei der Raumgestaltung sollte darauf geachtet werden, daß die Tigerseite nicht zu übermächtig wirkt. Hier eher kleine Möbelstücke verwenden.
- Im Garten sollte die Tigerseite mit weichen, runden und niedrigen Formen gestaltet werden.
- Um die Energie von Mut und Tapferkeit zu etablieren: als Stofftier.
- Um einen Bereich zu stärken: als → *Poster.*

BaGua-Bereich

Jeder Bereich, in dem Mut, Tapferkeit und Stärke benötigt wird, insbesondere aber die Bereiche:

- Kinder
- Hilfreiche Freunde

Toilette

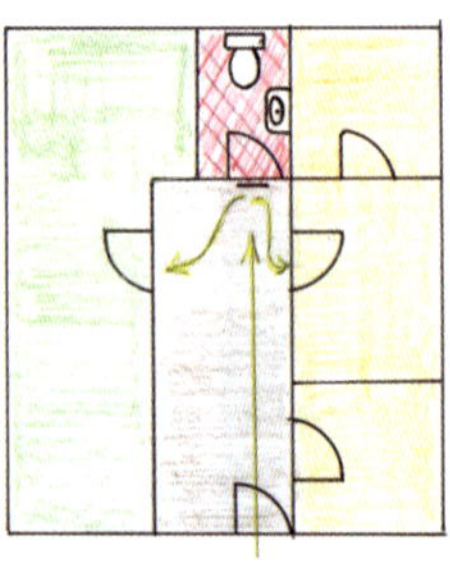

Auch die Toilette ist wie das → *Badezimmer* ein Ort der Reinigung, den wir täglich mehr als einmal betreten. Dank unserer Zivilisation haben diese ehemals ungemütlichen »Örtchen« sehr an Qualität gewonnen, was uns die Möglichkeit bietet, in der Gestaltung und Ausstattung eine wohltuend angenehme Atmosphäre zu schaffen und mit Feng Shui diesen oft vernachlässigten Raum auch energetisch in den gesamten Lebensraum zu integrieren:

Anwendung

- Falls keine Fliesen an den Wänden vorhanden sind, können Sie für den jeweiligen → *BaGua*-Bereich die Wandfarben passend zu den → *Elementen* auswählen.
- Eine Toilette in unmittelbarer Nähe zum Eingang benötigt einen kleinen → *Spiegel* in Augenhöhe außen an der Tür, um sie zu versiegeln und das Chi weiterzuleiten.
- Tür und Toilettendeckel bitte immer geschlossen halten, um den Abfluß von Chi symbolisch zu unterbinden.
- Vor allem bei Toiletten ohne Fenster muß einer Stagnation des Chi durch die Gestaltung entgegengewirkt werden. Verwenden Sie großzügig helles → *Licht,* die entsprechenden → *Farben,* eventuell eine → *Wandmalerei* und verschiedene Hilfsmittel, wie → *Mobile,* → *Kristallprismen,* runde → *Spiegel,* eine → *DNS-Spirale,* ein Ornament, eine → *Borte* oder eine grüne Dekoration, um den Schöpfungszyklus Metall – Wasser – Holz herzustellen. Dieser Schöpfungszyklus kann bei der Gestaltung von Toilette oder Badezimmer übrigens immer als Grundlage dienen.

Die Meinung, Bad und WC seien aufgrund der starken Wasserenergie bereits Chi-»Räuber« oder lösten allein durch ihre Funktion Blockaden aus, ist zwar sehr verbreitet, sollte jedoch unbedingt überdacht werden. Schwerwiegende gesundheitliche, emotionale oder finanzielle

Probleme werden nicht nur durch einen, sondern meistens durch mehrere Faktoren ausgelöst. Bedenken Sie, daß vor allem im Feng Shui alles in einem größeren Zusammenhang betrachtet werden will, da es letztlich nichts »Negatives« gibt. Oft werden wir aufgefordert, durch eine andere Betrachtungsweise und die daraus folgende Umgestaltung unseres Lebensraumes Energien in unserem Leben zurechtzurücken.

Tor

Ein Tor oder eine Tür laden immer dazu ein, sie zu durchschreiten. Sie dienen in Form eines Gartentores, einer Haustür, eines Tempelportals, eines Stadttors als Schranke, Schutz oder Hindernis oder aber auch als Zugang, wie Himmelspforte oder Grabeingang. Symbolisch ist ein Tor ein Übergang, eine Schwelle zwischen zwei Bereichen, zwischen zwei Welten, dem Außen und Innen, dem Bekannten und Unbekannten, dem Diesseits und Jenseits.

Die Gestaltung der Türen und Tore erfolgte einst oft in monumentaler Ausführung und geschmückt mit vielen einfallsreichen, symbolhaften Details. Die Eingänge der asiatischen Tempel werden z.B. mit grimmig blickenden Türwächtern, meistens Löwen, ausgestattet, um nur den Würdigen Zugang zu gewähren und das Böse zurückzuweisen.

Im Feng Shui ist in der Regel die Haus- und Wohnungstür oder das Gartentor der Übergang vom öffentlichen zum privaten Bereich und somit die Grenze von außen nach innen. Diese sollte daher einen besonders schützenden und stabilen Eindruck machen sowie problemlos zu öffnen oder zu schließen sein. In der Gartengestaltung können die unterschiedlichsten Nutzungsbereiche (z.B. Nutz- und Ziergarten) durch einen → *Rosenbogen* als Torsymbol optisch voneinander getrennt werden. Selbst als »offener« Grundstückseingang bietet ein großzügig gestalteter Rosenbogen ausreichend Schutz.

Anwendung

- Als Grenze: zwischen zwei Bereichen, z.B. in Form eines Rosenbogens in der Gartengestaltung
- Als Schutz: im → *Eingangsbereich*

Wichtig: Ein Tor oder eine Tür sollte einen sicheren und stabilen Eindruck erwecken.

Traumfänger

Eine Sage der Lakota (Indianerstamm in Mittelamerika) erzählt von einem alten Medizinmann, der auf einem Berg eine Vision hatte. In dieser erschien ihm Iktomi – ein großer Geist – in Gestalt einer Spinne und übergab dem Mann ein von ihm gewebtes Netz, in dem Federn, Perlen, Pferdehaare und andere Materialien verknüpft waren. Dieses Netz, »Traumfänger« genannt, sollte den Menschen hinfort helfen, ihr Lebensziel zu erreichen, indem es die bösen von den guten Gedanken, Träumen und Visionen trennt, so daß die guten Träume hängenbleiben und die bösen durch ein Loch in der Mitte entweichen.

Anwendung

- Als Blickfang und Chi-Bremse: am Fenster aufgehängt.
- Als Schutzsymbol: über dem → *Bett* aufgeknüpft, im Auto am Rückspiegel befestigt (aus Verkehrssicherheitsgründen nur eingeschränkt empfehlenswert).
- Um das Chi zu leiten oder zu verteilen: im Raum aufgehängt wie ein → *Mobile*.
- Um Chi anzuziehen: einen großen Traumfänger als Dekoration an der Wand.

BaGua-Bereich

Jeder Bereich, insbesondere aber der Bereich Wissen.

Treppenhaus

Das Treppenhaus verbindet die einzelnen Stockwerke eines Hauses/einer Wohnung miteinander. Damit die oberen Etagen energetisch nicht unterversorgt sind, muß das Chi nach oben geleitet werden. Dabei gilt es Folgendes zu beachten:

- Treppen sollten sicher und stabil sein.
- Um einen uneingeschränkten Fluß des Chi zu gewährleisten, sollten Treppen großzügig und offen wirken. Verwenden Sie deshalb helle Wandfarben, und sorgen Sie für viel → *Licht*.
- Wandleuchten, die nach oben führen, unterstützen die Aufwärtsbewegung der Energie.
- Beleuchtete Objekte oder → *Bilder* können der Bewegung nach oben ebenfalls Ausdruck verleihen (siehe auch → *Fächer*).
- Vermeiden Sie eine Wendel- oder Spindeltreppe, da sie wie ein Korkenzieher das Chi nach oben schraubt, wodurch ein Sog entsteht, der das Chi zu stark bündelt und sein Weiterfließen verhindert.
  Haben Sie eine solche Treppe, so können Sie diese Wirkung mit rankenden Pflanzen am Geländer der Treppe oder/und einem zentralen Licht oder Strahler verändern oder abschwächen.
- Hilfsmittel wie → *Klangspiele* oder → *Mobile* können außerdem helfen, Energie in die gewünschte Richtung zu leiten.
- Mit einer entsprechenden → *Wandmalerei* wie der »Trompe-l'oeuil«-Technik, kann ein dunkles, drückendes Treppenhaus optisch größer und heller gestaltet werden.

Trigramme

Die acht Trigramme stellen eine Weiterentwicklung der gebrochenen Yin- und der ungebrochenen Yang-Linie dar. Aus ihnen entstehen die vier Zeichen (siehe links) mit ihren jeweiligen statischen und beweglichen Phasen. Diese vier Zeichen bilden die Grundlage für die acht Trigramme, aus denen wiederum die 64 Hexagramme des I Ging, des »Buchs der Wandlungen«, entstanden, indem die 8 Trigramme miteinander verbunden wurden. Jedes der 8 Trigramme verkörpert eine Kraft der Natur und ist, entsprechend seinem Ursprung, entweder passiv (Yin) oder aktiv (Yang) geprägt.

Die älteste und bekannteste Darstellung der Trigramme ist jene, die Fu Hsi zugeschrieben wird, der die acht Trigramme in Gegensatzpaaren in einem Kreis plazierte, dessen Peripherie die Zeit und den umschließenden Raum verkörpert. Diese Anordnung wird als die »Sequenz des frühen Himmels« oder »pränatale Himmelssequenz« bezeichnet (siehe links).

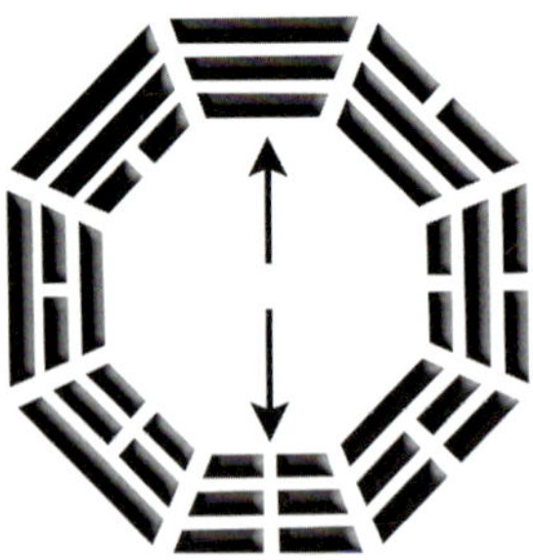

Im Gegensatz dazu stellt die Anordnung nach König Wen die »Kosmische Ordnung« dar und beschreibt die Zyklen und Rhythmen der Natur, wie z.B. die Abfolge der Jahreszeiten. Diese Anordnung wird auch als die »Sequenz des späteren Himmels« (Späthimmel) oder »postnatale

Himmelssequenz« (siehe unten) bezeichnet und bildet im Feng Shui eine wichtige Grundlage für unterschiedliche Berechnungen:

Anwendung

Siehe → *BaGua-Spiegel*, → *Magisches Quadrat*

Bild	*Trigramm*	*Himmels-richtung*	*Jahreszeit*	*Eigen-schaft*	*Familien-mitglied*
Ch'ien	Himmel	Nord-westen	Spät-herbst	schöpfe-risch	Vater
Chen	Donner	Osten	Frühling	erregend	Ältester Sohn
K'an	Wasser	Norden	Winter	abgrün-dig	Mittlerer Sohn
Ken	Berg	Nord-osten	Vorfrüh-ling	unbe-wegt	Jüngster Sohn
K'un	Erde	Süd-westen	Spät-sommer	empfan-gend	Mutter
Sun	Wind	Südosten	Früh-sommer	sanft	Älteste Tochter
Li	Feuer	Süden	Sommer	haltend	Mittlere Tochter
Tui	See	Westen	Herbst	heiter	Jüngste Tochter

Trockenblumen

Gebinde oder Sträuße aus Trockenblumen sind eine vielseitige Variante zu Schnittblumen oder Topfpflanzen. Da sie weder Licht noch Wasser benötigen, können sie überall als Blickfang oder Dekoration unterversorgte Bereiche mit Chi anreichern. Jedoch haben sie den Nachteil, daß sie auf die Dauer vergilben und verstauben und damit den Eindruck von »Absterbendem und Vergangenem« vermitteln, was unmittelbar zur Stagnation des Chi führt. Ersetzen Sie die Trockenblumen deshalb regelmäßig durch neue. Im Buchhandel finden Sie übrigens zahlreiche Bastelbücher, die Ihnen Anregungen zum Zusammenstellen von Trockenblumengestecken bieten.

Anwendung

- Um den Lauf der Dinge zu symbolisieren: Sträuße mit den → *Blumen* der jeweiligen Jahreszeit.
- Zum Schutz und zur Abschreckung: Gesteck als → *Türkranz*.
- Als Sinnbild der Vielseitigkeit der Natur, bezogen auf das Leben und seine Möglichkeiten: ein bunter Strauß.
- Um den entsprechenden BaGua-Bereich zu stärken: ein Trockenstrauß mit Blumen in einer bestimmten Farbe (siehe → *Elemente*).
- Als Symbol der Fülle der Natur: einzelne Blüten in einem Arrangement mit → *Obst* oder als Tischdekoration.

Türkranz

Der Kranz ist ein kreisrundes Laub- und/oder Blumengebinde aus natürlichen und/oder künstlichen Materialien, das zusätzlich mit verschiedenen Dekorationen geschmückt werden kann (Schleifen, bunte Bänder, Kugeln, Federn, Perlen etc.). In der Antike wurde mit einem Türkranz das Sinnbild des Ringes oder → *Kreises* mit jener der pflanzlichen Lebenskraft verbunden. Im einzelnen kennen wir Siegeskränze, Brautkränze, Ehrenkränze, Grabkränze und Tempelkränze. Sie gelten als Zeichen für Ruhm, Ehre und Freude.

Im modernen Feng Shui eignet sich der Kranz hervorragend für die Gestaltung der → *Eingangstür*. Durch die entsprechende Auswahl der Materialien und des dekorativen Zubehörs kann die Symbolkraft gezielt gestaltet werden. So symbolisiert ein Türkranz aus → *Buchsbaum* langes Leben und schützt das Haus vor bösen Geistern. Werden in den Kranz noch reflektierende Bänder eingeflochten, so kann er vor schädlichen Einflüssen (→ *Sha*) schützen.

Achten Sie bei der Gestaltung des Türkranzes – die den Jahreszeiten angepaßt werden kann – darauf, daß er eine üppige und fröhliche Ausstrahlung hat. Wenn er seine Frische verloren hat und farblos wirkt, müssen Sie ihn erneuern oder auswechseln.

Anwendung

- Als Schutzsymbol: für die Eingangstür.

- Als Hochzeitssymbol: mit Efeu gebunden, der Pflanze für Treue und Freundschaft.
- Als Symbol der Erneuerung: ein Frühlingskranz.

Türwächter

Traditionell dienen Türwächter der Abschrekkung böser Geister oder Neider und als Symbol für Macht, Stolz und Ansehen. In China werden dazu »Fu-Hunde«, eine Mischung aus Hund, Löwe und Drache, verwendet, und in der europäischen Kultur sind es Löwen oder auch Adler. Achten Sie einmal bei einem Besuch in einem chinesischen Restaurant auf die prachtvoll gearbeiteten Türwächter!

Anwendung

- Als Symbol für Ansehen und Reichtum: kunstvoll bemalte Porzellanfiguren, sichtbar und dekorativ auf eine Kommode im Bereich Reichtum plaziert.

Zum Schutz und zur Abschreckung ungünstiger Energien:

- als Steinfiguren auf einer Mauer am Gartenzaun oder bei der Gartentür;

- als Steinfiguren direkt vor der → *Eingangstür*, rechts und links;
- als Kunststeinfiguren innerhalb des Eingangsbereichs, z.B. in der Garderobe;
- als wetterfeste Figuren aus Gießkeramik innerhalb der Gartenanlage, z.B. beim → *Rosenbogen* oder beim Übergang in einen anderen Bereich.

Unendlichkeitszeichen

Das Unendlichkeitszeichen, auch Lemniskate oder liegende Acht bzw. Doppelacht genannt, symbolisiert den Kreislauf des Lebens, die ständige Veränderung ohne Anfang und Ende. So führt ein vermeintliches Ende immer wieder zum Beginn eines neuen Zyklus, was zu einer Verbindung zwischen beiden Polen führt, die durch die zwei → *Kreise* dargestellt werden. Außerdem ist sie ein Symbol, das innere Ruhe, Entspannung, Ausgeglichenheit und Wohlstand fördert.

Anwendung

- Zum Wandabschluß oder als Abgrenzung zwischen verschiedenen Bereichen: als → *Borte* an der Wand.
- Um Chi zu aktivieren: als Blickfang, selbstgefertigt aus Holz, Ton oder einem anderen Material.
- Zur Motivation für einen neuen Lebensabschnitt oder ein Projekt: im → *Arbeitszimmer*.
- Zur Erinnerung daran, daß das Leben ein ständiger Kreislauf ist: in die Nähe der → *Eingangstür*.

Vase

Die Vase hat in China die gleiche Bedeutung wie die → *Flasche*. Da die Wortbedeutung gleichlautend mit »p'ing« (= Frieden) ist, erhält man durch Arrangements mit Pflanzen und anderen Materialien, die in einer Vase dekoriert werden können, eine reichhaltige Verbindung der Symbole, z.B. → *Kiefer*- und → *Pflaumen*zweige mit Narzissen in einer Vase stehen für »immergrünes Leben, Liebe, Glück und Frieden«.

Im Feng Shui werden dekorative leere Vasen neben der Eingangstür aufgestellt, um das positive Chi einzuladen und darin zu sammeln. Diese Vasen sind in der Regel mit kunstvollen Glückssymbolen verziert, wie z.B. Pfauen, Vögeln, einem Phönix oder Kalligraphiezeichen.

Anwendung

- Um positives Chi zu sammeln: als Dekoration neben der → *Eingang*stür oder auf der → *Terrasse*.
- Als Zeichen für die Fülle der Natur: in Verbindung mit → *Blumen* oder Pflanzen.
- Als Symbol für innere Leere und Harmonie: eine leere Vase als Dekoration am Meditationsplatz.

BaGua-Bereich

- Wissen
- Reichtum
- Karriere

Vogelhäuschen

Vogeltränke

Es gleicht fast einer Meditation, wenn man im Winter Vögel beim Vogelhäuschen beobachtet und sich an ihrem Anblick erfreut, sich dabei entspannt und die Alltagsgedanken loslassen kann. Vogelhäuschen und Vogeltränke laden diese kleinen Gesellen zum Verweilen ein. Dadurch beleben sie zu jeder Jahreszeit, vor allem im Winter, den → *Garten*, die → *Terrasse* oder den → *Balkon* und verstärken damit das Chi.

Wandmalerei

Die Wandmalerei ist eine Kunstform, die schon die alten Ägypter einsetzten und die mittlerweile immer mehr Anhänger findet. Vor allem die Illusionsmalerei der »Trompe-l'oeuil«-Technik*, die durch perspektivische Darstellung z.B. weite Landschaften zum Teil eines Raumes macht, wird in vielen Restaurants, Bars oder Praxen genutzt, um ein besonderes Ambiente zu schaffen oder um einen kleinen Raum größer wirken zu lassen.

---

* Trompe l'oeuil: Maltechnik, die Dreidimensionalität vortäuscht.

Anwendung

- Als Ersatz für ein Fenster: in einem fensterlosen → *Badezimmer* oder einer fensterlosen → *Toilette*.
- Um einem kleinen Raum mehr Größe zu verleihen und einem stagnierenden Chi entgegenzuwirken.
- Um eine dunkle Ecke mit Chi zu beleben.
- Um einen unfreundlichen → *Flur* aufzufrischen und mit Chi anzureichern.
- Um ein zu großes → *Treppenhaus* zu begrenzen, damit sich das Chi nicht verliert.

Wasser

Wasser (Shui) – ob in Form von Bächen, Flüssen, Seen, Teichen oder Meeren – ist ein elementarer Bestandteil unseres Lebens. Alle wichtigen und mächtigen Städte dieser Welt sind in der Nähe von Wasser gegründet worden: Einerseits bezog man daraus die tägliche Wasserversorgung und Nahrung, andererseits wurde es als Transportweg genutzt, auf dem Handel getrieben wurde.

Wasser wird deshalb im Feng Shui auch mit Reichtum und Wohlstand in Verbindung gebracht. So sollen die Bewohner eines Hauses besonderes Glück erfahren, wenn der Hauseingang auf reines Wasser weist, das in die richtige Richtung fließt. Dabei gilt es zu beachten, daß die Lage eines Hauses gegenüber von Wasser und die Qualität und Dynamik des Wassers selbst bestimmten Voraussetzungen unterliegen:

- So soll das Haus nicht zu nah am Wasser stehen, um vor Überschwemmungen geschützt zu sein.
- Das Wasser muß sauber, frisch und frei von chemischen Belastungen sein, denn verschmutztes Wasser blockiert den Chi-Fluß.
- Fließt Wasser sehr schnell und direkt auf ein Haus zu, so besteht eine Bedrohung für Haus und Bewohner.
- Fließt das Wasser vom Haus weg, so gilt dies als ungünstig.

Die drei glückverheißenden Wasser

1. Wasser fließt breit und langsam auf das Haus zu, an der Vorderseite vorbei und wird hinter dem Haus schmäler.

2. Das Wasser fließt aus drei Richtungen auf das Haus zu und sammelt sich auf der Vorderseite des Hauses.

3. Das Wasser umströmt das Haus wie ein »Jadegürtel« in der Formation des »idealen Standortes«. Die Schildkröte, der Tiger und der Drache erscheinen im Gelände.

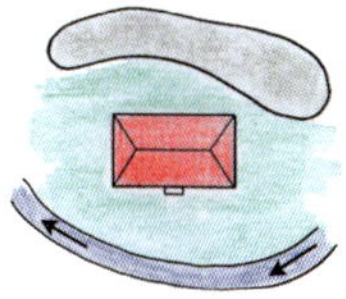

Bereits seit Urzeiten ist uns die Energie des Wassers als lebenswichtig, nicht nur für den Körper, sondern auch für Geist und Seele, bekannt. Als die weibliche Urenergie wird Wasser zunächst dem Yin-Prinzip zugeordnet, was in einem See oder ruhigen Teich zum Ausdruck kommt. Fließendes Wasser besitzt mehr Yang-Energie als ein ruhendes Gewässer, und ein Wasserfall kann die Umgebung mit seinem kräftigen Chi versorgen.

Möchten Sie das Wasserelement im Garten einbringen, so können Sie dies in Form eines → *Teiches*, Springbrunnens oder Wasserfalls umsetzen. Nach dem tausendjährigen chinesischen Kalender gelten für die derzeitige Periode (2004 bis 2023) folgende Himmelsrichtungen für die Plazierung eines Gartenteiches als günstig: Norden, Südwesten, Osten und Südosten. Bei der Gestaltung können Sie Ihrer Phantasie und Kreativität freien Lauf lassen.

Bei der Größe sollten Sie die kraftvolle Wirkung harmonischer → *Maße* verwenden und Länge, Breite und Tiefe bzw. Höhe danach abstimmen. Grundsätzlich gelten abgerundete, ovale oder kreisartige Formen als positiv, während Kanten und Ecken zu vermeiden sind. Die Größe des Wasserelementes sollte mit den Proportionen des Hauses und des Grundstückes abgestimmt werden. Ist z.B. der angelegte Teich oder Wasserfall zu groß, so wirkt das Haus kleiner, und das Wasser erdrückt es mit seiner Kraft, statt es zu nähren. Das Wasser sollte sanft zum Haus hinfließen, um den Energiefluß auf das Haus auszurichten. Bereits ein kleiner Wasserfall in einem Teich kann die gewünschte Wirkung erzielen.

Das → *Trigramm* »Das Abgründige« wird im Feng Shui durch das Wasser ausgedrückt, das die Himmelsrichtung

Norden, die Farben Blau und Schwarz sowie Nacht und Winter symbolisiert.

Anwendung

- Um das Chi der Umgebung zu beleben: in Form eines → *Teiches* oder Wasserlaufes bei der Gartengestaltung.
- Um den Chi-Fluß zu aktivieren: als Springbrunnen vor dem Hauseingang.
- Um Reichtum und Wohlstand anzuziehen: als → *Zimmerbrunnen* oder → *Aquarium* innerhalb des Hauses.

BaGua-Bereich

- Reichtum
- Eltern
- Karriere

Wichtig: Das Wasser muß immer rein und sauber sein, damit es den Energiefluß unterstützen kann.

Wasserfallposter

→ *Wasser*, eines der wichtigsten Elemente unseres Planeten, hat eine extrem intensive, belebende Energie. Es vermittelt Fließen, Bewegung, Stärke und Kraft. Abbildungen von Wasser in Bewegung, von Wasserfällen, Flüssen, Meeresbrandung, Bächen usw., beleben und vitalisieren die Raumenergie und unsere Lebensdynamik. So kann sich ein Wasserfallposter auf unser gesamtes Verhalten, wie Kommunikation, Geselligkeit und soziale Umgangsweisen, auswirken.

Untersuchungen geben darüber Aufschluß, daß → *Bilder* und → *Poster* Informationen weitergeben. Dabei ist es unwichtig, ob wir die Abbildung bewußt oder unbewußt wahrnehmen. Je nach Motiv senken oder steigern sie unser Wohlbefinden und damit unsere Lebensenergie, unser Chi. So ist bei der Auswahl eines Wasserfallposters darauf zu achten, daß der Wasserlauf symbolisch aus dem Bild herausfließt, damit Sie seine Kraft nutzen können. In die Ferne verschwindende Fluß- oder Bachläufe ziehen die Energie aus dem Raum ab und schwächen damit unser Wohlbefinden.

Um jedoch nicht zuviel Wasserenergie zu aktivieren und damit ein Übermaß zu erreichen, sind Poster in Verbindung mit Wald, Steinen und viel Grün am günstigsten. Es ist jedoch immer darauf zu achten, daß jeder Mensch seine eigene Dynamik besitzt und damit auch unterschiedliche Motive benötigt.

Da das Wasser im Feng Shui mit Geld und Reichtum verknüpft wird, ist es sehr beliebt, ein Wasserfallposter zur Förderung des »Geldflusses« zu verwenden.

Anwendung

- Um den Energiefluß im Raum zu beleben.
- Um Vitalität und Dynamik zu erzeugen.
- Um den Energiefluß eines Eingangs im Bereich Karriere zu unterstützen.
- Um die Kommunikation innerhalb eines Konferenz-

raumes günstig zu beeinflussen: Abbildung eines sanften Wasserfalls oder Bachlaufes.

BaGua-Bereich

- Reichtum
- Karriere
- Eltern

Windrad/Windsack

Windrad und Windsack sind besonders für den Außenbereich geeignet, sei es im Garten, auf dem Balkon oder auf der Terrasse. Durch ihre ständige Bewegung, auch bei leichtem Wind, wird die Aufmerksamkeit (Energie) angezogen. Dementsprechend wirken Windräder/Windsäcke aktivierend und belebend. Weiterhin sind sie ein Symbol für Dynamik und Frische. Moderne Ausführungen sind aus wetterfesten und lichtbeständigen Materialien gefertigt und können deshalb ganzjährig verwendet werden.

Anwendung

- Um Fehlbereiche auszugleichen: auf Balkon oder Terrasse.
- Um die gewünschte BaGua-Zone im Garten zu aktivieren.

- Um die Aufmerksamkeit im Eingangsbereich zu erhöhen (Blickfang).

Wichtig: Die Windräder sollten immer funktionsfähig sein; gegebenenfalls müssen Sie sie umgehend reparieren oder austauschen.

Wintergarten

Wie sein Name schon verlauten läßt, ist der Wintergarten ein Gartenersatz für die kalten Monate des Jahres. Die großen Fensterfronten lassen einen ungehinderten Blick nach draußen zu, so daß der Eindruck entsteht, man sitze im Freien. Die direkte Sonneneinstrahlung erhöht Temperatur und Luftfeuchtigkeit, wodurch ein tropisches Raumklima geschaffen wird, in dem Pflanzen besonders gut gedeihen. Mit der entsprechenden Einrichtung kann der Wintergarten zu einem besonderen Ort der Entspannung und der Geselligkeit werden. Doch gibt es auch beim Wintergarten einiges zu beachten:

- Ist der Wintergarten durch einen offenen Zugang in die gesamte Wohnfläche integriert, wird er ganzjährig genutzt und ist nicht länger als ein Drittel der Seitenlänge des Hauses, so wird er zum BaGua dazugerechnet.
- Ist er an das Haus angebaut worden, so ist er als eine Erweiterung zu betrachten. Ist er länger als ein Drittel der Seitenlänge des Hauses, so entsteht ein Fehlbereich.
- Bedenken Sie auch noch, daß durch große Fenster viel

Energie verlorengeht, und wirken Sie dem durch das Anbringen von großen → *Kristallprismen*, einem großen Klangspiel und, je nach Größe des Wintergartens, üppigen → *Pflanzen* entgegen.

- Sollten Sie bei einer großen Fensterfront eher das Gefühl von Verlorenheit und zuviel Weite verspüren, so ist es ratsam, die Fensterfront erst in der üblichen Fensterhöhe beginnen zu lassen.

Wissens-Bereich

siehe im Kapitel »Das BaGua«

Wohnzimmer

Das Wohnzimmer, das in der Regel der Treffpunkt aller Bewohner oder Familienmitglieder ist, sollte auch ihre Bedürfnisse erfüllen und eine vielseitige Nutzung gestatten, jedoch vorrangig die Möglichkeit zur Kommunikation, Entspannung, Unterhaltung oder einem gemütlichen Beisammensein mit Gästen schaffen. Berücksichtigen Sie bei der Gestaltung dieses Raumes am besten folgende Richtlinien:

- Die Sitzmöbel sollten direkt an der ruhigsten Wand aufgestellt werden und Tür und/oder Fenster im Blickfeld haben, aber auf jeden Fall so positioniert sein, daß niemand mit dem Rücken zur Tür oder zu einem Fenster sitzt.

- Einzelne Bereiche wie Arbeitsplatz oder Eßecke müssen unbedingt vom Wohnbereich abgeteilt werden. Dazu eignen sich diverse Hilfsmittel, wie z.B. ein Vorhang, ein → *Paravent*, → *Pflanzen* oder ein → *Klangspiel*.
- Achten Sie beim Einrichten Ihres Wohnzimmers auf das richtige Verhältnis von Wohnraum, Größe und Menge der Möbelstücke. Stellen Sie kleine Räume nicht mit Schrankwänden oder wuchtigen Sitzelementen voll, da sonst eine bedrückende Atmosphäre entsteht.
- Überfüllte, offene Bücherregale gelten als ungünstig, da sie Unruhe vermitteln. Auch hier ist Ordnung und Beschränkung auf das Notwendige angesagt. Eine andere Lösung ist die Anschaffung von Schrankwänden, Vitrinen, Kommoden oder Schubladenelementen.
- Eine gute Ausleuchtung einzelner Bereiche, zusätzlich zur Hauptbeleuchtung, durch Wandleuchten, Stehlampen, Lichtschläuche oder indirekte Lichtquellen bringt mehr Helligkeit in den Raum und schafft die Möglichkeit, bestimmte Stimmungen zu erzeugen (siehe → *Licht*).

Yin und Yang

Alles, was in unserer Welt existiert und uns umgibt, besteht aus Gegensätzen. Sie sind es, die unser menschliches Dasein bestimmen. Yin und Yang stehen als Gegenpole zueinander und symbolisieren in ihrer Verbindung die vollkommene Harmonie. Entstanden aus dem Ur-Einen, dem → *T'ai*

Chi, stehen sie für das männliche und für das weibliche Prinzip in der Natur.

Dabei ist nichts als solches ausschließlich Yin oder Yang, sondern nur in der jeweiligen Beziehung zu etwas anderem hat es Yin- oder Yang-Qualität. Im bekannten Yin/Yang-Zeichen liegt ein kleiner Anteil Yin im Yang und ein kleiner Anteil Yang im Yin, was spiegelt, daß das eine immer im anderen vorhanden ist und ohne es nicht existieren kann. Kein Schatten kann ohne Licht, keine Wärme ohne Kälte empfunden werden, und ohne Ruhe wäre keine Bewegung erkennbar.

Im Feng Shui wird über das Gleichgewicht von Yin und Yang Harmonie und Einheit zwischen Umgebung und Mensch hergestellt, um das Schicksal des einzelnen zu begünstigen. Dabei stehen Yin und Yang in einem fortwährenden Austausch und bewirken Wandel. So folgt die Nacht auf den Tag und der Tag auf die Nacht. Gutes Feng Shui wird

Yin	Yang
Nacht	Tag
dunkel	hell
passiv	aktiv
weiblich	männlich
Mond	Sonne
Erde	Himmel
Winter	Sommer
Kälte	Wärme
Tiger	Drache
einatmen	ausatmen
Schatten	Licht
schwer	leicht
weich	hart
rechts	links
hinten	vorn
innen	außen
gerade Zahlen	ungerade Zahlen
Körper	Seele

daher vor allem durch den richtigen Ausgleich von Yin und Yang erzielt.

Zuviel Yin erzeugt Schwere und Starrheit, während zuviel Yang Unruhe und Aggression verursachen kann. Die Anwendung von Yin und Yang erfordert eine ständige Aufmerksamkeit über die Notwendigkeit einer Veränderung.

Zahlen

Unsere ganze Welt besteht aus Zahlen, und das von Anbeginn an. Zahlen sind ein Spiegel vom Wesen der Wirklichkeit. Jede einzelne Zahl besitzt für sich ihre eigene Realität, Qualität und ihr eigenes Symbol. Dabei entwickelte jede Kultur ihre eigene Deutungsweise. Im Feng Shui sind alle geraden Zahlen (2, 4, 6 …) dem Yin zugeordnet und alle ungeraden Zahlen (1, 3, 5 …) dem Yang.

In der westlichen Welt steht die Ordnung des Universums im Vordergrund. Alles in der Natur ist nach einem bestimmten Rhythmus aufgebaut: In der Musik kennen wir die 7 Grundtöne, in der Architektur den goldenen Schnitt (Zahlenverhältnis 3:5:8) oder in der Pflanzenwelt die rhythmische Anzahl der Blütenblätter. Entsprechend wurde die Zahlensymbolik beim Bau wichtiger Gebäude in der Fassadengestaltung und zu dekorativen Zwecken eingesetzt. Dies wird besonders an der Anzahl der Arkaden und Statuen deutlich, an den ausgeklügelten Maßen wie bei den bis ins kleinste Detail berechneten Fensterrosetten.

In China bezieht sich die Zahlensymbolik auf einen ganzen Komplex von Gegebenheiten und Emblemen. So lassen sich gleichartige Komplexe mit verschiedenen Zahlen in Verbindung bringen, was der Philosophie »von der Wandlung der Natur« entspricht. Ein wichtiger Aspekt bei der Interpretation der Zahlen ist deren Aussprache, weshalb je nach Dialekt die Bedeutung unterschiedlich sein kann.

Lateinisches Zahlensystem

Chinesisches Zahlensystem

1 Eins

Die Eins steht für die ungeteilte Einheit, die Quelle und Wurzel aller anderen Zahlen. Sie steht für Schöpfung, Fortschritt, Individualität, Einssein und Selbstentwicklung. Ihr wird die Sonne (Urkraft) zugeordnet.

Eins 一

Die Eins steht für Einsamkeit und Unglück, für eine autoritäre Herrschaft und für etwas, was auf jeden Fall geschieht. Sie ist allerdings auch eine spirituelle Zahl, die das Höchste und Allergrößte, das T'ai Chi, verkörpert, aus dem die zwei Prinzipien Yin und Yang entstanden sind. Die Eins wird dem Himmel zugeordnet.

2 Zwei

Die Zwei steht für Dualität und Zweiheit sowie für

Zwei 二

Sie gilt als positive Zahl und steht für die Einheit der Gedie wechselseitige dynamische Anziehung. Erkenntnisse und Wissen entstehen aus der Ausbalancierung und Verbindung von Gegensätzen. Der Zwei wird der Mond zugeordnet.

3 Drei

Die Drei ist die Zahl der Vollkommenheit und Vollendung und Symbol Gottes. Sie versinnbildlicht Körper, Geist und Seele oder Bewußtsein, Unter- und Überbewußtsein. Sie steht außerdem für die Familie – Vater, Mutter und Kind. In ihr verkörpern sich Lebensfreude, Optimismus und Offenheit. Sie gilt als ausgesprochene Glückszahl. Ihr wird der Jupiter (Glücksbote) zugeordnet.

gensätze (Yin und Yang) und für gegenseitiges Vertrauen. Die Aussprache des chinesischen Wortes für zwei klingt wie die des Wortes »einfach«, weshalb das Angestrebte mühelos erreicht wird. Die Zwei wird der Erde zugeordnet.

Drei 三

Sie gilt als eine positive und sehr bedeutungsvolle Zahl. Die Aussprache des chinesischen Wortes für drei klingt wie die des Wortes »lebendig«, weshalb ihr Wachstum und eine reiche Nachkommenschaft zugeschrieben wird. Weiterhin steht sie für die östliche Dreiheit: Himmel – Erde – Mensch. Ein beliebtes magisches Feng-Shui-Symbol ist es, drei Münzen unter eine kräftige Pflanze zu legen, um so den Reichtum zu „nähren“. Die Drei wird dem Menschen zugeordnet.

4 Vier

Die Vier ist die traditionelle Zahl des irdischen Universums, der Elemente, der Jahreszeiten, der Himmelsrichtungen und des → *Quadrates*. Solidarität, Standfestigkeit, Kraft und Ausdauer sind die Eigenschaften, die man mit ihr verbindet. Ihr wird der Planet Uranus zugeordnet.

Vier 五

Als die negativste Zahl wird sie gemieden, wo es nur möglich ist. Der Grund dafür liegt darin, daß die Aussprache des chinesischen Wortes für vier wie die des Wortes »Tod« klingt. Zum Schutz wird um die Vier ein Kreis gezogen, damit die negative Kraft in der Mitte verweilen muß.

5 Fünf

Nach Pythagoras ist die Fünf die vollkommene Zahl des Mikrokosmos – der Mensch, ein Pentagramm. Der Mensch reagiert über seine fünf Sinne – Hören, Sehen, Schmecken, Riechen und Tasten. Mit der Fünf werden Eigenschaften wie aktiv, impulsiv, abenteuerlustig, neugierig und erfinderisch verbunden. Ihr wird der Merkur zugeordnet.

Fünf 四

Eine positive bzw. neutrale Zahl, die Zahl der Mitte. In der chinesischen Zahlenmystik ist sie eine der wichtigsten Figuren. So finden wir sie bei den fünf Wandlungsphasen (→ *Elemente*) oder bei den fünf Weltenrichtungen (N, S, O, W, Mitte). Im Mandarindialekt klingt die Aussprache des chinesischen Wortes für fünf wie »Nichts«, weshalb einige Feng-Shui-Schulen in China diese Zahl meiden.

6 Sechs

Die Zahl der Tage des Schöpfungswerkes und somit ein Hinweis auf übermenschliche Kraft. Ihre Attribute sind Gleichgewicht, Gesundheit, Friede, Mitgefühl, Liebe und Dienst an der Gemeinschaft. Modern ausgedrückt symbolisiert sie die Partnerschaft. Ihr wird die Venus zugeordnet.

Sechs 六

Eine glückbringende Zahl und Symbol für Wohlstand, Reichtum und Fülle. Die Aussprache des chinesischen Wortes für sechs klingt wie »rollen« oder »Bewegung«, was in diesem Zusammenhang als »die besten Voraussetzungen sind gegeben« gedeutet wird.

7 Sieben

Wie in Asien, so gilt auch in Europa die Sieben als heilige Zahl. Sie symbolisiert die göttliche Dreifaltigkeit (3) im irdischen Universum (4). Sie zeigt uns die mystische Wandlung von Geburt und Wiedergeburt auf. Wir kennen die »sieben heiligen Schwüre« oder die »sieben Todsünden«. Zur Sieben gehört der Planet Neptun.

Sieben 七

Die »heilige Zahl«, die bevorzugt verwendet wird. Die Aussprache des chinesischen Wortes für sieben klingt wie »sicher«, weshalb sie bei Zahlenkombinationen einen eindeutigen Hinweis gibt.

Zahlenkombinationen:
- 78 = Es ist sicher, reich zu werden.
- 74 = Es ist sicher, zu sterben.

In der Zahlenmystik wird die Sieben der Frau zugeordnet. Die Frau hat danach eine 7-Jahres-Rhythmus:

7 Monate	–	Milchzähne
1 x 7 Jahre	–	Verlust der Milchzähne
2 x 7 Jahre	–	Beginn der Menstruation
7 x 7 Jahre	–	Beginn der Wechseljahre

8 Acht

Die Acht zeigt uns das Fließen der Lebensströme in einer endlosen Spiralbewegung. Die liegende Acht wird als Lemniskate bezeichnet, sie drückt Macht und Autorität aus. Der Acht wird der Planet Saturn zugeordnet.

Acht 八

Im Feng Shui ist die Acht die glückbringende Zahl schlechthin, denn die Aussprache des chinesischen Wortes für acht klingt wie »blühen«, »gedeihen« oder »Reichtum«. Sie trägt in sich das Symbol der Unendlichkeit, der Harmonie und des Wohlstandes. Die Acht verkörpert die Ordnung der Natur in Form der acht → *Trigramme* oder der acht → *Himmelsrichtungen*. Sie wird gerne in Zahlenkombinationen dargestellt oder für Hausnummern, Telefonnummern oder Autokennzeichen ausgewählt.

Zahlenkombinationen:
- 28: einfach und schnell reich werden
- 78: mit Sicherheit reich werden

In der Zahlenmystik wird die Acht dem Mann zugeordnet. Der Mann besitzt demzufolge einen 8-Jahre-Rhythmus:

8 Monate	–	Milchzähne
1 x 8 Jahre	–	Verlust der Milchzähne
2 x 8 Jahre	–	Beginn der Zeugungsfähigkeit
8 x 8 Jahre	–	Ende der Zeugungsfähigkeit

9 Neun

In der Neun sind sämtliche Zahlen und deren Kräfte vereint, weshalb sie die »Zahl der Vollendung« genannt wird. Ihr Quadrat, einundachtzig, ist die »Zahl der Ewigkeit«. Ihr Ausdruck ist Selbstlosigkeit, Toleranz, Mitgefühl und Freiheit. Ihr wird der Planet Mars zugeordnet.

Neun 九

Sie ist die Zahl für »langes Leben«, denn die Aussprache des chinesischen Wortes für neun klingt wie »Langlebigkeit«. Sie gilt ebenfalls als glückbringende Zahl und wird deshalb auch in Zahlenkombinationen verwendet. Im → *magischen Quadrat* befindet sich die Neun im Süden, der wichtigsten und segensreichen Richtung im Feng Shui.

Zahlenkombinationen:

– 289: Es ist leicht, für eine lange Zeit Reichtum zu finden

– 99999: Unendlichkeit (vielfache Langlebigkeit)

Zen-Garten

Die kosmologischen Prinzipien von → *Yin und Yang* bildeten die Grundlagen für die Entstehung des Zen-Gartens, dessen Ursprung in China liegt. Park- und Gartenanlagen sollen die perfekte Harmonie in der bipolaren Natur wiedergeben, indem eine Einheit zwischen → *Berg* und → *Wasser* hergestellt wird. Fels- und Bergformen, als Ausdruck von Ruhe, Härte und Schatten, sind umgeben von großzügigen Teichbauten mit fließendem oder stehendem Wasser, als Ausdruck von Bewegung, Weichheit und Licht.

Form- und Farbcharakteristika grüner und blühender Pflanzen und Gartenobjekte, wie Steinlaternen, Brücken und Kieswege, bestimmen mit ihren elementaren Strukturen der fünf → *Elemente* den verbindenden Rahmen.

Umgewandelt und auf das Wesentliche reduziert – weißer Sand oder Kies stellt das Wasser (Meer) dar, und die → *Steine* symbolisieren die Berge –, wurde der Zen-Garten in Japan zur Unterstützung der Meditation angelegt. Es entstanden die »Trockenen Gärten« (Kare-Sansui), die stark vom Zen-Buddhismus beeinflußt wurden und eine Abstraktion des ursprünglichen Zen-Gartens darstellen. Diese japanischen Zen-Gärten dienen ausschließlich der Betrachtung und nicht dem Begehen, wie die chinesischen Gärten.

Anwendung

- Als Wiedergabe der bipolaren Natur: als Gartenanlage.
- Zur Förderung der Konzentration: die Miniaturausgabe am Meditationsplatz.
- Als Unterstützung bei der Verfolgung klarer Ziele: die Miniaturausgabe auf dem → *Schreibtisch*.
- Für Harmonie und Vollkommenheit: als → *Poster*.
- Als Verbindung zur inneren Weisheit oder zu hilfreichen, übergeordneten Energien: selbstgefertigter Zen-Garten, jedoch mit runden Steinen (→ *Element* Metall).

BaGua-Bereich

- Wissen
- Hilfreiche Freunde
- Kinder (Ideen und Ziele)
- Zentrum (T'ai Chi)

Zimmerbrunnen

Bewegtes → *Wasser* drückt durch seine fließende Energie Leben und Vitalität aus, zieht dadurch die Chi-Energie wie ein Magnet an, wodurch ein Raum ununterbrochen mit lebendiger Energie aufgeladen wird.

Der Zimmerbrunnen mit seinem sprudelnden Wasser oder/und mit einem Vernebler sorgt für eine gleichmäßige

Luftfeuchtigkeit, filtert Staubteilchen aus der Luft, ionisiert die Raumluft mit lebensnotwendigen Negativionen und erhält so eine große Bedeutung für unsere körperliche und emotionale Gesundheit.

Bei der Gestaltung des Zimmerbrunnens empfehle ich, folgende Feng-Shui-Regeln zu beachten:

1. Das Wasser sollte sanft und weich über die → *Steine* fließen und ein leises Plätschern erzeugen.
2. Die Anordnung der Steine und → *Pflanzen* sollte nach den Vorgaben für einen idealen Standort erfolgen (siehe → *Tiere*, die vier Himmlischen).
2. Darstellung des Schöpfungszyklus der fünf → *Elemente* in Form, Farbe und Gegenstand.
3. Ausgewogenheit zwischen → *Yin und Yang*.

Im einzelnen bedeutet dies, vor allem bei einem bepflanzten Brunnen, daß Sie eine Schale wählen sollten, die groß genug ist, um eine ausreichend große Wasserfläche zu halten. Die Steine und Pflanzen sollten Sie so plazieren, daß sie symbolisch → *Drache*, → *Tiger*, → *Phönix* und → *Schildkröte* darstellen.

Besonders wichtig sind die Sauberkeit des Wassers und die Gesundheit der Pflanzen! Technische Geräte wie Pumpe, Filter und Beleuchtung müssen immer funktionsfähig sein. Es empfiehlt sich, nur gefiltertes Wasser (z.B. mit Aktivkohlefilter) zu verwenden, um einer Kalkbildung im Brunnen vorzubeugen.

Durch die große Nachfrage sind mittlerweile verschiedene Arten von pflegeleichten Zimmerbrunnen auf den Markt gekommen:

- Schalen mit Vernebler und Licht, die ähnlich wie die Salzlampen vermehrt Negativionen an die Raumluft abgeben.
- Anspruchsvolle Zen-Brunnen, die durch ihr schlichtes Aussehen faszinieren.
- Duftbrunnen, die durch die Zugabe ätherischer Öle deren Wohlgeruch im Raum verbreiten.

Werden Sie sich vor dem Kauf eines Zimmerbrunnens klar darüber, welche Anforderungen Ihr Brunnen erfüllen soll, und informieren Sie sich ausreichend im Fachhandel.

Anwendung

- Zur Belebung und Energiesteigerung in Räumen.
- Als Luftbefeuchter.
- Zur Aktivierung stagnierender Bereiche.
- Als Blickfang, z.B. im Eingangsbereich von Büro- und Geschäftsgebäuden.

BaGua-Bereiche

- Reichtum
- Eltern
- Karriere

Wichtig: Achten Sie auf klares Wasser und gesunde Pflanzen. Stellen Sie keine Objekte, die dem Feuer-Element zugeordnet werden, neben den Zimmerbrunnen, und positionieren Sie ihn nicht vor einer Fensterfläche.

Zwerge

Beschreibungen dieser kleinwüchsigen, meist männlichen, mit einem Bart ausgestatteten Naturgeister in Menschengestalt reichen unter anderem bis weit in die Vergangenheit der germanischen Mythologie zurück. Oft sind sie in Sagen oder Märchen die Hüter von großen Schätzen und fähig, magische Gegenstände wie Waffen oder Ringe herzustellen. Menschen in großer Not erscheinen sie oftmals als Helfer. Man sagt, sie leben unter der Erde, im Erdinneren, in Grotten, Gruben, Erd- oder Felshöhlen, sind unsichtbar oder werden nur von auserwählten Menschen gesichtet.

Zu den Zwergen gehören außerdem Kobolde, Wichtel, Trolle, Gnome und Heinzelmännchen, wobei letztere Modell standen für die Vorläufer der Ende des 19. Jahrhunderts hergestellten Gartenzwerge. Sie beleben heute die Vorgärten der Reihenhäuser und erfreuen sich der unterschiedlichsten Popularität.

Anwendung

- Als Symbol der unsichtbaren Naturkräfte: Trolle, in verschiedener Ausführung erhältlich, zu den Blumen gestellt.
- Als Blickfang und Chi-Bremse: Figuren aus bemalter Gießkeramik auf der Fensterbank.
- Als Wächter: ein Zwerg aus Ton im Vorgarten.

BaGua-Bereich

- Hilfreiche Freunde
- Kinder
- Wissen

Anhang

Stichwortverzeichnis

Stichwort	suche bei:
Abgrenzung	Arbeitszimmer, Baldachin, Blumenampel, Borte, Hecke, Paravent, Pergola, Rosenbogen, Runen, Unendlichkeitszeichen
Abstellraum	BaGua (Zentrum, T'ai Chi), Spiegel
Achat	Edelsteine
Acht	Zahlen
Affe	Tierkreis, chinesischer
Affirmation	**Affirmation,** Spruchtafel
Agave	Pflanzen
Aktivierung	Blumen, Blumenampel, Elementarwesen, DNS-Doppelspirale, Kristallprismen, Mobile, Zimmerbrunnen
Altar	**Altar,** Amulett, Ankh, Blumen, Buddha, Eiche, Elefant, Elementarwesen, Engel, Flasche, Ganesha, Glasobjekte, Kerze, Klangschalen, Kreuz, Lilie, Lotus, Om, Räuchern, Rose, Shiva
Aloe	Pflanzen
Amethyst	Edelsteine (Amethyst)
Amulett	Altar, **Amulett,** Delphin, Magisches Quadrat
Anerkennung	BaGua (Ruhm), Hausgötter, Telefon
Ankleide(zimmer)	**Ankleide(zimmer),** Räuchern, Spiegel
Ankh	**Ankh,** Kreuz
Aquarium	**Aquarium,** BaGua (Karriere, Eltern, Reichtum), Fisch, Wasser
Arbeitszimmer	**Arbeitszimmer,** Klangspiel, Paravent, Pflanzen, Spruchtafel, Unendlichkeitszeichen
Aromatherapie	Düfte
Atem des Drachen	Himmelsrichtungen
Aufgeschlossenheit	Edelsteine (Rosenquarz)
Aufmerksamkeit	Fahne, Fensterbilder, Girlanden
Ausgleich	Altar, Aquarium, Brücke, Dreieck, Energiebilder, Katze, Neun-Sterne-Ki, Schlange, Spiegel, T'ai Chi

Ausdehnung	Elemente (Feuer)
Autorität	BaGua (Hilfreiche Freunde), Farben (Rot)
Bach	**Bach**
Badezimmer	**Badezimmer,** Sonne, Spiegel, Toilette, Wandmalerei, Wasser
BaGua	**BaGua,** BaGua-Spiegel, Himmelsrichtungen, Kalligraphie, Kasse, Körper, Kua-Zahl, Magisches Quadrat, Pflanzgefäße, Schreibtisch, T'ai Chi
BaGua-Spiegel	**BaGua-Spiegel**
Baldachin	**Baldachin,** Bett
Balken	**Balken,** Bett, Flöten, Schreibtisch
Balkon	BaGua, **Balkon,** Blumen, Chrysantheme, Elementarwesen, Pflanzgefäße, Vogelhäuschen
Bambus	BaGua (Eltern, Reichtum), **Bambus,** Blumen, Kiefer, Pflaume, Poster
Barmherzigkeit	Kuan Yin
Bejahung	Affirmation
Belebung	Aquarium, Blumen, DNS-Doppelspirale, Kristallprismen, Terrasse
Beleuchtung	Arbeitszimmer, Gartenlicht, Keller, Kerze, Küche, Licht, Salzkristallampe, T'ai Chi, Wohnzimmer, Zimmerbrunnen
Bett	Baldachin, Balken, **Bett,** Dachschrägen, Elefant, Himmelsrichtungen, Kinderzimmer; Knoten, der endlose; Münzen, Schlafzimmer, Träumfänger,
Berg	BaGua (Wissen), **Berg,** Drache, Poster, Steine, Trigramme, Zen-Garten
Bergkristall	Edelsteine
Bescheidenheit	Engel
Beständigkeit	Bambus, Kiefer
Bewegung	Bach, Chi, Fahne, Mobile, Spirale, Wasserfallposter, Windrad, Zahlen
Bibliothek	BaGua (Wissen)
Bilder	Altar, Berg, **Bilder,** Blumen, Dachschrägen, Drache, Dreieck, Eiche, Einhorn, Engel, Energiebilder, Farben, Fensterbilder, Fisch, Fotografien, Ganesha, Glasbilder, Kalligraphie, Kreis, Lotus, Om, Orchidee, Pferd, Pflau-

	me, Poster, Quadrat, Quelle, Regenbogen, Rose, Runen, Schlafzimmer, Schreibtisch, Shiva, Sonne, Sonnenrad, Taube, Treppenhaus, Wasserfallposter
Blau	Farben
Blickfang	Baldachin, Blumen, Borten, Delphin, Fahne, Fensterbilder, Flasche, Girlanden, Glasobjekte, Kalligraphie, Om, Traumfänger, Trockenblumen, Unendlichkeitszeichen, Zimmerbrunnen, Zwerge
Blumen	Affirmation, Altar, BaGua (Eltern, Freunde, Wissen), Balkon, **Blumen,** Blumenampel, Borten, Elementarwesen, Flasche, Eiche, Füllhorn, Glasbilder, Korb, Pflanzgefäße, Poster, Rose, Schale, Terrasse, Türkranz, Trokkenblumen, Vase
Blumen-arrangement	Affirmation, Blumen, Chrysantheme, Ei, Eiche, Elementarwesen, Farben
Blumenampel	**Blumenampel**
Bogenhanf	Pflanzen
Bonsai	Pflanzen
Borte	**Borte,** Kalligraphie; Knoten, der endlose; Lilie, Lotus, Mäander, Quadrat, Pflaume, Rose, Runen, Spirale, T'ai Chi, Toilette, Unendlichkeitszeichen
Braun	Farben
Briefbeschwerer	**Briefbeschwerer,** Ei, Schreibtisch, Spiegel
Brücke	**Brücke,** Teich, Zen-Garten
Buchsbaum	**Buchsbaum,** Labyrinth, Türkranz
Buddha	Altar, BaGua (Eltern, Hilfreiche Freunde), **Buddha,** Dickbauch-Buddha, Lotus, Poster
Chi	Bilder, Blumen, Blumenampel, **Chi,** Dachschrägen, Diele, Drache, Entrümpeln, Fahne, Flasche, Flur, Fotografien, Garten, Gartenlicht, Gartenpflanzen, Glasbilder, Gold, Himmelsrichtungen, Hirsch, Kalligraphie, Keller, Kräuter, Küche, Neun-Sterne-Ki, Paravent, Pflanzgefäße, Quadrat, Säulen, Schlange, Schreibtisch, Sha, Spiegel, Teich, Terrasse, Toilette, Treppenhaus, Trockenblumen, Unendlichkeitszeichen, Vase, Vogelhäuschen, Wasser, Zimmerbrunnen

Chrysantheme	Blumen, **Chrysantheme**
Computer	Schreibtisch
Dachschrägen	**Dachschrägen,** Flöten
Dankbarkeit	Affirmation
Dauerhaftigkeit	Buchsbaum, Chrysantheme
Deckenfluter	Licht
Dekoration	Blumen, Dreieck, Ei, Ente, Girlanden, Glasobjekte, Kalligraphie, Kranich, Lilie, Maske, Pflaume, Schale, Sonnenrad, Spirale, Toilette, Traumfänger, Trockenblumen, Türkranz, Vase
Delphin	**Delphin,** Glasbilder, Mobile, Poster, Skulptur
Dickbauch-Buddha	BaGua (Reichtum), **Dickbauch-Buddha**
DNS-Doppelspirale	Chi, **DNS-Doppelspirale,** Schlange, T'ai Chi
Distanz	Farben (Blau)
Disziplin	Pferd; Tierkreis, chinesischer
Donner	BaGua (Eltern), **Donner,** Drache, Trigramme
Donnerkeil	Donner
Doppelspirale	DNS-Doppelspirale
Dorje	Donner
Drache	**Drache,** Fächer; Tiere, die vier Himmlischen; Mobile, Phönix; Tierkreis, chinesischer; Türwächter, Wasser, Zimmerbrunnen
Drachenlinien	Drache
Drei	Zahlen
Dreieck	**Dreieck,** Firmenlogo, Mobile, Zahlen
Düfte	**Düfte**
Duftlampe	Düfte
Durchsetzung	Drache, Farben (Rot)
Dynamik	Balkon, Farben (Rot), Spirale, Wasser, Wasserfallposter, Windrad
Edelsteine	Altar, Amulett, Delphin, **Edelsteine,** Elementarwesen, Engel, Mobile
Efeu	Gartenlaube, Kletterpflanzen, Pergola, Pflanzen, Türkranz
Ehe	**BaGua (Partnerschaft),** Blumen, Delphin, Drache, Düfte, Ente, Farben (Gelb, Rosa, Braun), Kiefer; Knoten, der endlose; Lotus, Mobile, Orchidee, Rose, Salzlampe, Steine; Tierkreis, chinesischer

Ehre	Fahne, Türkranz
Ei	Buchsbaum, **Ei**
Einblatt	Pflanzen
Eingang	Affirmation, BaGua, BaGua-Spiegel, Buchsbaum, Diele, Ei, **Eingang,** Fahne, Fisch, Flasche, Flöten, Fußabstreifer, Gartenlicht, Girlanden, Glocke, Hausgötter, Himmelsrichtungen, Hufeisen, Keller, Kiefer, Klangspiel, Kletterpflanzen, Korb, Kreuz, Kristallprismen, Kröte, Labyrinth, Licht, Löwe, Magisches Quadrat, Mandala, Mistel, Mülltonne, Münzen, Paravent, Pflanzgefäße, Quadrat, Rosenbogen, Rosenkugel, Runen, Schildkröte, Spiegel, Spruchtafel, Steine, Toilette, Tor, Türkranz, Unendlichkeitszeichen, Vase, Wasser, Wasserfallposter, Windrad, Zimmerbrunnen
Einhorn	**Einhorn,** Pferd
Eins	Zahlen
Eintracht	Orchidee
Elefant	BaGua (Wissen), **Elefant**
Elemente	Aquarium, Bambus, Borten, Brücke, Brunnen, Buchsbaum, Chrysantheme, Dreieck; **Elemente, die fünf;** Energiebilder, Fächer, Farben, Firmenlogo, Fisch, Gartenpflanzen, Glasobjekte, Glocke, Himmelsrichtungen, Kalligraphie, Kerze, Kinderzimmer, Kreis, Kua-Zahl, Küche, Neun-Sterne-Ki, Pferd, Pflanzen, Pflanzgefäße, Quadrat, Räuchern, Schale, Spruchtafel, Teich, Terrasse, Trockenblumen, Wasser, Zahlen, Zen-Garten, Zimmerbrunnen
Elementarwesen	**Elementarwesen**
Eltern	Altar, Ankleidezimmer, Bach, **BaGua (Eltern),** Bambus, Blumen, Delphin, Donner, Drache, Eiche, Elefant, Elementarwesen, Engel, Ente, Eule, Farben (Grün), Fotografien Hirsch, Kiefer, Kräuter, Kranich, Löwe, Mobile, Pfirsich, Poster, Quelle, Sonnenrad, Telefon, Wasser, Wasserfallposter, Zimmerbrunnen
Eltern-Bereich	**BaGua (Eltern)**
Energieabfluß	Edelsteine (Achat, Bergkristall), Glasbilder, Klang-

	spiel, Kristallprismen, Kugel, Paravent
Energiebilder	**Energiebilder,** Kalligraphie, Mandalas
Energiefeld	Spirale
Engel	Altar, **Engel,** Fensterbilder, Glocke, Mobile, Poster, Skulptur
Ente	BaGua (Partnerschaft), **Ente**
Entrümpeln	**Entrümpeln,** Keller
Entscheidungshilfe	Edelsteine (Bergkristall)
Entspannung	Aquarium, Bilder, Düfte, Fotografien, Gartenbank, Gartenpflanzen, Kerze, Räuchern, Terrasse, Wintergarten, Wohnzimmer
Entwicklung	Briefbeschwerer
Erde	BaGua (Partnerschaft, Wissen), Berg, Brücke, Delphin, Drache, Dreieck, DNS-Doppelspirale, Elefant, Elemente, Ente, Farben (Gelb, Braun, Orange), Firmenlogo, Glasobjekte, Kua-Zahl, Münzen, Neun-Sterne-Ki, Pferd, Pflanzen, Pflanzgefäße, Poster, Quadrat, Regenbogen, Steine, Trigramme, Zahlen, Zwerge
Erfolg	Magisches Quadrat, Maße
Erleuchtung	Buddha, Lotus
Erneuerung	Kranich, Shiva, Spirale, Türkranz
Eule	**Eule**
Fächer	**Fächer,** Treppenhaus
Fahne	**Fahne**
Familien-Bereich	BaGua (Eltern)
Farben	Ankleidezimmer, Baldachin, Blumen, Borten, Elemente, Energiebilder, **Farben,** Firmenlogo, Glasobjekte, Kalligraphie, Kinderzimmer, Küche, Löwe, Pflanzgefäße, Schale, Schlafzimmer, Spruchtafel, Regenbogen, T'ai Chi, Toilette
Feen	Elementarwesen
Fehlbereich	BaGua, Balkon, Garten, Licht, Spiegel, Steine, T'ai Chi, Teich, Windrad, Wintergarten
Fenster	Badezimmer, Bambus, Bett, Blumenampel, Edelsteine (Achat, Bergkristall), Fensterbilder, Firmenlogo, Frosch, Girlanden, Glasbilder, Glasobjekte, Kletterpflanzen, Kreuz, Kristallprismen, Mobile, Müllton-

	ne, Säulen, Schreibtisch, Spiegel, Toilette, Traumfänger, Wintergarten, Wohnzimmer, Zimmerbrunnen, Zwerge
Fensterbilder	**Fensterbilder,** Mandalas, Om, Quadrat
Fensterkreuz	Kreuz
Fenstersprossen	Kreuz
Feuer	BaGua (Ruhm), Bambus, Dreieck, Düfte, Elemente, Energiebilder, Feuerwerk, Firmenlogo, Fisch, Herd, Kerze, Kua-Zahl, Küche, Neun-Sterne-Ki, Pferd, Pflanzen, Pflanzgefäße, Poster, Räuchern, Sonne, Trigramme, Zimmerbrunnen
Feuerwerk	**Feuerwerk**
Firmenlogo	**Firmenlogo,** Namensschild, Runen
Fisch	Aquarium, BaGua (Reichtum), **Fisch,** Mobile, Teich
Flasche	**Flasche,** Vase
Fleur-de-lis	Lilie
Flexibilität	Elemente (Wasser)
Flöte	Balken, Dachschrägen, **Flöte**
Fluorit	Edelsteine
Flur	Fächer, Flur, Kreis, Kristallprismen, Licht, Mobile, Spiegel, Wandmalerei
Forsythie	Pflanzen
Fotografien	Delphin, **Fotografien,** Mobile, Regenbogen
Freiheit	Katze, Mobile, Phönix, Zahlen
Freude	Altar, Briefbeschwerer, Dickbauch-Buddha, Gartenpflanzen, Kranich, Pflanzen, Türkranz, Zahlen
Freunde (Hilfreiche)	Altar, Ankleidezimmer, **BaGua (Hilfreiche Feunde),** Bambus, Blumen, Buchsbaum, Chrysantheme, Delphin, Einhorn, Elementarwesen, Engel, Farben (Weiß), Gartenbank, Glocke, Kiefer, Kreis, Kristallprismen, Kuan Yin, Löwe, Mobile, Pferd, Phönix, Poster, Quadrat, Shiva, Zen-Garten, Zwerge
Freundschaft	BaGua (Partnerschaft), Farben (Blau), Kiefer, Türkranz
Frieden	Anckh, Aquarium, BaGua, Bambus, Delphin, Dickbauch-Buddha, Flöten, Kuan Yin, Taube, Vase
Frische	Farben (Grün), Windrad
Fruchtbarkeit	Aquarium, Ei, Fisch, Frosch, Füllhorn, Korb, Kröte, Orchidee, Quelle

Früchte	Altar, Blumen, **Früchte,** Füllhorn, Gold, Korb, Schale
Frosch	**Frosch**
Fuchsie	Pflanzen
Fülle	Blumen, Flasche, Früchte, Gold, Korb, Kräuter, Mobile, Schale, Spiegel; Tierkreis, chinesischer; Vase
Fünf	Zahlen
Fürsorge	Delphin, Ente, Farben (Blau), Pferd
Fuk	Hausgötter
Fußabstreifer	**Fußabstreifer**
Ganesha	Altar, **Ganesha**
Garten	Bach, Bambus, Berg, Brücke, Brunnen, Buchsbaum, Chrysantheme, Delphin, Drache, Ei, Eiche, Einhorn, Elementarwesen, Frosch, **Garten,** Hecke, Kiefer, Kletterpflanzen, Kompost, Kräuter, Kranich, Kröte, Lorbeer, Pergola, Rose, Rosenbogen, Schildkröte, Skulptur, Sonne, Spirale
Gartenbank	**Gartenbank**
Gartenlaube	**Gartenlaube**
Gartenlicht	**Gartenlicht**
Gartenpflanzen	**Gartenpflanzen**
Gartentür	Garten, Löwe, Tor, Türwächter
Geborgenheit	Ankleidezimmer, Baldachin, Bett, Edelsteine (Achat), Eiche, Elemente (Erde), Farben (Gelb), Herd, Quadrat, Schildkröte, Steine
Gefäß	Flasche, Vase
Gelassenheit	Buddha, Engel; Tierkreis, chinesischer
Gelb	Farben
Geld	Farben (Schwarz), Kasse, Kröte, Münzen, Pflanzen; Tierkreis, chinesischer
Geldbaum	Pflanze
Geschäftseröffnung	Fahne
Geselligkeit	Elemente (Wasser); Tierkreis, chinesischer; Wasserfallposter, Wintergarten
Gesundheit	Anckh, BaGua (Eltern), Bambus, Farbe (Grün), Engel, Hausgötter, Hirsch, Kiefer; Knoten, der endlose; Kräuter, Kranich, Pfirsich, Poster, Quelle, Sonnenrad, Teich, Telefon, Zahlen, Zimmerbrunnen

Girlanden	Buchsbaum, Fahne, **Girlanden**
Glasbilder	**Glasbilder**
Glasobjekte	**Glasobjekte**
Glocke	BaGua (Hilfreiche Freunde), **Glocke**
Glück	Amulett, Anckh, Aquarium, Dickbauch-Buddha, Drache, Fächer, Fisch, Fotografien, Füllhorn, Hausgötter, Hufeisen; Knoten, der endlose; Lotus, Maße, Mistel, Münzen, Pflaume, Schildkröte, Sonnenrad, Teich; Tierkreis, chinesischer; Vase, Wasser, Zahlen
Glücksschnur	Münzen
Gnade	Kuan Yin
Gold	Amulett, Ankh, **Gold;** Früchte, goldene; Klangschale, Sonne
Goldfisch	Aquarium
Grün	Farben
Grünlilie	Pflanzen
Hahn	Tierkreis, chinesischer
Hakenkreuz	Kreuz, Sonnenrad
Harmonie	Altar, BaGua, Bilder, Delphin, Elemente, Energiebilder, Farben (Gelb, Rosa), Lotus, Mobile, Pflanzen, T'ai Chi, Vase, Wasser, Yin/Yang, Zahlen, Zen-Garten
Harmony Wings	Mobile
Hase	Tierkreis, chinesischer
Haustür	Eingang, Tor, Türkranz
Hecke	**Hecke,** Mülltonne
Herd	**Herd,** Himmelsrichtungen, Küche, Spiegel
Hibiskus	Pflanzen
Hilfreiche Freunde	**BaGua (Hilfreiche Freunde)**
Hilfsbereitschaft	Edelsteine (Rosenquarz)
Himmel	BaGua (Hilfreiche Freunde), Berg, Brücke, Delphin, Donner, DNS-Doppelspirale, Dreieck, Kreis, Mandala, Quadrat, Regenbogen, Trigramme, Zahlen
Himmelsrichtungen	BaGua, Bett, Elemente, **Himmelsrichtungen,** Kinderzimmer, Kreuz, Kua-Zahl, Schlafzimmer, Schreibtisch, Wasser
Himmelssequenz	BaGua, BaGua-Spiegel

Himmlische Tiere	Drache; **Tiere, die vier Himmlischen;** Phönix, Schildkröte, Schlange, Tiger
Hirsch	**Hirsch,** Schreibtisch
Holz	Bambus, Elemente, Firmenlogo, Kua-Zahl, Neun-Sterne-Ki, Pflanzen, Pflanzgefäße, Poster, Säulen, Toilette
Ho-tei	Dickbauch-Buddha
Hufeisen	**Hufeisen**
Hund	Tierkreis, chinesischer
I Ging	Trigramme
Ikebana	Blumen
Indien	Buddha, Shiva
Inspiration	Elemente (Feuer)
Intuition	Briefbeschwerer
Intellekt	Elemente (Feuer); Tierkreis, chinesischer
Iris	Blumen
Irrgarten	Labyrinth
Jahreszeiten	Altar, Blumen, Elemente, Kreuz, Trigramme, Trockenblumen, Türkranz, Vogelhäuschen, Zahlen
Kakteen	Pflanzen
Kalligraphie	Fächer, **Kalligraphie,** Mobile
Kamin	**Kamin**
Kante	BaGua-Spiegel, Bambus, Kamin, Klangspiel, Kristallprismen, Säulen, Wasser
Karriere	Ankleidezimmer, Aquarium, Bach, **BaGua (Karriere),** Brücke, Brunnen, Buchsbaum, Eiche, Elementarwesen, Farben (Schwarz, Blau), Fisch, Flasche, Fotografien, Frosch, Ganesha, Glasobjekte; Knoten, der endlose; Kröte, Löwe, Mandala, Mobile, Poster, Quelle, Schale, Schreibtisch, Teich, Telefon, Vase, Wasser, Wasserfallposter, Zimmerbrunnen
Karriere-Bereich	**BaGua (Karriere)**
Kasse	**Kasse,** Münzen, Spiegel
Katze	**Katze;** Tierkreis, chinesischer
Keller	Entrümpeln, **Keller**
Kerze	Altar, Blumen, Buchsbaum, Elemente, Elementarwesen, Gartenlicht, Glasobjekte, **Kerze,** Schale
Kiefer	Bambus, **Kiefer,** Pflaume, Vase

Kinder	Ankleidezimmer, Briefbeschwerer, Chrysantheme, Delphin, Ei, Elementarwesen, Farben (Weiß), Fotografien, Frosch, Gartenbank, Kreis, Kristallprismen, Mobile, Pferd, Poster, Telefon, Tiger, Zen-Garten, Zwerge
Kinder-Bereich	**BaGua (Kinder)**
Kinderzimmer	Briefbeschwerer, Delphin, Element, Einhorn, Farbe, Katze, **Kinderzimmer,** Klangspiel, Kristallprismen, Mobile, Paravent, Quadrat, Schreibtisch, Spruchtafel
Klangschalen	**Klangschalen**
Klangspiel	Arbeitszimmer, Badezimmer, Bett, Keller, Kinderzimmer, **Klangspiel,** Schmetterling, Schreibtisch, Sonne, Treppenhaus, Wintergarten, Wohnzimmer
Klarheit	Edelsteine (Bergkristall), Elemente (Metall), Glocke
Kleidung	Räuchern, Schränke
Kletterpflanzen	Balken, **Kletterpflanzen,** Pergola, Säulen
Knoten	**Knoten, der endlose**
Körper	Amulett, Ankh, Badezimmer, Bett, Himmelsrichtungen, Kamin, Klangschalen, **Körper,** Kreuz, Poster, Wasser, Zimmerbrunnen
Kommunikation	Elemente (Wasser), Herd, Schreibtisch, Telefon, Wasserfallposter, Wohnzimmer
Kompost	**Kompost**
Kontrollzyklus	Elemente
Konzentration	Altar, Balken, Edelsteine (Bergkristall, Rauchquarz), Elemente (Metall), Farben (Weiß), Kreis, Neun-Sterne-Ki, Pferd, Quadrat, Räuchern, Schreibtisch, Zen-Garten
Korb	**Korb,** Papierkorb, Pflanzgefäße
Kräuterspirale	Kräuter, Spirale
Kraft	Altar, Aquarium, Arbeitszimmer, BaGua (Hilfreiche Freunde), Balkon, Berg, Buddha, DNS-Doppelspirale, Drache, Eiche, Einhorn, Engel, Elefant, Farben (Rot), Gartenbank, Hirsch, Löwe, Münzen, Pferd, Quelle, Runen, Schreibtisch, Sonnenrad, Spirale, Wasser, Wasserfallposter, Zahlen
Kranich	Fächer, **Kranich,** Skulptur
Krankheit	Affirmation, Amulett, Kerze, Räuchern
Kreativität	Affirmation, Arbeitszimmer, BaGua (Kinder), Brief-

	beschwerer, Edelsteine, Element (Holz), Elementarwesen, Farben (Grün, Blau), Fensterbilder, Katze, Kinderzimmer, Telefon, Wasser
Kreis	Brücke, Energiebilder, Fensterbilder, **Kreis,** Kugel, Mandala, Mobile, Quadrat, Sonnenrad, Spirale, Türranz, Unendlichkeitszeichen, Zahlen (Vier)
Kreuz	Ankh, **Kreuz,** Sonnenrad
Kristallüster	Kristallprismen
Kristallprismen	Balken, Chi, Dachschrägen, Flur, Kamin, Keller, Kinderzimmer, **Kristallprismen,** Kugel, Neun-Sterne-Ki, Regenbogen, Säulen, Schlange, T'ai Chi, Toilette, Wintergarten
Kua-Zahl	Bett, Himmelsrichtungen, Kinderzimmer, **Kua-Zahl,** Schlafzimmer, Schreibtisch
Küche	Farben, Herd, **Küche,** Pfirsich, Spruchtafel
Labyrinth	**Labyrinth**
Langlebigkeit	Bambus, Blumen, Buchsbaum, Chrysantheme, Fächer, Hausgötter, Hirsch, Kiefer; Knoten, der endlose; Kranich, Langes Leben, Münzen, Pfirsich, Schildkröte, Sonnenrad, Steine, Türkranz, Zahlen
Leben	Ankh, Bach, Blumen, Briefbeschwerer, Brunnen, Buch, Buddha, Delphin, Dickbauch-Buddha, Dreieck, Ei, Farben (Rot, Grün), Frosch, Herd, Himmelsrichtungen, Hirsch, Kreuz, Kua-Zahl, Quelle, Sonne, Speicher, Spirale, Toilette, Traumfänger, Trockenblumen, Unendlichkeitszeichen, Vase, Zimmerbrunnen
Lebensenergie	Badezimmer, Chi, Himmelsrichtungen, Sha, Wasserfallposter
Lebensfreude	BaGua (Ruhm), Briefbeschwerer, Delphin, Dickbauch-Buddha, Kranich, Zahlen
Lebenskraft	Himmelsrichtungen, Kiefer, Türkranz
Lebensweg	Bach, BaGua (Karriere), Elementarwesen, Flasche, Fotografien, Ganesha
Lehrer	BaGua (Eltern)
Lemniskate	Unendlichkeitszeichen, Zahlen
Lernen	Edelsteine (Fluorit)
Liebe	Blumen, Delphin, Edelsteine (Rosenquarz); Knoten, der endlose; Kranich, Lilie, Mobile, Orchidee, Poster,

	Rose, Shiva, Taube, Vase, Zahlen
Licht	Balken, Chi, Dachschrägen, Eingang, Flur, Gartenlicht, Glasobjekte, Kerze, **Licht,** Lilie, Namensschild, Pergola, Schlafzimmer, Schlange, Sonne, Speicher, Toilette, Treppenhaus, Wohnzimmer, Zimmerbrunnen
Lilie	**Lilie**
Löwe	**Löwe,** Tor
Löwentor	Löwe
Logo	Runen
Lo Shu	Magisches Quadrat
Lotus	Blumen, **Lotus**
Luftbefeuchter	Pflanzen, Zimmerbrunnen
Luftfilter	Chrysantheme, Pflanzen
Luk	Hausgötter
Macht	Berg, Buch, Donner, Elefant, Farben (Rot), Hausgötter, Löwe, Magisches Quadrat, Türwächter, Zahlen
Mäander	**Mäander**
Magisches Quadrat	**Magisches Quadrat**
Magnolie	Blumen, Pflanzen
Makrokosmos	Spirale
Mandala	BaGua (Wissen, Partnerschaft), Chi, Dreieck, Energiebilder, Fensterbilder, Kreis, **Mandala,** Poster, Quadrat
Maße	Firmenlogo, **Maße**
Meditation	Altar, BaGua (Wissen), Brunnen, Buch, Buddha, Edelsteine (Achat), Engel, Flasche, Ganesha, Glocke, Kerze, Klangschalen, Kuan Yin, Om, Räuchern, Shiva, Vase, Zen-Garten
Metall	Altar, Amulett, Bach, Chrysantheme, Delphin, Elemente, Klangschalen, Kranich, Kreis, Kröte, Kua-Zahl, Namensschild, Neun-Sterne-Ki, Om, Pflanzen, Pflanzgefäße, Poster, Schreibtisch, Skulptur, Sonne, Toilette, Zen-Garten
Mi-lo fo	Dickbauch-Buddha
Mineralien	Edelsteine
Mistel	**Mistel,** Türkranz
Mitte	BaGua
Mobile	Badezimmer, Balken, Chi, Delphin, Engel, Flur, Kel-

	ler, Kinderzimmer, **Mobile,** Toilette, Traumfänger, Treppenhaus
Mosaik	Spirale
Motivation	Affirmation, Bilder, Telefon, Unendlichkeitszeichen
Motto	Spruchtafel
Mülltonne	**Mülltonne**
Münzen	BaGua (Reichtum), Kasse, Mobile, **Münzen,** Zahlen
Mut	Einhorn, Löwe, Pferd, Tiger
Nachbar	BaGua (Hilfreiche Feunde)
Nährend	Schale
Namensschild	**Namensschild**
Narzisse	Pflanzen
Natur	Aquarium, Blumen, Delphin, Drache, Elementarwesen, Elemente, Energiebilder, Engel, Ente, Gartenbank, Farben, Kiefer, Kompost, Mistel, Mobile, Poster, Schale, Trockenblumen, Vase, Zahlen, Zen-Garten, Zwerge
Neubeginn	Drache, Sonne
Neun	Zahlen
Neutralität	Edelsteine (Bergkristall)
Ochse	Tierkreis, chinesischer
Östl. Lebensgruppe	Himmelsrichtungen, Kua-Zahl
Offenheit	Farben (Blau), Zahlen
Om	**Om,** Poster, Shiva
Orange	Farben
Orchidee	**Orchidee**
Ordnung	Ankleidezimmer, Arbeitszimmer, Balkon, Donner, Edelsteine (Fluorit), Entrümpeln, Schildkröte, Schränke, Speicher, Wohnzimmer
Ornament	Borten, Fensterbilder, Lotus, Mäander, Sonnenrad, Spirale, Toilette
Papierkorb	**Papierkorb**
Paravent	Arbeitszimmer, Bett, Chi, Kinderzimmer, **Paravent,** Schreibtisch, Wohnzimmer
Partnerschaft	Ankleidezimmer, **BaGua (Partnerschaft),** Blumen, Delphin, Düfte, Ente, Farben (Gelb, Rosa, Braun), Fotografien, Gartenbank, Gartenlaube, Kiefer, Korb, Lotus, Mobile, Orchidee, Pferd, Poster, Rose, Salzlampe,

	Steine, Taube, Telefon, Zahlen
Partnerschafts-Bereich	**BaGua (Partnerschaft)**
Pergola	Drache, Kletterpflanzen, **Pergola,** Terrasse
Perle	Drache
Pferd	**Pferd,** Poster; Tierkreis chinesischer; Traumfänger
Pfingstrose	**Blumen**
Pfirsich	BaGua (Partnerschaft), Hausgötter, **Pfirsich**
Pflanzen	Arbeitszimmer, Bach, BaGua (Eltern, Reichtum), Balkon, Chi, Einhorn, Elefant, Dachschrägen, Drache, Elementarwesen, Farben, Garten, Gartenlicht, Gartenpflanzen, Hecke, Kamin, Mülltonne, Poster, **Pflanzen,** Säulen, Terrasse, Wintergarten, Wohnzimmer, Zen-Garten, Zimmerbrunnen
Pflanzgefäße	BaGua, Elemente, Farben, **Pflanzgefäße,** Terrasse
Pflaume	Bambus, Blumen, Kiefer, **Pflaume,** Vase
Pforte	Rosenbogen
Phönix	Drache, Himmlische Tiere, **Phönix,** Vase, Zimmerbrunnen
Planeten	Magisches Quadrat
Planetensiegel	Magisches Quadrat
Potpourri	Rose
Polarität	Sonne, Yin/Yang
Poster	Berg, Delphin, Eiche, Engel, Fische, Hirsch, Katze, Kiefer, Kranich, Kreis, Löwe, Mandala, Pferd, **Poster,** Quadrat, Rose, Taube, Tiger, Wasserfallposter, Zen-Garten
Quadrat	Fensterbilder, Kreuz, Mäander, Magisches Quadrat, Mandala, Mobile, Münzen, Neun-Sterne-Ki, **Quadrat**
Quelle	Brunnen, **Quelle**
Quellstein	Quelle
Ratte	Tierkreis, chinesischer
Räuchern	Altar, Ankleidezimmer, Keller, Klangschalen, Lorbeer, **Räuchern,** Speicher
Rauchquarz	Edelsteine
Raummitte	Kristallprismen
Raumqualität	Düfte, Edelsteine, Pflanzen, Salzkristallampe
Raumteiler	Arbeitszimmer, Bett, Paravent

Regenbogen	Kristallprismen, **Regenbogen**
Regenbogenkristall	Kristallprismen, Regenbogen
Reichtum	Ankleidezimmer, Aquarium, Bach, **BaGua (Reichtum),** Bambus, Briefbeschwerer, Dickbauch-Buddha, Drache, Farben (Grün), Fisch, Flasche, Gold, Hirsch, Kasse, Kompost, Kröte, Korb, Mobile, Münzen, Poster, Quelle, Schale, Teich, Telefon, Türwächter, Vase, Wasser, Zimmerbrunnen
Reichtums-Bereich	**BaGua (Reichtum)**
Reinheit	Buddha, Einhorn, Engel, Lilie, Lotus, Orchidee, Pflaume, Taube
Reinigung	Amulett, Badezimmer, Donner, Düfte, Edelsteine (Amethyst), Lorbeer, Klangschalen, Räuchern, Rosenbogen, Salzlampe, Toilette
Reklameschild	Firmenlogo
Rosa	Farben
Rose	Gartenlaube, Kletterpflanzen, **Rose,** Rosenbogen, Rosenkugel
Rosenbogen	Kletterpflanzen, **Rosenbogen,** Tor
Rosenkugel	**Rosenkugel,** Rosen
Rosenquarz	Edelsteine, Schreibtisch
Rosenstrauch	Rose
Rot	Aquarium, Brücke, Energiebilder, **Farben,** Flasche, Münzen, Pflanzgefäße
Rückspiegel	Spiegel
Ruhe	Altar, Bett, Blumen, Buddha, Chi, Energiebilder, Farben (Gelb), Fotografien, Garten, Gartenbank, Gartenpflanzen, Katze, Mandala, Om, Quadrat, Schlafzimmer, Schränke, Spiegel, Steine, T'ai Chi, Zen-Garten
Ruhm	Ankleidezimmer, **BaGua (Ruhm),** Blumen, Buddha, Düfte, Farben (Rot, Violett), Gold, Hirsch, Katze, Kerze, Lilie, Löwe, Mobile, Pferd, Phönix, Salzkristallampe, Schmetterling, Telefon, Türkranz
Ruhm-Bereich	**BaGua (Ruhm)**
Runen	**Runen**
Säulen	**Säulen**

Salzkristallampe	Berg, **Salzkristallampe**
Sanftheit	Hirsch
Saturn	Magisches Quadrat, Zahlen
Sau	Hausgötter, Pfirsich
Schale	Altar, Bach, Delphin, Ei, Früchte, Glasobjekte, Gold, Klangschalen, Münzen, Pfirsich, Pflaume, Räuchern, **Schale,** Zimmerbrunnen
Schildkröte	Drache; Tiere, die vier Himmlischen; **Schildkröte,** Zimmerbrunnen
Schirm	Kranich, **Schirm**
Schlafzimmer	Bilder, Farben, Fotografien, Kiefer, Rose, **Schlafzimmer,** Spiegel, Taube
Schlange	**Schlange;** Tierkreis, chinesischer; Tiere, die vier Himmlischen
Schmetterling	Mobile, **Schmetterling**
Schöpfung	Elemente (Holz), Korb, Om, Shiva, Zahlen
Schöpfungszyklus	Elemente
Schränke	**Schränke,** Entrümpeln, Wohnzimmer
Schreibtisch	Balken, Briefbeschwerer, Delphin, Donner, Himmelsrichtungen, Hirsch, Münzen, Papierkorb, Schildkröte, **Schreibtisch,** Spiegel
Schriftzeichen	Kalligraphie
Schutz	Affirmation, Altar, Amulett, Ankh, BaGua-Spiegel, Baldachin, Bett, Edelsteine (Achat), Engel, Glasobjekte, Glocke, Hecke, Kerze, Klangspiel, Kreis, Kreuz, Löwe, Magisches Quadrat, Münzen, Om, Paravent, Pfirsich, Pflanzen, Rosenbogen, Runen, Schildkröte, Schirm, Spiegel, Spruchtafel, Tor, Traumfänger, Türkranz, Türwächter, Zahlen
Schutzengel	BaGua (Hilfreiche Freunde), Engel
Schwarz	Farben
Schwein	Tierkreis, chinesischer
Schwelle	Fußabstreifer, Runen, Tor
Sechs	Zahlen
See	BaGua (Kinder), Trigramme
Selbstfindung	Buddha
Sha	Chi, Einleitung, Flur, Kamin, Paravent, Säulen,

	Schränke, **Sha,** Teich, Türkranz
Shiva	Altar, Om, **Shiva**
Sicherheit	BaGua (Wissen), Edelsteine (Achat), Elemente (Erde), Magisches Quadrat, Schreibtisch, Steine
Sichtschutz	Baldachin, Blumenampel, Glasobjekte, Hecke, Paravent, Pergola
Sieben	Zahlen
Skulptur	Bach, Chi, Delphin, Drache, Ei, Einhorn, Elefant, Elementarwesen, Engel, Eule, Farben, Frosch, Gartenlicht, Glasobjekte, Hirsch, **Skulptur**
Sonne	Bild, Farben (Gelb), Glasbilder, Gold, Löwe, Pergola, Pferd, Poster, **Sonne,** Sonnenrad, Spiegel, Zahlen
Sonnenrad	**Sonnenrad**
Sonnenspiegel	Spiegel
Spanische Wand	Paravent
Spiegel	Ankleidezimmer, Badezimmer, BaGua (Karriere), BaGua-Spiegel, Chi, Kasse, Mobile, Rosenkugel, Schlafzimmer, Sonne, **Spiegel,** Schränke, Toilette
Springbrunnen	Teich, Wasser
Spruchtafel	Affirmation, Elemente, **Spruchtafel**
Spirale	Briefbeschwerer, DNS-Doppelspirale, Glasobjekte, Kreis, Kräuter, Labyrinth, Mäander, **Spirale**
Spitze	Dreieck
Stabilität	BaGua (Wissen), Berg, DNS-Doppelspirale, Elemente (Erde), Farben (Gelb), Fotografien, Mandala, Pferd, Quadrat, Schlange, Steine
Standort	Tiere, die vier himmlischen
Stärke	Drache, Elefant, Löwe, Pferd, Tiger
Steine	Amulett, Bach, Berg, Chi, Edelsteine, **Steine,** Teich, Zen-Garten, Zimmerbrunnen
Tageszeiten	Elemente, Trigramme,
T'ai Chi	BaGua, DNS-Doppelspirale, Farben, Kreis, Kristallprismen, Schlange, Spirale, **T'ai Chi**
Talisman	Magisches Quadrat
Tapete	Mäander
Tapferkeit	Tiger
Taube	**Taube**

Teich	Bambus, Elementarwesen, Fisch, Frosch, Lotus, Steine, **Teich,** Wasser
Telefon	Schreibtisch, **Telefon**
Terrasse	BaGua, Elementarwesen, Pergola, **Terrasse,** Vase
Tiefenwirkung	Spiegel
Tierkreis, chin.	**Tierkreis, chinesischer**
Tiger	Tiere, die vier Himmlischen; Tierkreis, chinesischer; **Tiger,** Zimmerbrunnen
Ting Lan	Maße
Toilette	DNS-Spirale, Elemente, Mobile, Kristallprismen, Schlange, Spiegel, **Toilette,** Wandmalerei
Topfpflanze	Blumen
Tor	Gartentor, Pfirsich, Rosenbogen, **Tor**
Traumfänger	Mobile, **Traumfänger**
Transformation	Mobile, Schmetterling
Treppenhaus	Bilder, Borte, Fächer, Flöten, Fotografien, Schlange, T'ai Chi, Spiegel, **Treppenhaus**
Treue	Bambus, Blumen, Farbe (Blau), Ente, Kiefer, Pferd; Tierkreis, chinesischer; Türkranz
Trinkhorn	Füllhorn
Trockenblumen	**Trockenblumen**
Trommel	Donner
Trigramme	BaGua-Spiegel, Donner, Magisches Quadrat, Maße, Neun-Sterne-Ki, **Trigramme**
Tür	Affirmation, Badezimmer, BaGua, BaGua-Spiegel, Bett, Buchsbaum, Eingang, Fahne, Fisch, Flöten, Fußabstreifer, Gartenlicht, Girlanden, Glocke, Herd, Himmelsrichtungen, Hufeisen, Kasse, Klangspiel, Kreis, Kreuz, Kristalle, Kröte, Lilie, Löwe, Magisches Quadrat, Mandala, Mistel, Münzen, Paravent, Pfirsich, Quadrat, Rosenkugel, Runen, Schränke, Schreibtisch, Sonne, Spiegel, Spruchtafel, Steine, Teich, Tor, Toilette, Trockenblumen, Türkranz, Türwächter, Unendlichkeitszeichen, Vase
Türglockenspiel	Klangspiel
Türkranz	Buchsbaum, Ei, Kreuz, Lorbeer, Mistel, Trockenblumen, **Türkranz**

Türschild	Spiegel
Türwächter	Buchsbaum, Klangspiel, Löwe, Tor, **Türwächter**
Überfluß	Fisch, Schale; Tierkreis, chinesischer
Übergang	Brücke, Eingang, Hecke, Rosenbogen, Türwächter
Umwandlung	Kompost
Unabhängigkeit	Katze
Unendlichkeit	Sonnenrad, **Unendlichkeitszeichen,** Zahlen
Unterstützung	Affirmation, Bambus, Runen
Unsterblichkeit	Ankh, Brunnen, Eiche; Knoten, der endlose; Kranich, Lorbeer, Pfirsich
Unwetter	Kerze
Vajra	Donner
Vase	BaGua (Wissen), Bambus, Blumen, Fisch, Flasche, Glasobjekte, Kiefer, Orchidee, Rose, **Vase**
Verbindung	Berg, Borten, Brücke, Katze, Kiefer; Knoten, der endlose; Mistel, Quadrat, Teich, Telefon, Terrasse, Unendlichkeitszeichen, Vase, Zen-Garten
Verdoppelung	Spiegel
Vergänglichkeit	Blumen
Vergrößerung	Spiegel
Versiegeln	Spiegel
Vier	Zahlen
Violett	Farben
Vitalität	Tierkreis, chinesischer; Wasser, Wasserfallposter, Zimmerbrunnen
Vogelhäuschen	**Vogelhäuschen**
Vogeltränke	Vogelhäuschen
Vorgesetzter	BaGua (Eltern)
Vorhang	Mäander, Wohnzimmer
Wachstum	Bambus, Briefbeschwerer, Ei, Elementarwesen, Elemente (Holz), Farben (Grün), Mistel, Zahlen
Wandabschluß	Borte, Mäander
Wandlung	Elemente, Magisches Quadrat, Mobile, Schmetterling
Wandlungsphasen	Elemente
Wandmalerei	**Wandmalerei**
Wächter	Buchsbaum, Löwe, Türwächter, Zwerge

Wasser	Ankleide(zimmer), Aquarium, Badezimmer, BaGua (Karriere), Bett, Brücke, Brunnen, Dreieck, Elefant, Elementarwesen, Elemente, Energiebilder, Ente, Firmenlogo, Frosch, Glasobjekte, Herd, Kröte, Kua-Zahl, Mistel, Neun-Sterne-Ki, Pflanzen, Pflanzgefäße, Poster, Quelle, Räuchern, Schale, Teich, Toilette, Trigramme, **Wasser,** Wasserfallposter, Zen-Garten, Zimmerbrunnen
Wasserfallposter	**Wasserfallposter**
Wasserspeier	Frosch
Weiblichkeit	Ankh, Drache, Dreieck, Farben (Rosa), Katze, Poster, Quelle, Wasser
Weisheit	Berg, Buddha, Buch, Delphin, Elefant, Eule, Ganesha, Katze, Kranich, Zen-Garten
Weiß	Farben
Westl. Lebensgruppe	Himmelsrichtungen
Wind	BaGua (Reichtum), Drache, Trigramme, Windrad, Windsack
Windrad	**Windrad/Windsack**
Windsack	Windrad
Windspiel	Klangspiel, Windrad
Wintergarten	Bambus, Frosch, Klangspiel, Skulptur, **Wintergarten**
Wissen	Altar, Ankleide(zimmer), **BaGua (Wissen),** Baldachin, Berg, Blumen, Brücke, Brunnen, Buddha, Buch, Dreieck, Edelsteine, Ei, Eiche, Einhorn, Elefant, Engel, Eule, Farben (Gelb, Braun), Flasche, Fotografien, Gartenbank, Glasobjekte, Kerze, Klangschalen, Kompost, Kräuter, Kranich, Kreis, Kuan Yin, Lilie, Lotus, Mandala, Mobile, Om, Poster, Quadrat, Rose, Salzkristallampe, Schale, Schildkröte, Shiva, Spirale, Steine, Telefon, Traumfänger, Vase, Zen-Garten, Zwerge
Wissens-Bereich	**BaGua (Wissen)**
Wohlbefinden	Balkon, Bilder, Düfte, Edelsteine
Wohlstand	Aquarium, BaGua (Reichtum), Dickbauch-Buddha, Drache, Fisch, Früchte, Gold, Hausgötter, Mobile, Spiegel, Teich, Wasser, Zahlen
Wohngifte	Pflanzen

Wohnzimmer	Bilder, Farben, Kalligraphie, Paravent, Schreibtisch, **Wohnzimmer**
Würde	Fahne
Yang	Bambus, DNS-Doppelspirale, Fahne, Farben, Fisch, Glasbilder, Kreis, Kristalle, Löwe, Münzen, Phönix, Sonne, Sonnenrad, Schreibtisch, Steine, Teich, Trigramme, Wasser, **Yin/Yang,** Zahlen, Zimmerbrunnen
Yin	Drache, DNS-Doppelspirale, Farben, Glasbilder, Kristalle, Kröte, Löwe, Münzen, Phönix, Sonne, Sonnenrad, Steine, Teich, Trigramme, Wasser, **Yin/Yang,** Zahlen, Zimmerbrunnen
Yin/Yang	Farben, Glasbilder, Kreis, Regenbogen, Sonnenrad, Teich; Tierkreis, chinesischer; **Yin/Yang,** Zahlen, Zen-Garten, Zimmerbrunnen
Yucca-Palme	Pflanzen
Zahlen	Zahlen
Zärtlichkeit	Farben (Rosa)
Zen-Garten	**Zen-Garten**
Zentriertheit	Chi, Schreibtisch, T'ai Chi
Zentrum	Altar, **BaGua (Zentrum),** Energiebilder, DNS-Doppelspirale, Farben (Gelb), Kreis, Kristallprismen, Mandala, Rosenkugel, Schlange, Spirale, Steine, T'ai Chi
Ziege	Tierkreis, chinesischer
Zimmerbrunnen	Chi, BaGua (Eltern, Reichtum), Delphin, Elementarwesen, Frosch, Kröte, Kugel, Quelle, Wasser, **Zimmerbrunnen**
Zimmerpflanzen	Pflanzen
Zufriedenheit	Aquarium, BaGua (Reichtum)
Zukunft	BaGua (Kinder)
Zuneigung	Rose
Zuversicht	Phönix
Zwei	Zahlen
Zwerge	**Zwerge**
Zyklus	Elemente, Farben, Kinderzimmer, Neun-Sterne-Ki; Tierkreis, chinesischer; Toilette, Trigramme, Unendlichkeitszeichen, Zimmerbrunnen
Zypresse	Pflanzen

Quellen

Andrews, Ted: Zauber des Feenreiches. Neuwied 1995

Baggott, Andy: Runen. CH-Neuhausen 1999

Blau, Tatjana & Mirabaj: Buddhistische Symbole. Darmstadt 1999

Bradler Christine M./Scheiner, J. A. P.: Feng Shui – Symbole des Westens. Darmstadt 1999

Bradler Christine M./Scheiner, J. A. P.: Feng Shui – Symbole des Ostens. Darmstadt 1999

Brönnle, Stefan: Die Kraft des Ortes. Niedernhausen 1998

Brown, Simon: Feng Shui Praxis. München 1998

Chuen, Lam Kam: Das Feng Shui Handbuch. Sulzberg 1996

Eckert, Achim: Das heilende Tao. Freiburg 1989

Fischer-Rizzi, Susanne: Botschaft an den Himmel. München 1996

Fisher, Adrian/Loxton, Howard: Geheimnis des Labyrinths. CH-Aarau 1998

Gienger, Michael: Die Steinheilkunde. Saarbrücken 1995

Godwin, Malcolm: Eine bedrohte Art. Frankfurt am Main 1991

Hale, Gill: Feng Shui – Garten Praxis. CH-Neuhausen 1998

Hale, Gill: Feng Shui - Die praktische Enzyklopädie modernen Lebens. Eurobooks Cyprus Limited 1999

Hoffmann, Eva-Katharina: Energiepflanzen im Haus. München 1997

Huber, Franz X. J./Schmidt, Anja: Das große Buch vom Räuchern. Darmstadt 2002

Jordan, Harald: Räume, die Kraft schaffen. Freiburg 1997

Kislinger, Elisabeth/Hofmann, Helga: Feng Shui im Garten. München 1999

Lau, Theodora: Das große Buch der chinesischen Astrologie. München 1983

Lechner-Knecht, Sigrid: Die Hüter der Elemente. Berlin 1989

Mann, A.T.: Mystische Architektur. CH-Wettswil 1996

Michell, John/Wagner, Waltraud: Maßsysteme der Tempel. Saarbrükken 1988

Mohr, Gerd-Heinz: Lexikon der Symbole. Herder 1991
Pennick, Nigel: Handbuch der angewandten Geomantie. Saarbrükken 1985
Pennington, George: Die Tafeln von Chartres. Düsseldorf 1994
Pogacnik, Marko: Schule der Geomantie. München 1996
Riedel, Ingrid: Formen. Zürich 2002
Sator, Günther: Feng Shui – Die Kraft der Wohnung entdecken und nutzen. München 1998
Sator, Günther: Feng Shui – Garten für die Sinne. München 1999
Sator, Günther: Feng Shui – Harmonisches Wohnen mit Pflanzen. München 2000
Scheiner, J. A. P./Bradler, Christine M.: Feng Shui als Spiegelbild. Landsberg 1997
Schenker, Daniela E.: Sprudelnde Kräfte. Sulzberg 2000
Spear, William: Die Kunst des Feng Shui. München 1996
Spiesberger, Karl: Runenmagie. Berlin 1995
Walters, Derek: Feng Shui – Die Kunst des Wohnens. München 1998
Weidner, Christopher: Die Gesetze des Feng Shui. München 1999
Werner,Helmut: Lexikon der Esoterik. Wiesbaden 1991
Wing, R.L.: Das Arbeitsbuch zum I Ging. München 2000
Wilhelm, Richard: I-Ging. Köln 1973
Yun, Lin/Rossbach, Sarah: Feng Shui – Farbe und Raumgestaltung. München 1996
Zettel, Christa: Das Geheimnis der Zahl. München 1996

Weiterführende Literatur

Fuchs, Martina: Feng Shui Jing – Feng Shui und die Kraft der Steine. CH-Aarau 2003
Jay, Roni: Heilige Gärten. CH-Neuhausen 1998
Metzner, Ralph: Das mystische Grün. Engerda 2000
Sachs, Robert: Die Neun Sterne Astrologie. Sulzberg 1998

Sperling, Renate: Vom Wissen der Edelsteine. Grafing 1994
Webster, Richard: Lo Shu – Das Buch der Lebenszahlen. Saarbrücken 1999

Bildnachweis

Folgende Unternehmen haben mir freundlicherweise gestattet, bei Ihnen Bilder zu machen, bzw. mir Bildmaterial zur Verfügung gestellt:

Fotos von Brunnen und Gartenfiguren
TON LADEN, Ute Wimmer, Erdinger Str. 45,
85356 Freising

Foto vom Fußabstreifer
Fa. GRUBER, Zeughaus, Lange Zeile 7, 85435 Erding

Fotos verschiedener Gartenbilder
Carmen Sperr, Samhofstr. 1, 85276 Pfaffenhofen/Ilm

Fotos von Glasschalen
Florian Lechner, Steinach 154, 88131 Nußdorf/Inn

Fotos von Orchideen
FLEUROP-Fachgeschäft, Erne Meisinger,
Marienplatz 7, 85354 Freising

Fotos von Trockenblumengestecken
BLUMEN STROHMAIR
Das Fachgeschäft für anspruchsvolle Floristik
Dorfener Str. 6, 85435 Erding

Fotos von Edelsteinen
Murat Karaçay für Sonja Heider:
»Handbuch der Heilsteine«. Darmstadt 2001

Abbildung »Berg«, »Poster«, »Wasserfallposter«
von Klaus Holitzka, Darmstadt 1998

Abbildung »Bilder«
von Silva Ostheimer, Darmstadt 2001

Abbildung »Räuchern«
Murat Karaçay für Huber/Schmidt:
»Das große Buch vom Räuchern«. Darmstadt 2002

Kontaktadressen

(Die Liste ist eine persönliche Auswahl und erhebt keinerlei Ansprüche auf Vollständigkeit.)

Feng-Shui-Verbände:

- Feng Shui und Geomantie Verband e.V.
  Dr. Friedrich-Kirchoff-Str. 7d, D-55130 Mainz
  Tel.: (0049) 06131 – 698 117,
  Email: fengshuivb@aol.com

Feng-Shui-Ausbildung und Veranstaltungen:

- HAGIA CHORA, Schule für Geomantie
  Luitpoldallee 35, D-84453 Mühldorf
  Tel.: (0049) 08631 – 379 633,
  Email: info@hagia-chora.org

- Moogk Internationales Feng Shui Institut
  Breslauer Str. 2b, D-65307 Bad Schwalbach
  Tel.: (0049) 06124 – 725 380,
  Email: fengshuimoogk@telda.net
- Feng shui Academy
  Bodenstätt 11, A-5163 Mattsee
  Tel.: (0043) 06217 – 592 070, Email: office@sator.at
- HEUREKA, Europäisches Feng Shui Institut
  Porstenberg 29, A-3350 Stadt Haag
  Tel.: (0043) 07434 – 440 95, Email: wirth@abnet.at
- European School of Feng Shui
  Hormayrstr. 4, A-6020 Innsbruck
  Tel.: (0043) 0512 – 589 732,
  Email: veronika@europeanfengshui.com
- Lebensraum
  Salzfasshöhe 9, CH-6006 Luzern
  Tel.: (0041) 04 – 137 104 88,
  Email: lebensraum@bluewin.ch

Feng-Shui-Artikel:

Großhandel:

- Feng Shui-Living, Wolferstr. 3,
  D-83236 Übersee am Chiemsee,
  Tel.: (0049) 08642 – 595 682,
  Email: feng-shui-living@gmx.de
- Steinkreis
  Buchöster 11, D-83342 Tacherting,
  Tel.: (0049) 08622 – 987 888,
  Email: r.u.w.berger@t-online.de

Einzelhandel:

- Feng Shui Harmony, Dänische Str. 18, D-24103 Kiel
- Christa'll, Gasthausstr. 18, D-47533 Kleve
  Tel.: (0049) 02121 – 768 808
- Schirner Buchhandlung, Elisabethenstr. 20–22,
  D-64283 Darmstadt, Tel.: (0049) 06151 – 293 939,
  Email: buchhandlung@schirner.com
- Morgana, Rathausstr. 47, D-65203 Wiesbaden
  Tel.: (0049) 0611 – 692 477
- Oneness World, Kreuzstr. 4, D-80331 München,
  Tel.: (0049) 089 – 260 6651
- Kaufladen, Marktstr. 15, D-80802 München,
  Tel.: (0049) 089 – 336 926
- Die Oase, Rathausstr. 5, D-83714 Miesbach
  Tel.: (0049) 08025 – 999 540
- Serenity, Wackerstr. 48, D-84489 Burghausen,
  Tel.: (0049) 08677 – 913 113
- Avalon – Haus der Esoterik, Schleißheimer Str. 5,
  D-85221 Dachau, Tel.: (0049) 08131 – 353 045
- Xandris, Pohlgasse 9, A-1120 Wien,
  Tel.: (0043) 01 – 810 0652
- Phönix, Wiener Str. 67, A-3300 Amstetten,
  Tel.: (0043) 07472 – 253 88
- Amber, Michaeligasse 31, A-8230 Hartberg,
  Tel.: (0043) 03332 – 666 455
- Rosanum, Rathausstr. 64, CH-4410 Liestal,
  Tel.: (0041) 061 – 921 4190

Hans König

Konzept Kunst

Aufträge und Informationen
über Telefon:
0044-(0)1639-710795
Wales